〔美〕劳伦斯·鲍姆——著
何　帆　方斯远——译

Lawrence
Baum

从专业化审判
到专门法院

专门法院发展史

北京大学出版社
PEKING UNIVERSITY PRESS

SPECIALIZING THE COURTS by Lawrence Baum

Licensed by The University of Chicago Press, Chicago, Illinois, U.S.A.
© 2011 by The University of Chicago
Simplified Chinese translation copyright © 2019 by Peking University Press
ALL RIGHTS RESERVED.

献给　马丁·夏皮罗

目 录

译者序	001
序 言	001
致 谢	001
第一章 司法专业化初探	001
问题的提出	003
专业化发展程度	003
专业化的影响	004
专业化的成因	006
司法专业化发展程度	008
联邦法院系统	012
州法院系统	022
国别比较	028
这本书讲什么	030
附录:司法专业化学术参考文献	031
第二章 司法专业化的成因和成效	035
后果:司法专业化的影响	037
中性优势	038
司法政策的实质内容	040
长期在特定领域导致的偏见	041
利益集团的影响	043

组织使命	045
专业化带来的不确定影响	047
起因：司法专业化之缘由	048
理论视角	049
专业化决策的推动目标	056
政策的实质内容	057
中性优势	059
法官的利己主义	061
总结与展望	062
附录：研究方法	063

第三章　外交政策与国家安全　　068

海外法院	070
军事司法	075
对军事法庭裁决的复核	075
将军事司法管辖权延伸至非军人	078
关塔那摩在押犯	082
外国情报监控法院	091
遣返法院	099
小结	102

第四章　刑事案件　　105

提高效率	108
特定时期的"严打"	112
进步时代的社会化法庭	116
未成年人法庭	117
家事法庭	121
女性法庭	124

当代的问题实质性解决型法庭　　126
　　　　毒品法庭　　132
　　　　精神病患者法庭　　136
　　　　流浪者法庭与退伍军人处遇法庭　　138
　　　　社区法庭　　140
　　　　家暴法庭　　143
　　　　环境法庭　　145
　　小结　　146

第五章　经济纠纷：政府诉讼　　151

　　税收征管　　152
　　　　关税　　153
　　　　所得税　　162
　　财政支出　　169
　　　　对政府提出的索赔请求　　169
　　　　退伍军人福利　　177
　　经济规制　　182
　　　　商贸法院　　182
　　　　价格管控与相关规制　　186
　　小结　　190

第六章　经济纠纷：私人诉讼　　193

　　专利　　193
　　公司治理：特拉华州法院　　206
　　商事法院（庭）　　211
　　破产法院　　215
　　小结　　226

第七章　总结：化零为整　　　　　　　　　　229
　司法专业化的成因　　　　　　　　　　　　229
　　目标何在？　　　　　　　　　　　　　　229
　　目的性有多强？　　　　　　　　　　　　232
　　扩散机制　　　　　　　　　　　　　　　233
　　审慎规划还是无心插柳　　　　　　　　　235
　　理论启示　　　　　　　　　　　　　　　236
　　司法专业化的局限性　　　　　　　　　　237
　专业化的成效　　　　　　　　　　　　　　240
　　中性优势　　　　　　　　　　　　　　　241
　　司法政策的实质内容　　　　　　　　　　243
　评估司法专业化　　　　　　　　　　　　　249
　司法专业化的未来　　　　　　　　　　　　251

参考文献　　　　　　　　　　　　　　　　255

索　引　　　　　　　　　　　　　　　　　299

译者序

法院该术业专攻还是无所不能

被误解的"专门法院"

近几年,因工作关系,我参与了一些专门法院(庭)的论证和设立工作。在此过程中,难免会搜集、参考关于域外专门法院制度的资料。一大感受就是,国内相关研究大都浮于表面、理解片面,要么混淆了"法院"与"法庭"的区别,要么没有深入探究专门法院(庭)的设立背景、组织架构、实际运行,影响了结论的科学性与准确性。

一个典型例子是,曾有学者论证,世界上首家互联网法院于2002年设立于美国密歇根州,还郑重其事介绍了该院运行情况。但实际情况是,密歇根州议会确实在2002年通过了设立互联网法院的议案,甚至开通了官方网站,但因筹建经费不足,此事最终不了了之。

其实,受历史因素和表述习惯影响,域外许多专门审判机构虽冠以"court"之名,但并非严格意义上的专门法院,而是隶属于行政机关的裁判所(tribunal)、法院分院、专门审判庭(division)、专门法庭(chamber)、专门审判小组(list)或其他专业审判组织。

基于上述原因,开展比较研究时,如果不把握域外法院组织体系的整体架构,就可能把专业审判机构误认为专门法院。比如,2017年6月组建的英格兰及威尔士商事与财产法庭(Business and Property Courts),就被国内部分研究者作为"英国商事法院"译介。但是,前者只是整合了英格兰及威尔士高等法院后座审判庭(Queen's Bench Division)与衡平审判庭(Chancery Division)的审判资源,以商事与财产法庭的形式迁移到统一场所办公,形成一个专业化集中审判区域,并非严格意义上的"法院"。

此外,有的专业化审判机构虽然属于专门法院序列,但设立模式和法官类别有一定特殊性,不宜混为一谈。这其中,最为复杂,也最为典型的当属美国联邦司法系统中的破产法院。根据1898年《破产法》,破产案件统一归联邦地区法院审理。但是,地区法院法官嫌破产案件程序烦琐、耗时费力,便将这类案件交给破产公断人(referee)处理。随着破产案件越来越多,破产公断人开始追求法官地位。

1973年,美国国会根据宪法第一条,立法设立了联邦破产法院,破产公断人统一转为破产法官。但是,破产法院虽被冠以"法院"之名,却没有独立地位,主要作为附设法院(Subordinate Court),依附于94个联邦地区法院设立。即便如此,与联邦地区法院法官相比,破产法官不受美国宪法第三条确定的"终身任职"保障,并非严格意义上的联邦法官。

从20世纪80年代开始,破产法院和破产法官开始积极争取宪法第三条地位,希望法院能够单独设置、法官可以终身任职。但上述呼吁,遭到首席大法官和其他联邦法官的坚决抵制。后者所持理由,听上去不仅可笑,而且自私,那就是:不希望自己的地位被"稀释"。

何谓"稀释"?原来,加上联邦最高法院9位大法官,全美可以终身任职的联邦法官员额总共才860人,目前在任的也就748名,所谓"物以稀为贵",如果再加上320名破产法官,联邦法官们的"含金量"可能就大打折扣。换言之,大法官们宁愿给破产法官更高薪酬、更长任期,但绝不赋予其终身任职的政治待遇。所以,同样是法院或法官,在联邦司法系统也有"宪法第一条法院(法官)"和"宪法第三条法院(法官)"之分。

除了"是什么"的探究,还有"为什么"的疑惑。我翻译过不少美国司法题材作品,也追过许多法庭剧、律政剧,法官呈现出的形象大都是"全科医生",并不区分专业领域。最典型的司法形象代言人,当属联邦最高法院9位大法官。从政教关系、言论自由、持枪权利、州际贸易,到专利、版权、垄断、破产、环境、金融,几乎什么案子都能审、什么判决都能写。在这样的通才型司法背景下,形形色色的专门法院或专业法官又是如何产生的呢?实际运行成效如何?除了联邦司法系统,各州又设有哪些专门法院(庭)?

基于上述疑问,我一直想找一本关于域外专门法院(庭)方面的权威著作求解。一番检索下来,发现介绍美国法院组织体系的通识性著作很多,研究美国军事法院、破产法院的专著也不少,但以专业化审判和专门法院为主题的,只有劳伦斯·鲍姆教授的《从专业化审判到专门法院》(*Specializing the Courts*)。

司法研究界的"劳模"

在美国,除理查德·波斯纳法官这样的全能型人才外,关于司法制度研究的权威成果,主要来自政治学学者,如弗吉尼亚大学戴维·奥布赖恩(David M. O'Brien)教授的《风暴眼:美国政治中的最高法院》(*Storm Center: The Supreme Court in American Politics*)、芝加哥大学杰拉德·罗森伯格(Gerald N. Rosenberg)的《空洞的期望:法院能否推动社会变革?》(*The Hollow Hope: Can Courts Bring About Social Change?*)等。但是,若论研究领域之全面、学科影响之深入、成果数量之丰硕,俄亥俄州立大学的劳伦斯·鲍姆教授绝对堪称"劳模"。

鲍姆教授现年71岁,是美国司法制度研究的领军人物之一,在美国政治学协会长期担任要职。截至目前,他在这一领域共出版了8本专著(含合著),发表了60篇论文。其中,影响力最大的《最高法院》(*The Supreme Court*)已出到第13版,《美国法院:程序与政策》

(*American Courts: Process and Policy*)已出到第 7 版。早期出版的《法官的裁判之道：以社会心理学视角探析》(*Judges and Their Audiences: A Perspective on Judicial Behavior*)和《司法行为之谜》(*The Puzzle of Judicial Behavior*)，也开创了司法心理学研究的新领域。2012 年退休之后，他笔耕不辍，单独或与人合著了《拉帮结派：党争如何渗入最高法院》(*The Company They Keep: How Partisan Divisions Came to the Supreme Court*)、《争夺法院：利益集团、司法选举与公共政策》(*The Battle for the Court: Interest Groups, Judicial Elections, and Public Policy*)和《最高法院的意识形态》(*Ideology in the Supreme Court*)三本著作，都引起了很大反响。

鲍姆教授视野宏大，视角多元，擅长运用多学科理论和实证数据开展研究。他非常注重法院的"政策制定者"职能，对两党三权的策略互动、上下级法院的微妙关联、法院内部的意识形态都有深刻把握。他在著作中既会交代历史背景、事件由来、人物脉络，又能综合运用经济学、社会学、组织行为学、社会心理学等方法条分缕析、推导结论。上述研究特点，集中呈现在 2012 年出版的《从专业化审判到专门法院》一书中。

严格意义上讲，鲍姆对专门法院的兴趣由来已久。他撰写于 1974 年的博士论文，就是研究联邦法院与专利有效性的关系。之后，他一直致力于探寻法院机构设置对司法政策的影响，就此议题开展了大量研究，并在多年之后形成这本填补空白之作。若想研究司法专业化发展和专门法院（庭）历史，本书无疑是首选。

进入专门法院世界

鲍姆在本书开篇，就抛出了我之前关心的问题：在多数人心目中，美国法官都是通才，这甚至被视为是一种制度优势。可是，为什么还要大力推进司法专业化,并设立各类专门法院(庭)?

鲍姆认为,推动司法专业化有两大动力。**第一个动力**,是中性优势,即案件集中由一个法院或一群法官审理,专业品质更有保障,司法效率更能提升,法律适用统一性也更强。这里的"中性",是指不影响裁判结果,只达到提速增效的效果。无论古今中外,中性优势都是推动设立专门法院(庭)的主要理由。当然,如果完全以质效和法律统一为导向,也可能出现有什么法律专业、就设什么专门法院(庭)的倾向,这样不仅会导致管辖碎片化,设立成本也将无序扩张,可能招致各种反对之声。

而且,所谓优势也是相对的。案子集中由固定专业法官办理后,法律适用固然统一,但由于缺乏竞争,就不太容易产生多元化的裁判,无法择优促成更好的司法政策。此外,一个法官长期审理一类案件,始终与同一专业领域的同行或律师打交道,很可能故步自封,形成专业上的偏见。用作者的话说,就是:"孤芳自赏、立场偏狭、过于自信。"对内看不起初审法院或上诉法院法官,对外瞧不上行政机关的专业决定,完全靠思维定势或经验主义作判断。所以,中性优势的说法在法院内部更有说服力,对立法机关或地方政府却没有吸引力,决定专门法院(庭)能否设立并推广的关键动力,在于通过设立专门审判机构影响法官决策。

第二个动力,是影响司法政策的实质内容,也即对判决结果的直接影响。联邦法官多是终身任职,外界很难干预他们独立办案。所以,影响判案结果的最好方式,是介入法官选任,把自己信赖的或三观一致的人送上法官席位。如果案件分散由几十个法院审理,相应政治力量或利益集团介入的成本就很高。相反,如果案件全部集中到某一个专门法院审理,各方就有足够动力去施加影响,推动符合自身利益或立场的人士出任法官。在这个问题上,政府的优势要大于任何一个利益集团,因为政府有权推动设立法院和选任法官。外交、军事、税收、索赔、国家安全领域的专门法院因为与政府利益密切相关,大都是由白宫推动设立的。

政治有反对派,利益有相对方。既然设立专门法院背后有那么多政策权衡或利益考量,那么围绕是否设立、如何设立、在哪儿设立、设立多少,国会和各州议会内部少不了有各种激烈争论。在此过程中,许多关于设立专门法院的议案要么被否决,要么无果而终。历史上,处理州际贸易纠纷的商贸法院设立不到3年,就被国会撤销。考虑到立法设立专门法院过于艰难,在各州法院推动下,形形色色的专门法庭又应运而生。

总体而言,美国的司法专业化之所以相对发达,主要由上述两大动力催生。在二者相互作用之下,联邦层级的专门法院有国际贸易法院、索赔法院、税收法院、退伍军人索赔上诉法院、武装部队上诉法院、外国情报监控法院、遣返法院、破产法院等,以及集中受理专门法院上诉案件的联邦巡回上诉法院(CAFC);州层级的专门法院,有刑事法院、交通法院、商事法院、衡平法院(主要审理公司类案件)、环境法院、房屋法院、土地法院等,还有毒品法庭、家事法庭、未成年人法庭、女性法庭、社区法庭、枪支法庭等各类专门法庭。

那么,专门法院(庭)的广泛设立,是不是经过国会或最高法院的科学论证、整体规划呢?鲍姆经过深入分析,得出的结论是:专门法院不是科学规划的产物,而是诸多政策的副产品。历史文献已充分证明,设立专门法院从来就没有经过严谨、周延、科学的论证,更多是基于简单的"民间理论"推演,只能在设立后不断调整完善。有的法院设立至今,还未受理过一起案件(如遣返法院)。也有的法院设立不久即被撤销(如商贸法院)。有的法庭本来基于"严打"目的创设,最后却偏离初衷,服务于教育矫治目的(如毒品法庭)。一些基于"听话"目的设立的法院,最终却不怎么听政府招呼(如武装部队上诉法院)。有的法院设立时效果一般,最终却大放异彩。最典型的就是特拉华州集中管辖商事纠纷的衡平法院,由于该院在公司法审判领域专业精深、成效卓著,美国超过一半的上市公司和《财富》"500强"中63%的公司都选择在特拉华州注册成立。一个专门法院居然能推动所在州成为全美公司注册首选地。

鲍姆进而指出,设立专门法院(庭)的初衷是一回事,但起决定作用的是法官,有什么样政治取向或专业情怀的法官,就会有什么样的法院(庭)。另外,法官的从业经历(如是否在国会、军队、海关、税务等部门工作过),都会影响其判决倾向。事实上,专门法院(庭)的发展壮大,也与法官的利益息息相关。有的法官在初审法院疲于奔命审理各类案件,到了毒品法庭、未成年人法庭等侧重教育矫治的专门法庭,才有机会按照新的审判理念行事。有的法院一开始隶属于行政部门,靠法官的专业精神和孜孜努力,才争取到宪法第三条地位,法官也因此获得终身任职保障(如国际贸易法院)。

总体上看,美国现存的各类专门法院(庭),设立动机和目标也各不相同。有的是社会运动催生(如未成年人法庭、风化法庭和女性法庭),有的是为打击特定犯罪(如枪支法庭),有的是便利政府征税(如税收法院),有的是招商引资需要(如特拉华州衡平法院),有的是为控制特定案件结果(如多数军事法庭),有的是为减轻国会工作压力(如早期的求偿法院,后来的索赔法院),有的则是为了给地区法院法官分忧(如附设于联邦地区法院的破产法院)。鲍姆据此判断,司法专业化本身就是不同动机多元融合的产物,只能说在特定时刻迎合了形势发展或政治需要,凑足了天时地利人和,才得以设立。至于如何形成一套关于设立专门法院的科学论证流程、成效评估标准,还有待持续深入观察和研究。

鲍姆认为，正是因为缺乏科学、系统的论证、评估，专门法院的改革成效和中立程度一直受到质疑，所以包括他本人在内，美国主流理论仍赞成"以通才型法院为主，专门法院为辅"的法院设置模式。

但是，时代在发展，形势在变化，在美国，增设新类型专门法院的呼声始终存在，如版权法院、移民法院、选举法院、医事法院、国家安全法院、税收上诉法院、社会保障上诉法院等，有的甚至已提上国会或州议会的议事日程。鲍姆最后指出，考虑到国会立法设立专门法院耗时费力、难度较大，再加上全美95%以上的案件集中在各州法院，司法专业化未来主要会在州法院层面开疆拓土，也相信会有更多类别的专门法院(庭)出现。

设立专门法院的大趋势

鲍姆这本书重点介绍的是美国在专门法院(庭)领域的发展历史和运行现状，放眼世界其他国家和地区，设立专门法院不仅是常规做法，也是大势所趋。从政治安排上看，有宪法法院、行政法院；从专业划分上看，有专利法院、商事法院等；从规制领域上看，有税收法院、社会法院等；从适用对象上看，有未成年人法院、原住民法院，等等。

近年来，各国家和地区均把提升专业化审判水平作为优化营商环境的重要手段，通过设立专门法院(庭)提升法治竞争力。阿联酋、新加坡、哈萨克斯坦、荷兰、比利时、法国、印度、德国均已经或推动设立国际商事法院(庭)。我国台湾地区也正酝酿将"智慧财产法院"改造为"智慧财产和商事法院"。

新中国成立后，也先后设立过军事法院、铁路运输法院、水上运输法院、森林法院、海事法院等专门人民法院。随着时代发展，水上运输法院、森林法院等均已退出历史舞台，铁路运输法院也不再具有专门化色彩。2014年以来，根据经济社会发展形势需要，最高人民法院设立了国际商事法庭、知识产权法庭,全国先后设立了3个知识产权法院、1个金融法院、3个互联网法院。在案件集中地区的中级人民法院,还设立了知识产权法庭、破产法庭、金融法庭、环境资源法庭、涉外民商事法庭等专门法庭。2018年修订的《中华人民共和国人民法院组织法》正式确立了军事法院、海事法院、知识产权法院、金融法院的专门法院地位,明确专门人民法院的设置、组织、职权和法官任免由全国人民代表大会常务委员会规定。

总体上看,经过近70年的发展,我国的专门法院在设置上呈现出如下特点:

第一,设置标准上,从专业导向逐渐转为政策导向。在决定是否设立专门法院时,既兼顾专业区分度、案件集中度,也结合国内外形势,综合考虑发展战略、营商环境、法治形象、创新驱动、产业扶持等多重因素,做整体性、系统性、长远性的考虑。

第二,设置地点上,从全面覆盖逐渐转向因地制宜。军事法院、海事法院虽只在特定地区设立,但基本覆盖全国相关领域,组织体系也相对健全。2014年之后设立的专门法院,则主要集中在北京、上海、广州地区,综合考虑了当地经济发展水平、区域辐射效应、产业结构状况、相关案件数量和专业审判能力,即使扩大地域管辖范围,或者未来视情增设,也不太可能形成覆盖全国的组织体系。

第三,审级设置上,从混合对接逐渐转向专业衔接。除军事法院有专门的审级体系外,各专门法院在审级上均与地方法院对接。例如,海事法院只审理第一审案件,上诉法院为所在地高级人民法院。互联网法院作为初审法院,上诉法院既有知识产权法院,也有中级人民法院。金融法院除审理第一审案件外,还受理来自地方基层法院的第二审案件,上诉法院为所在地高级人民法院。知识产权法院的审级设置之前与金融法院相似,但根据第十三届全国人民代表大会常务委员会第六次会议审议通过的《关于专利等知识产权案件诉讼程序若干问题的决定》的规定,当事人对知识产权法院作出的发明专利、实用新型专利等专业技术性较强的案件第一审判决、裁定不服,提起上诉的,将由最高人民法院知识产权法庭审理。从这个角度看,专利等知识产权案件在全国范围内的法律适用统一性将大大增强。这种专业化统一上诉模式能否在海事等其他审判领域复制推广,值得进一步关注。

与此相关,许多问题也需要我们通过比较研究、理论推演和实证分析,不断寻找"中国答案"。例如,如何推动形成地方法院、跨区划法院和专门法院分工协作、管辖合理、衔接有序的新型诉讼格局?如何科学确定专门法院的设立标准、设置流程和区域分布?如何完善专门法院的管辖范围和上诉机制?如何健全专门法院的人财物管理体制?如何建立符合专门法院特点的法官培养选拔机制和辅助人员配备模式?如何制定符合专门审判特点的特别诉讼程序?等等。

阅读本书的过程,也是不断思索上述问题的过程,由此激发的思想火花,还有待在改革实践中检验。但是,有一点是确定的:这本书值得翻译并推介给国内读者。也希望大家能够从中得到启发。

何　帆

2019 年 12 月 10 日

序　言

绝大多数法院研究者将法官视为"通才"。这一推断很正常,因为受关注最多的法官的确是通才。举个最明显的例子,最高法院的案件受理清单上,既有反垄断纠纷,也有言论自由之争,形形色色,不一而足。

然而,除了通才型法官,还有相当一部分法官审理"面"相对较窄的案件。在联邦法院系统内,专门法院会审理税收、国际贸易和破产案件。各州也有自己的专门法院(庭),它们多由法院自行创设,被列入组织体系序列。专业分工在刑事领域最为发达,相当多法官在初审法院专司刑事审判,还有很多全职或兼职专业法官专门处理特定罪名的案件。

由于专门法院(庭)和专业法官从事的工作十分重要,其他法院也常就相关问题向他们求教。事实上,社会科学家和法学学者已在专门法院(庭)领域有过许多卓有成效的研究。但是,司法专业化作为一种普遍现象,得到的关注却非常有限。本书聚焦这一普遍现象,围绕三个主题展开论述。

首先,在美国,司法专业化概况究竟如何?通过展示这一概况,我试图证明,法院在各个审判领域的专业化程度远远超过绝大多数研究者的想象。而且,19世纪末以来,联邦和州法院系统在专业化领域经过一段崎岖曲折、成效显著的发展历程。

其次,法院是因何并如何达到当下专业化程度的?包括许多法官在内,相当一部分人认为,司法品质之保障就在于由通才从事审判工作。因此,这些人反对在法院保留太多专业化审判领域。通过梳理相关史料,我发现,司法专业化是通过一系列决策逐步成型的,决策基础在于:人们认为司法专业化能够在特定领域达到满意的政策效果。司法专业化的发展,更多是诸多决策在不经意间促就,而非刻意规划达成。

最后,司法专业化究竟有什么影响?法院内部细分为很多专业领域,本身就是一件有趣的事,而专业化分工又会影响到法院的司法产出。司法专业化的影响,取决于很多复杂因素,有时会受制于特定法院的运行方式。而且,与专利法、刑法等法律的发展程度也有密切关联。

既然讨论上述三个主题,本书所涉范围难免广泛。这种广泛的表现之一,就是会提到形形色色的法院类别。就各类法院泛泛而谈的一大缺陷,在于无法深入探究其具体职能。因此,任何一类法院专家,都不可能对我的研究完全满意。但是,这种广泛展示还是有必要的,因为它有助于读者对美国的司法专业化程度有一个立体、全面的认识。

读者当然没必要追随我对司法专业化话题的痴迷探究,但是,我希望借助本书,展现一个专门法院(庭)的大千世界,其中包括司法爱好者应当知晓的一些裁判机构:芝加哥的除草法庭、费城在橄榄球赛期间设在运动场内的法庭、国务院设在柏林仅审理过一起案件的法院——法官正想审理第二起案件,就被解职了。

当然,更重要的是,通过这些主题,可以更好地掌握司法专业化存在的问题。首先,对专门法院(庭)的关注,能够方便我们全面了解到底是什么动力在推动变革司法政策和法院组织体系。其次,还可以提醒我们加强对政府架构成因和影响的理论研究。最后,它有助于我们思考绝大多数政府机关和社会组织内的专业化问题。我希望这本书能够对相关领域的研究有所贡献,能够激励、启发人们更好地投身于司法专业化研究,并从中受益。

致　谢

我一直想写一本关于专门法院的书。几年来,诸多朋友在思考和研究上的支持和帮助,才促成本书问世。

这本书凝聚了许多学生的无私帮助。我要特别感谢艾琳·布拉曼(Eileen Braman)、詹姆斯·布伦特(James Brent)、杰夫·布齐亚克(Jeff Budziak)、凯瑟琳·埃克斯莱恩(Kathryn Exline)、马库斯·霍姆斯(Marcus Holmes)、约翰·基尔文(John Kilwein)、卡伦·拉德曼(Karen Laderman)、伦纳德·威廉斯(Leonard Williams)、玛吉·威廉斯(Margie Williams)和达纳·威特默(Dana Wittmer)。如果遗漏了谁,请接受我的真挚歉意。

几位业内同仁对本书初稿提出了极富建设性的意见。他们是史蒂夫·伯班克(Steve Burbank)、查克·卡梅伦(Chuck Cameron)、戴维·雅各布斯(David Jacobs)、戴维·利维(David Levi)、李权(Quan Li)、温迪·马蒂内克(Wendy Martinek)、达纳·巴顿(Dana Patton)、马里·普罗文(Marie Provine)、麦克·索利明(Mike Solimine)和兰迪·施伟勒(Randy Schweller)。在肯塔基大学那次研讨会上,与会者的建议令我受益匪浅。这里特别感谢以下诸位的意见和建议,他们是吉姆·布鲁德尼(Jim Brudney)、罗伊·弗莱明(Roy Flemming)、米图·古拉蒂(Mitu Gulati)、查克·迈尔斯(Chuck Myers)和伊萨克·尤纳(Isaac Unah)。

保罗·莱特(Paul Light)、乔纳森·卢里(Jonathan Lurie)、弗雷达·所罗门(Freda Solomon)和汤姆·沃克(Tom Walker)与我分享了他们对特定类型专门法院的研究成果。我要特别感谢坎达丝·麦科伊(Candace McCoy)关于问题实质性解决型法院的卓越见解。出版社聘请的匿名审稿人也为本书提出了很好的修订意见。

三位学者为本书的完善给予关键帮助。亚历克斯·文特(Alex Wendt)提升了我对机构理论的认识和理解。与之前两次一样,戴夫·克莱因(Dave Klein)极具洞察力的建议为本书带来质的飞跃。林恩·马瑟(Lynn Mather)认真阅读初稿后给出的深刻意见,对我进一步修改完善有巨大帮助。

与芝加哥大学出版社的合作非常愉快。感谢罗德尼·鲍威尔(Rodney Powell)、马亚·里加斯(Maia Rigas)、埃利萨·帕克(Elissa Park)的协助,特别感谢约翰·特兰斯基(John Tryneski)对本书出版倾注的热情和心血。

分量最重的谢意,要献给马丁·夏皮罗(Martin Shapiro)*先生。他出版于1968年的《最高法院和行政机关》(*The Supreme Court and Administrative Agencies*)启发我关注司法专业化议题。他在该书中关于专利法律和政策的案例研究,激发了我研究专门法院的想法并进而转向关于司法专业化的研究。在我考虑将关于这一主题的想法付梓时,他也给予很大帮助。可以说,没有他就没有这本书。

本书话题牵涉甚广,错漏在所难免。当然,需要特别强调的是,文责自负,与前述被致谢者无关。正是源于他们的鼎力相助,本书才比凭一人之力完成的作品要完善得多。

---

* 马丁·夏皮罗(1933—),美国司法政治学者,先后任教于哈佛大学、斯坦福大学、加州大学伯克利分校等学校。2003年获得美国政治学协会法律和法院分部的终身成就奖。其著作包括:*Law and Politics in the Supreme Court*;*Freedom of Speech*;*The Supreme Court and Judicial Review*;*Supreme Court and Administrative Agencies*;*Courts: A Comparative and Political Analysis*;*Who Guards the Guardians: Judicial Control of Administration*。——译者注

第一章　司法专业化初探

专业化是现代社会的显著特征。正如埃米尔·涂尔干(Emile Durkheim, 1893/1933)与亚当·斯密(Adam Smith, 1776/1963)所言,劳动分工对经济生产及其他各领域的活动都至关重要。以美国法律业为例,执业者都受过法律专业训练,而且绝大多数都有个人专攻的法律细分领域(Ariens 1994; Heinz et al. 2005, chap. 2)。

政府*部门亦是如此。行政机关分工较细,其工作人员对应不同职能,专业化程度很高。立法机关也是高度专业化的机构。在美国,虽然需要国会议员们投票的议题横跨各大领域,但他们更主要的工作,是归属于特定专业委员会或其小组委员会,履行"政策制定者"的职能。** 从 20 世纪开始,各州立法机关逐步转向专业分工协作的立法模式。当然,行政首长情况略有不同:这个岗位职权范围更广泛,需要同时关注多领域问题。但专业化仍是行政分支和立法分支运作的基本规则。

政府和社会分工的专业化倾向并没有受到太多关注,因为这被视

---

*　本书将 Government 翻译为"政府"。通常,媒体上提到的美国"政府",大多是指总统领导下的行政分支,而不包括立法、司法机构。真正意义上的联邦"政府",包括立法(国会)、司法(最高法院)、行政(总统)三大分支,这时才用 Government 指代。而行政分支则是 Administration,也称执行分支(Executive Branch)。其首脑在联邦一级为总统,在州一级为州长。行政机关(Administrative Agency):指有权执行和实施特定立法的政府部门,一般包括各部、独立机构、委员会等。——译者注

以下注释如无特别标注,均为原书注释。

**　美国国会参议院有 17 个常设委员会,众议院有 19 个委员会,每个委员会对应具体的立法领域,如外交、国防、司法、金融、农业、贸易、拨款等,几乎提交到两院的每个议案都要经过委员会的研究和推荐。随着工作量的增加,常设委员会还设立了 150 个小组委员会。委员会制度的优点之一,是能使国会议员及其工作人员广泛汇集各个立法领域的专业知识,新当选的国会议员被根据其经历、专长分配到不同的委员会,充分发挥其专业优势。——译者注

为理所当然。总体而言,人们普遍认为专业化是大势所趋,可以令相关机构及其服务的群体受益。

法院反而是个例外。在人们的印象中,美国法官的典型形象应当是全能选手,而非术业专攻人士。从这个角度看,我们一般将法官视为通才(generalist)。有论者认为这是法院的基础特性。马丁·夏皮罗(Martin Shapiro, 1968, 53)就说:"如果法院也变得专业化,就与行政机关那些政策制定者没什么本质区别了。"

此外,未作专业化分工也被视为法院的一大优势,持这种看法者以法官居多(Higginbotham 1980, 268; Posner 1983; Wood 1997;参见 Cheng 2008, 521n2)。联邦法官迪纳尔·塔恰(Deanell Tacha)的下述观点被法官群体和不少人认同:

> 我赞赏联邦法官都是通才这一事实。我常说,法官也许是社会大分工后仅存的通才了。我坚决反对任何要求联邦法院在特定领域进行专业化分工的提议。[1]

支持法官应当为通才的人认为,尽管专业化分工有其优势,但诸多弊端亦相伴而生。例如,专业化会导致人们看待问题的视角更趋偏狭,具体认知也会有误差或偏见。此外,专业化分工使得法官更易被控制,或者说"受制于人"*。只有避免上述弊端,司法机关才能真正服务于社会。

塔恰法官将法官称为"仅存的通才"时,间接提到另一个可以解释

---

[1] Howard Bashman, "20 Questions for Chief Judge Deanell Reece Tacha of the U.S. Court of Appeals for the Tenth Circuit",发布于2004年1月5日更新的How Appealing博客(http://howappealing.law.com/20q/)。

* 作者这里用了"capture"一词,直译为"捕获"或"俘获",但易产生歧义,考虑到作者本意是指专门法院(庭)可能受制于特定利益集团或政府机关,故译为"受制于人"。——译者注

通才模式吸引力的因素。联邦法官戴安娜·伍德（Diane Wood）称之为"专业化世界中的通才型法官"（Wood 1997，1755）。对通才型法官而言，没有过分偏向于某个具体专业，是他们与其他有杰出成就者的最大区别。这其中隐含的逻辑是：正是因为法官具备处理包罗万象法律问题的能力，才无须像其他职业群体那样，走专业化分工之路。从这个角度看，法官与其他职业存在明显差异，甚至比前者更具优越性。许多法官也认同这一点。

这种对通才型司法的执念，与不断强化专业分工能让社会整体受益的观点，形成了鲜明对比。大多数情况下，两种观点并行不悖。可是，一旦在法院内部推行专业化分工，矛盾就出现了，决策者必须在二者之间作出非此即彼的抉择。

问题的提出

在本书中，我打算提出并分析三个问题：截至目前，司法专业化的发展程度如何？让法官成为通才或是专才，后果到底有何不同？以及到底何种力量促进了司法专业化的发展？具体展开前，我先就每个问题亮明观点和结论。

专业化发展程度

塔恰法官和伍德法官都是联邦巡回上诉法院法官，而上诉法院属于通才型法院（generalist courts）*。大部分政治学者和法学学者关注的美国其他法院——联邦最高法院、联邦地区法院和各州最高法院——也属于通才型法院。或许这些法院具备部分专业化特征，但需

---

* 这里的通才型法院主要指审理各类案件的综合型法院。——译者注

要法官关注并处理的案件,几乎涉及各个社会领域。

当我们把目光投向学者甚少关注的法院,情况就有所不同。联邦法院体系中,也存在一些实行专属管辖的专门法院,如税收法院(Tax Court)和武装部队上诉法院(Court of Appeals for the Armed Forces)。实践中,这些法院审理的案件也是联邦司法工作的重要组成部分。

在州法院系统,专门法院(庭)*也很常见。单看各州法院组织体系图,会觉得专业化程度固然显著,但影响范围有限。然而,组织体系图是有误导性的,因为法院内部相当一部分专业分工体现为案件审理机制,而不是以组织机构形式体现。例如,基于各种临时或固定分案机制,每个法官通常会专门审理某一特定类型的案件,这样一来,原本行使普通管辖权的法院内部,就形成了诸多专业化审判组织(Specialized Unit)。以伊利诺伊州为例,该州的法院组织体系图看似简单,仅有巡回法院(Circuit Court)作为初审法院审理各类案件。事实上,这家位于芝加哥库克县的法院已通过各种审判管理规则和实践,创制了各类专业化审判机构。[2]

美国法院的专业化分工程度不应被过分夸大。与政府其他分支和其他非政府组织相比,法院仍是通才会聚之地。但法院现有的专业化程度,及其逐步呈现的虽不均衡但显著提升的专业化趋势,值得我们密切关注。总体而言,司法专业化程度远比理论界了解到的更深,足以构成法院一大重要特征,这一点值得司法研究者注意。

专业化的影响

无论是否赞成法院走专业化发展道路,各方对"专业化分工会带

---

* 英文中,除行政机关设立的所谓特别法庭外,法院或法庭一般都称为 court,个别时会将法庭称为 division。本书中的"Specialized Court"有时指专门法院,有时指专门法庭,译文会结合上下文灵活处理,概指专业审判组织时一般表述为"专门法院(庭)"。——译者注

2 我在第四章开篇介绍了芝加哥法院的司法专业化情况。

来重大影响"这一点并无异议。事实也的确如此。组织内部成员的专业化程度,是衡量组织结构的重要维度或特征,足以决定该组织的职能范围。由通才组成的法院和由专才组成的法院,至少在两个方面存在差异。

第一个方面,涉及专业化的"中性优势"(neutral virtues),这也是专业化分工模式在政府和社会中占主要地位的原因。在司法领域,专业化的这一优势体现为裁判品质好、审判效率高、法律适用统一性强。理论上看,加强司法专业化可以强化上述优势,然而极少有实证证据佐证。司法专业化的倡导者们认为,实行专业化分工后,审判效率可以显著提升,而现有的专门法院(庭)也确实具备效率优势。不过,目前对专门法院(庭)运行的扎实分析少之又少,专业化到底在何种程度上强化了这些中性优势,仍有待深入探究。

第二个方面,专业化会对裁判结果产生潜在影响,影响到司法政策的实质内容,具体表现是:法院分工的专业化,可能会改变司法政策的意识形态格局(例如自由派与保守派的力量对比)*,或者改变其对特定领域内存在竞争关系的利益集团的支持(例如侵权案件的原告和被告)。第二类影响尤其值得关注。如果专业化将导致法院背离原本会采纳的政策,进而转向其他政策,就需要我们更加重视司法专业化的理论和规范问题。

---

* 美国司法界也有意识形态差异,主要体现为自由派和保守派的分歧。美国政治两百年来基本是民主党与共和党的两党政治。两个政党之间,虽然共同拥有一些基本的意识形态和价值观念,但也存在着许多分歧,尤其在面向变革方面,民主党是相对支持变革的政党,又被称为左翼;共和党相对反对变革,又被称为右翼。进入20世纪后,民主党渐渐被贴上自由派的标签,共和党则被贴上保守派的标签,近些年甚至有向极端保守主义发展的趋势。从政治观点上看,自由派赞成堕胎、同性恋(包括同性婚姻)、种族平权措施、安乐死、移民政策,要求扩大联邦政府权力,反对死刑、公民个人持枪、宗教进入公共领域。保守派则坚决反对堕胎、同性恋、安乐死,支持死刑、公民个人持枪,要求限制联邦政府权力、对富人减税、限制移民进入美国,积极推动宗教进入学校、政府等公共领域。不过,两派观点也并非绝对对立,保守派也存在中间偏左的立场,自由派也有中间偏右的观点。——译者注

专业化对法院的影响,不会是直截了当、整齐划一的。相反,这些影响——尤其是非中立性的影响——可能会因特定法院情况不同而存在差异。事实上,本书所列证据表明,专业化的影响很大程度上取决于法院自身运行。

在特定情形下,专业化确实会影响到司法政策的实质内容。有时候,专业化会改变法官的工作氛围,影响他们支持特定利益集团的诉求。此外,专业化可能导致相应法官具有偏好,在几种利益博弈时,格外倾向其中一方。在特定情形下,专业化会与其他因素形成合力,推动法院裁判向某一方向发展。鉴于专业化的影响在很大程度上取决于其被采纳和实施时的特殊条件,具体效果很难预测。

专业化的成因

司法专业化已是既成事实,其发展过程当然值得研究。问题是,法官群体既然抱持那么坚定的通才观,司法专业化又是如何发展至今呢?

在本书讨论的三个问题中,这是我最为关注的一个。部分是基于现实考虑。专业化的成因并不像其发展程度那样容易概括。即使知晓成因,也未必能推导出后果。

更重要的是,对司法专业化的研究,足以让我们获益匪浅。这项研究可以让我们了解究竟是何种力量在塑造法院的组织体系和架构,还可以推动我们关注政府机构运作和公共政策制定等更广泛层面的问题。针对这些问题,已存在形形色色的学术观点。了解这些观点,有助于丰富对司法专业化的理解,而研究专业化的成因可以帮助我们检验上述观点是否站得住脚。

本书在专业化成因问题上的关键结论是,司法专业化的发展并非预先规划,而是无心插柳的结果。尽管一些倡导者极力推动在各个领域的司法专业化,但专门法院(庭)在实践中均是为特定目的创设的。部分目的与司法专业化的潜在影响(即"中性优势"与"影响司法政策实质内容")息息相关。从广义上讲,法官群体的利己动机也推动了专业化进程。

在上述司法专业化成因中,希望影响司法政策实质内容的利益集团是最有力的推动因素。然而,专业化的倡导者和政策制定者们,未必会仔细分析专业化与政策之间的关联。相反,他们常常基于那些看似常识但根本不接地气的理论作出决策,我称之为"民间理论"(folk theory)。专门法院的运行之所以经常偏离制度设计者的预期,这是原因之一。

专业化的成因还有另一面。我们需要重点关注的是,既然大部分法官是通才,司法专业化如何发展。政府机构和社会组织专业化程度如此之高,为何专业化没能在法院系统深入推进?

更重要的是,如此多通才型法院的长期存在,反映了"法官应当是通才"说法的强大力量。通才型法院在美国历史上存在的时间之长,更强化了这一立场,形成了路径依赖,让人们产生了通才型法院将继续占据主导地位的预期。然而,正如我之前强调的,法院的专业化程度和专业化发展已成为重要趋势。

法学学者和社科学者们已就司法专业化问题开展过大量研究,这些学术成果的综述参见本章附录。不过,之前的相关研究范围较窄,目前尚未有研究成果完整涵盖我提出的三个问题。此外,围绕相关问题的讨论,通常都只针对特定法院(庭)或某一类别的法院(庭)。若司法专业化已是重要趋势,就确有必要全面深入分析。我撰写本书之目的,就是想提供这样的分析。

本章后续部分将讨论第一个问题:美国司法专业化的发展程度。第二章从理论上分析了司法专业化的成因及后果。第三章至第六章梳理了四大领域的司法政策,这部分进一步介绍了司法专业化的发展,但侧重点在于探究其成因与后果。第七章将整合第三章至第六章中提出的论据,在第二章搭建的框架下,得出关于司法专业化成因及后果的结论。

司法专业化发展程度

行文至此,我尚未定义何谓司法专业化。人们可能据此认为专业化很易界定,又或不言自明。事实上,两种说法都不确切。

法院这类组织可以通过多种途径实现专业化(Simon 1947, 28-35)。我所指的司法专业化,属于职能型专业化的一种形式——根据法律政策领域或规制对象划分类别。划分"领域"通常指案件类型,例如破产案件或税收案件;也可以根据诉讼当事人类型划分,例如流浪者或毒品成瘾者。

研究司法专业化,最好的维度是把握法官[3]与特定领域法律政策之间的关系。人们谈及司法专业化时,通常指特定法官审理特定类型案件。基于这种理解,可以将司法专业化定义为"法官集中审理特定类型案件的程度"。当然,界定司法专业化,还有第二个维度:在某一层级法院中,特定领域案件在有限数量法官手中的集中程度(Baum 1977, 826-27; Revesz 1990, 1121-30; Nard 和 Duffy 2007, 1642)。两个维度可以分别被称为"法官集中度"(Concentration of Judges)和"案件集中度"(Concentration of Cases)。为帮助理解这两个维度,表 1.1 展示了联邦法院在两个维度上专业化程度的不同组合情况。

---

[3] 在法庭主持听审和作出裁决者,也可能是行政官员,而非法官,如公断人(Referee,即法庭或劳动赔偿委员会等其他准司法机构任命的行使司法权的官员,这些官员可以根据授权调查事实、搜集证言、听取当事人的意见、作出决定,并向授权者报告——译者注)。为方便表述,我用"法官"(judge)指代所有作出司法裁决者。

表 1.1　联邦法院系统专业化高度和低度集中的例子:分别从两个维度考量

	法官集中度	
案件集中度	低	高
低	地区法院	破产法院
高	外国情报监控法院	退伍军人索赔上诉法院

"法官集中度"方便理解,也易于观察。一些法官可以审理各类案件,另一些则专攻特定类型。如表 1.1 所示,通才型法院的法官集中度较低,如联邦地区法院和联邦最高法院。相比之下,专门法院的法官集中度较高,如破产法院和退伍军人索赔上诉法院。

不过,不同专门法院的法官集中度也存在很大差异。税收法院的法官仅审理某一领域的案件。相比之下,宾夕法尼亚州州立法院*可以审理一系列公法案件。联邦巡回上诉法院(Court of Appeals for the Federal Circuit,CAFC)**则被某联邦法官称为拥有"一揽子"(hodgepodge)管辖权的法院(Wood 1997,1765)。而且,专门审判事务可能只占据法官们少部分工作时间。对一些州法院内部的特定审判机构来说,情况也确实如此,如流浪者法庭(Homeless Court)。那里的法官可能每周甚至每月都只用一天时间处理相关事务。有些地区法院或上

---

*　宾夕法尼亚州州立法院(Pennsylvania Commonwealth Court):享有对州或其官员提起的以及由州或其官员提起的一切民事案件的初审管辖权,但有关人身保护令或非附属于上诉管辖权的定罪后救济及征收案件除外。此外它还享有根据某些行政法律授权的管辖权。其初审管辖权是专属的,但对由州或其官员提起的民事诉讼或程序除外,对这种诉讼,州立法院与普通诉讼法院(court of common pleas)有共同管辖权。——译者注

**　联邦巡回上诉法院(United States Court of Appeals for the Federal Circuit):1982 年由原美国索赔法院(U.S. Court of Claims)和原关税与专利上诉法院(Court of Customs and Patent Appeals)合并而设立的中间上诉法院,受理有关专利、植物品种保护、版权、商标、对美国政府的合同和财产权利请求等的上诉案件。对美国联邦索赔法院(U.S. Court of Federal Claims)、美国国际贸易法院(U.S. Court of International Trade)、美国退伍军人上诉法院(U.S. Court of Veterans Appeals)的判决,以及功绩制保护委员会(Merit Systems Protection Board)、专利和商标局(Patent and Trademark Office)、国际贸易委员会(International Trade Commission)的决定均可向该院提出上诉。为与其他联邦巡回上诉法院区分,本书提到该院时,一般标注英文缩写,即"联邦巡回上诉法院(CAFC)",概指其他巡回上诉法院时,一般用"联邦上诉法院"。——译者注

诉法院的法官会以"借调法官"(borrowed-judge)名义到某个联邦法院兼职从事审判工作。外国情报监控法院就是一个很好的例子。

"案件集中度"的概念相对生僻,一般很少有人将之划入专业化范畴。但正因为如此,就更值得探讨。它涉及如下问题:法官审理案件的范围应该更广泛还是更专一?为什么法官(或其任职的法院)在特定司法管辖范围内垄断特定领域法律政策制定权非常重要?

表1.1中列举的两个例子,说明了案件集中度的重要性。外国情报监控法院的法官是从联邦地区法院借调而来的,审批电子监视令只是他们工作的一小部分;而退伍军人索赔上诉法院的法官则是全职工作。两个法院的共同点在于,都是由少量法官审理特定领域的所有案件。

拥有这样垄断性权力的法官,能够对相关领域的法律实施产生巨大影响。这种由某家法院和某些法官拥有的法律塑造权,也会反过来影响他们的判决。其中一个原因在于,这个法院会成为相关领域利益集团的关注焦点。更微妙的是,法官对自己在该领域重要性的认识,会塑造他们的自我角色认知,并最终影响其决策。

虽然在某些情形下,"法官集中度"的定义可能会引起争议,但"案件集中度"的含义更加模棱两可,因为集中程度取决于具体情境。例如,在大多数州,侵权案件是由各个法官分散审理的。但如果某县只有一名法官,那这名法官就几乎垄断了侵权(及其他)案件的审判权。

要避免这种模棱两可的情况,最佳方法是比较某一法律政策领域的案件集中情况和基于法院组织架构导致的案件集中情况。如果一个法官要审理全县所有侵权案件,仅仅是因为该地区没有其他法官,就属于情非得已的案件集中;如果一个州的所有侵权案件被集中到一个法院审理是基于立法机关的决定,则是另一种情况。因此,我的研究兴趣在于后者,而不是那些情非得已的案件集中。

与"法官集中度"类似,"案件集中度"也存在很大差异。一些类型的联邦案件和州案件是由一系列法官审理的,这些法官绝大部分工作都在同一辖区、同一审级完成。例如,普通合同和刑事案件被分散分配到了大量初审法官手中。[4] 即便是那些被视为专门法院的法院,案件集中程度其实也处于中低水平。联邦破产法院有超过300个法官,所以该领域的案件就分散在300多位法官手中。相较之下,大多数专门法院集中审理特定领域案件的法官数量非常少。

联邦破产法院的例子说明两个专业化维度之间并不是必然关联的:一个法院或一名法官可能在某个维度(案件集中)上程度很高,而在另一个维度(法官集中)上程度很低。但两者仍然存在一定的正相关关系。从整体来看,法官相对集中的法院,案件也相对集中。

之前的讨论已经阐明:通才型法院和专门法院一定程度上是人为划分的类别。法官集中与案件集中是两个不同的概念,两者有机统一,而非二分对立。因此,将某个法院归入普通法院或专门法院并不总是一件容易的事。尽管如此,大部分法院要么在两个统一体中靠近通才型法院,或至少在一个维度上靠近专门法院。而且,两个维度间的相互关系增强了两类法院的差异。尽管"专门法院"这一术语不够准确,我仍将使用该词来指代法官集中、案件集中或两者兼备的高度专业化法院。

截至目前,在讨论司法专业化问题时,我只提到司法分支中的法院。其实,联邦和各州行政分支也包括部分裁判机构和裁判人员,他们在前述两个维度上都单独或共同趋于高度专业化。例如,联邦移民法庭(Federal Immigration Courts)和在社会保障管理局(Social Security

---

[4] 此处有必要提到刑事案件的审理情况,在某些法律领域的案件审判中,结果大部分是由陪审团而非法官决定的(尽管法官在大多数刑事案件中会根据陪审团裁决量刑,并在民事案件中审查陪审团裁决的有效性)。在本书中,我并不研究由陪审团而非法官作出裁决的情形。

Administration)内负责审理伤残案件的行政裁判官。少数行政机关其实也可被视为专门法院,因为它们唯一的职责就是裁决案件(Revesz 1990,1134-36)。

在一般情况下,本书不会讨论行政裁判官。除了控制本书篇幅的考虑,主要基于以下原因:首先,在行政分支,专门事项的专业化处理被认为是理所当然的。因此,解释法院为何要偏离通才理念,并不直接与行政裁判组织相关。[5] 其次,行政裁判组织的专业化影响更难评估,因为它们处于行政分支内部,这一点削弱了它们与普通法院的可比性。联邦上诉法院系统对移民法官的频繁批评表明,两者对移民法的理解方式相去甚远。但这些差异反映的可能是移民法在裁决中的其他属性,而非两个机构专业化程度的差异。[6]

但有两类裁决案件的行政机关被纳入本书讨论范畴。第一类是那些起初被作为行政裁判机构而设立,但之后又被并入司法体系的审判组织。考察这些组织,有助于我们理解专门法院的起源。我关注的第二类组织是那些在行政分支中裁决刑事或准刑事案件的组织,因为人们通常认为刑事案件会进入司法系统,但这些裁判组织是作为法院的替代者而存在的。

讨论完这些背景知识,接下来阐述联邦法院和州法院系统中的专业化情况。

联邦法院系统

从法官集中的维度看,联邦地区法院、联邦上诉法院和联邦最高

---

[5] 但是,某些州的行政裁判官服务于多个行政机关,审理各类案件(Coan 1975;Kittrell 1996,42;Dickerson 1999,121-22)。

[6] 例如 *Floroiu v. Gonzales*(2007)和 *Shahinaj v. Gonzales*(2007)。参见 Liptak(2005)以及 MacLean(2006a)。Guthrie,Rachlinski 和 Wistrich(2009)讨论了专业化和问责制对行政裁判官的影响。Legomsky(2007)和 Baum(2010)讨论了关于移民法官工作的专业化问题。

法院显然属于通才型法院。这些法院受理的案件范围十分广泛,并且随着联邦司法管辖权的扩张而不断扩大。一位联邦法官回忆道,直至20世纪50年代,俄勒冈地区法院都在"某种程度上像专门法院",因为其大部分精力都投入在有限几种类型的案件(Stein 2006,113)。这一特征如今已不复存在。

从另一维度看,联邦地区法院和联邦上诉法院的案件集中度通常较低。[7] 大部分情况下,特定领域的案件是由12个上诉层级的法院和94个初审层级的法院负责审理的,这两个层级都拥有数量众多的法官。

在以下三个层面,通才型法院也呈现出部分专业化特征。首先,地域管辖规则和地理分布情况,有时会导致特定领域案件在联邦地区法院或联邦上诉法院之间的分布极不均衡。哥伦比亚特区联邦巡回上诉法院(The Court of Appeals for the District of Columbia Circuit)对某些行政上诉案件有专属管辖权;同时,一些当事人住所地或营业地在巡回区内的案件也归该院受理。[8] 因此,特区巡回上诉法院行政案件占其案件总量的比例,是其他联邦上诉法院的两倍。不过,行政案件也仅占其审理的各类案件的三分之一,而且涉及范围十分广泛(Administrative Office of the U.S. Courts 2010, 94)。

即便没有特殊的地域管辖规则,某些特定类型案件也可能在部分法院高度集中。2008年,超过一半的海事上诉案件是在第二巡回上诉法院审结的;而该地区超过一半的初审案件是在纽约南区法院审结的。第十一巡回上诉法院审理的涉及《联邦公平劳动标准法》(Federal

---

[7] 从职能上看,最高法院算案件集中度最高的法院;作为联邦司法系统最高层级的法院,这家由九位大法官组成的法院几乎审理联邦法律所有专业领域的案件。但是,按照联邦法院审级架构,这种集中程度(州最高法院也是如此)是必然的。

[8] 这些管辖权规则位于美国法典28§§1291,1294(历史和修订说明)(2006)部分。哥伦比亚特区的地区法院也是某些类型的行政上诉专属或选择性地点。环境法研究所在 http://www.endangeredlaws.org/pdf/dc_cir_jurisdiction_11_03.pdf 中总结了环境案件的相关地域管辖规则。

Labor Standards Act)案件也是这种情况。[9]

更引人注目的是来自移民上诉委员会(Board of Immigration Appeals, BIA)案件的集中程度。2008年案件极为集中时,要求复审移民上诉委员会决定的上诉案件有45%涌入第九巡回上诉法院,还有28%去了第二巡回上诉法院。这些案件占据两个巡回上诉法院案件数量的大头。2008年,此类案件占第九巡回上诉法院案件总数的34%,第二巡回上诉法院的41%(Administrative Office of the U.S. Courts 2010, 94-99; see Committee on Federal Courts 2005)。

联邦地区法院和联邦上诉法院的第二种专业化表现,涉及案件分配办法。一些分案方式会导致特定领域的特定法官忙闲不均。绝大部分地区法院都有将"类似案件"分配给同一个法官的规则。部分地区法院允许非随机分案,一些特定类型案件会被分配给固定一组法官。[10] 地区法院法官因此对一些特定政策暂时拥有垄断或近乎垄断的解释权,如对版权音乐费率的确定。[11] 多地域诉讼司法协调小组(Judicial Panel on Multidistrict Litigation)*对案件的分配、诉讼当事人

---

[9] 这些数据来自《联邦法院案例:2008年综合数据库》,由联邦司法中心提供给大学间政治和社会研究联合会,可参见 http://www.icpsr.umich.edu/icpsrweb/ ICPSR /studies/ 25002。

[10] 联邦法律允许在上诉法院非随机地分配案件(28 U.S. Code § 46)。涉及地区法院的相应条款(28 U.S. Code § 137)则规定得不太明确,但在 In re: Atamian (3rd Cir. 2007)一案判决中,上诉法院认为法律并未允许在地区法院随机分案。如果指定分案看上去对某些当事人不利,则非随机指定可能会引发正当程序问题,尤其是在刑事案件中。United States v. Pearson (10th Cir. 2000)一案判决,审查的就是检察官直接介入法官分案程序问题。将某些刑事案件分配给可能在裁判中采取"强硬"立场的法官,就会引发正当程序问题,这一点我们将在第四章中讨论。

[11] 根据美国作曲家、作家和出版商协会(ASCAP)和广播音乐公司(BMI)的授权协定,纽约南区地区法院设立"费率法庭"(Rate Court),裁定关于许可费率的争议。然而,诉至费率法庭的纠纷似乎非常罕见(Rifkind 1985,17-18;参见 Fujitani 1984)。

* 多地域诉讼司法协调小组:涉及一个或多个共同的事实问题的若干民事案件同时在几个不同的联邦地区法院待决时,可将这些案件移送至其中一个地区法院以便统一管理,并由一名法官审理。可能发生多地域诉讼的案件类型包括反垄断案件、共同灾难(如空难)案件、专利和商标案件、产品责任案件、违反证券法的案件等。这类案件的分派与移送由多地域诉讼司法协调小组按照《复杂诉讼指南》(Manual for Complex Litigation)及《多地域诉讼司法协调小组办案程序规则》(Rules of Procedure of the Judicial Panel on Multidistrict Litigation)办理。——译者注

对管辖法院的选择,以及资深法官*的选择性参与,都可能导致不同程度的法官集中和案件集中。这些不同机制,单独又或共同促成了下述情形:纽约东部地区法院大部分集体侵权诉讼案件都是由资深法官杰克·温斯坦(Jack Weinstein)一人审理的(Weinstein 2009)。[12]

历史上,第五巡回上诉法院曾发生过一起反常事件,该院法官经常因个人持股情况而在涉及能源监管的案件中回避。1972年,未回避的法官被指派成立"石油与天然气合议庭",专门审理相关案件。久而久之,合议庭只剩下3名法官。由于全美大部分能源领域案件都由第五巡回上诉法院审理,这3名法官对该领域的司法政策有着举足轻重的影响(Pierce 1992;*Hall v. Federal Energy Regulatory Commission* 1983)。

有时,在将案件分配给合议庭或独任法官过程中,首席法官或其他人的偏见会引发争议。其中最著名的莫过于20世纪60年代初第五巡回上诉法院就民权案件分配产生的争议(*Armstrong v. Board of Education* 1963;Atkins和Zavoina 1974;Bass 1981, 233-47)。由于20世纪50年代和60年代早期民权运动的区域性特征,大量相关案件都是由第四、第五巡回上诉法院审理的。第四巡回上诉法院只有3位法官。在第五巡回上诉法院,随着要求废止种族隔离的案件越来越多,保守派人士抱怨首席法官埃尔伯特·塔特尔(Elbert Tuttle)将民权案件都分配给支持民权运动的合议庭。这一争议后来被第五巡回上

---

* 资深法官(Senior Judge):在美国,满足退休条件的法官可以直接退休,也可以申请转任资深法官。资深法官相当于一个"半退休"性质的过渡岗位。转任资深法官后,原来的席位会空缺出来,不再占据法官员额。资深法官可以视个人兴趣、精力,审理适量案件(约为过去的50%),并继续享受之前的薪酬,不因办案量降低而减少。如果中间遇到加薪,薪酬与退休金也会相应增加。——译者注

12 此类机制还可以在特定时间的某一地区或巡回审判区内产生案件集中效果。

诉法院以推行随机分案机制的方式平息,类似规则也陆续在其他巡回上诉法院采用(Cheng 2008,523n17)。

第三种专业化表现形式,涉及上诉法院判决的撰写。针对联邦最高法院(Brenner 1984;Brenner 和 Spaeth 1986)与上诉法院(Atkins 1974;J. Howard 1981,250-55)的研究发现了一些论据,可以证明判决撰写的专业化情形。一个典型例子是,最高法院哈里·布莱克门(Harry Blackmun)大法官经常主笔撰写税法判决(Brudney 和 Ditslear 2009,1270-71)。一项针对上诉法院的深入研究,说明确实存在判决的专业化写作机制。由于判决书主笔者对法院政策确有影响,专业化写作机制也导致一定程度的案件集中效果。

从整体来看,上述专业化的实际效果是相当明显的。尽管如此,联邦地区法院、巡回上诉法院和最高法院在本质上仍然属于通才型法院。相比之下,其他一些联邦法院在一个或两个维度上都属于专门法院范畴。表 1.2 描述了当前联邦司法系统中的专门法院。[13]

在表格中,我命名并区分了两种法院:常任型法院(freestanding courts)和法官借调型法院(borrowed-judge courts)。常任型法院有自己的常任法官。而法官借调型法院的法官都是从相应地区法院或上诉法院委派而来的。

对常任型法院,下表也根据惯例,区分了"宪法第一条法院"* 和"宪法第三条法院"。宪法第三条法院与第一条法院的本质区别在于,该类法院的法官享受终身任职和薪酬不得削减的保障。[14] 两类法

---

[13] 该表仅包括司法部门的法院。第三章将讨论联邦军事法院。

* 美国宪法第一条第八款规定,国会有权设立低于最高法院的各级法院。根据宪法第一条设立的法院又被称为"宪法第一条法院"或者"立法法院"。——译者注

[14] 关于"宪法第一条法院"与"宪法第三条法院"的区别与含义,参见"贝克莱特公司单方诉讼案"(*Ex Bakelite Corporation*,1929)判决和 Fallon(1988)。

院在任职保障方面的差别,导致部分研究者认为宪法第三条法院的法官比其他法官更为独立,无论他们是通才型,还是专家型(参见Hendrickson 2003, 2006)。

表1.3同时在案件、法院两个维度上,描述了表1.2中所列法院不同的专业化程度。在特定情况下,一个法院也许可以被放在不同位置,但我们暂不讨论这种不确定情形。这张表显示出不同法院在专业化程度上的巨大差异,即使所比较的对象都是专门法院。

几乎所有的联邦专门法院都呈现出较高的案件集中度,它们对于自己审级负责的特定类型案件拥有垄断性权力。联邦税收法院是个例外:它主要审理纳税人和美国国家税务局(Internal Revenue Service, IRS)之间的争议;而另外一部分税务案件是由联邦地区法院和联邦索赔法院(Court of Federal Claims)审理。联邦税收法院审理的是税款缴纳前对国家税务局决定提起的诉讼,而其他法院审理的是纳税人要求退还已缴纳税款的案件。联邦索赔法院对部分案件拥有专属管辖权,但在其他一些类型案件中则需要和其他审判机构共享管辖权。如前所述,破产法院是特例,因为破产法官的数量过于庞大。

表1.2 联邦司法系统目前的专门法院

法院类型	特 征
常任型法院	
初审法院	
联邦索赔法院(宪法第一条法院)	管辖权:针对联邦政府的金钱索赔。上诉向联邦巡回上诉法院(CAFC)提起。 法官:16名由总统提名、参议院任命的法官,任期15年。 历史沿革:1855年成立了求偿法院;1925年确立了两级审判架构,其中初审法院于1982年成为索赔法院(上诉分支则被并入联邦巡回上诉法院[CAFC]),索赔法院于1992年更名为联邦索赔法院。

(续表)

法院类型	特　征
国际贸易法院（宪法第三条法院）	管辖权:涉及国际贸易纠纷的相关案件,以联邦政府为被告的居多。上诉向联邦巡回上诉法院(CAFC)提起。 法官:9名由总统提名、参议院任命的终身制法官,其中来自同一政党的法官不得超过5人。 历史沿革:1890年设立美国评估总局,1926年该局改为海关法院,1980年改设国际贸易法院。
税收法院（宪法第一条法院）	管辖权:以联邦政府为被告的税务案件,主要处理税款缴纳前的税收评估争议。上诉向联邦上诉法院提起。 法官:19名由总统提名、参议院任命的法官,任期15年;特别审理法官由首席法官任命。 历史沿革:1924年成立税收上诉委员会,1942年该委员会被改为税收法院,1969年改为美国税收法院。
退伍军人索赔上诉法院（宪法第一条法院）	管辖权:处理政府驳回退伍军人福利发放申请引起的相关纠纷。上诉向联邦巡回上诉法院(CAFC)提起。 法官:由总统提名、参议院任命的3至7名法官,任期15年;其中来自同一政党的法官人数不得超过法官总人数一半的最小整数（例如:4是7一半的最小整数）。 历史沿革:1988年设立时名为退伍军人上诉法院,1999年更名为退伍军人索赔上诉法院。
上诉法院	
联邦巡回上诉法院（CAFC,宪法第三条法院）	管辖权:审理来自联邦索赔法院、国际贸易法院、退伍军人索赔上诉法院的上诉案件;涉及政府雇员、政府合同、专利、商标和国际贸易的行政上诉案件;联邦地区法院的专利上诉案件及针对联邦政府的索赔案件。 法官:12名由总统提名、参议院任命的法官,终身任职。 历史沿革:1982年与关税与专利上诉法院和索赔法院上诉部分合并设立,在承继原法院管辖权基础上调整了管辖权。随后,将管辖权扩展至其他领域。
美国武装部队上诉法院（宪法第一条法院）	管辖权:军事上诉案件 法官:5名由总统提名,参议院任命的法官,任期15年。法官只能由平民担任,来自同一政党的法官不得超过3名。 历史沿革:军事上诉法院设立于1950年,1994年改为武装部队上诉法院。

(续表)

法院类型	特　征
法官借调型法院	
初审法院	
外国情报监控法院	管辖权:受理对外国情报信息要求进行电子监视的申请。被否决的申请向外国情报监控复核法院上诉。 法官:11名由首席大法官指定的联邦地区法院法官,任期至多7年。至少3名法官的住所应位于华盛顿特区周围20英里内。 历史沿革:1978年设立。
遣返法院	管辖权:受理将外国人作为恐怖分子从美国遣返的申请。上诉向哥伦比亚特区巡回上诉法院提起。 法官:5名由首席大法官指定的联邦地区法院法官,任期5年。法官必须来自5个不同的巡回区。 历史沿革:1996年设立后,从未实际运行。
上诉法院	
外国情报监控复核法院	管辖权:审理外国情报监控法院拒绝签发许可的上诉案件。 法官:3名来自联邦地区法院或上诉法院的法官,任期最多7年。 历史沿革:1978年设立。
附设法院(Subordinate Courts)	
破产法院	管辖权:破产案件 法官:法官数量不固定(2010年为316名),由其所属巡回区的上诉法院任命,任期为14年。 历史沿革:1898年在地区法院内部设立破产公断人的职位。1938年弱化了破产公断人承担的行政职能。1973年破产公断人被任命为法官。上诉向地区法院或破产上诉合议庭(Bankruptcy Appellate Panel)提起。

资料来源:联邦司法中心网站(http://www.fjc.gov/public/home.nsf/hisc);各法院官方网站;美国联邦法典。

表1.3　根据案件集中度和法官集中度分类的联邦专门法院

案件集中程度	法官集中程度		
	低	中等	高
低	/	/	破产法院
中等偏高	/	联邦索赔法院	税收法院

(续表)

案件集中程度	法官集中程度		
	低	中等	高
高	外国情报监控法院;遣返法院	联邦巡回上诉法院(CAFC)	国际贸易法院;退伍军人索赔上诉法院;武装部队上诉法院

注:相关法院位置并非完全固定,部分法院可能有其他不同的归类方式。

就法官集中这一维度而言,常任型法院和法官借调型法院截然不同。联邦巡回上诉法院(CAFC)则是一个处于中间维度的例子,显示出相对于专门法院更广的管辖范围。与联邦巡回上诉法院(CAFC)相比,联邦索赔法院的管辖权要窄一些。不过,鉴于审理的以联邦政府为被告的案件横跨多个领域,它仍被视为集中度中等的法院。

除上述现有法院,历史上也曾有过一些设立后又被废止的联邦专门法院。表1.4列出了这类法院。它们大部分是基于临时目的设立,其中两个法院名称中带有"紧急"和"临时紧急"字样(尽管以此命名,但两个法院分别存续了19年和22年)。相比之下,原本作为常设法院设置的商贸法院(Commerce Court)仅存续了三年(Dix 1964)。数十年后,对联邦特别检察官的不满导致了该职位的废止。结果,负责任命特别检察官的特区巡回上诉法院特别法庭也因此被撤销。

作为联邦司法系统的重要组成部分,专门法院的重要性可从多方面衡量。破产法院审理的案件数量远多于地区法院,税收法院每年也要审理数千起案件。但其他专门法院的案件量相对较少。另外,专门法院控制的司法政策领域十分重要。税务、专利、贸易、破产,每个领域都对经济发展有着举足轻重的影响,破产法更是影响到千万人的生活。专门法院对这些领域的公共政策有实质性影响。

虽然外国情报监控法院多年来不曾引人关注,但小布什行政分支绕开该院行事引发的争议,充分显示其工作的重要性(参见Schmitt和Curtius 2005)。可以说,联邦法院有相当一部分重要工作是由专门法院完成的。

表1.4 历史上存在过的部分联邦专门法院

专门法院	概述
私人土地申索法院(1891—1904)	有常任法官的初审法院;审理西南部地区涉及西班牙和墨西哥土地所有权的案件。
驻华法院(1906—1943)	有常任法官的初审法院;审理以美国公民为被告的刑事和民事案件。
商贸法院(1910—1913)	有常任法官的上诉法院(原计划用借调法官取代常任法官,但在计划实施前法院即被撤销)。负责审理不服州际贸易委员会决定的上诉案件。
紧急上诉法院(1942—1961)	使用借调法官的上诉法院;审理就价格管控问题所作行政决定的上诉案件。
临时紧急上诉法院(1971—1992)	使用借调法官的上诉法院;审理涉及工资、价格管制的案件;后期也审理能源管制案件。
根据1973年《区域铁路重整法》(Regional Rail Reorganization Act of 1973)设立的专门法院(1974—1997)	使用借调法官的初审法院;审理因东部与中西部铁路行业重整而引发的案件。
联邦哥伦比亚特区巡回上诉法院特别法庭(1978—1997)	使用借调法官的法院;负责任命调查行政官员刑事犯罪行为的独立检察官;决定其他与独立检察官调查相关的事项。

资料来源:联邦司法中心网站(http://www.fjc.gov/public/home.nsf/hisc);美国法典;二手资料。私人土地申索法院(Court of Private Land Claims)在布拉德福特(Bradfute,1975)的著作中有所讨论,特别法庭在第二章开头讨论;其他法院的讨论参见第三章至第六章。

世易时移,一些联邦专门法院转瞬即逝;但自19世纪晚期以来,联邦法院整体的专业化程度在不断提升之中。其中最主要的一步,是1982年联邦巡回上诉法院(CAFC)的设立。该法院的创设及其管辖权之后的扩张,改变了联邦法院系统原本居中的集中程度,将其从案件集中度极低转化到由一个法院审理不同领域案件。在初审法院层面也是如此,与 1890 年相比,越来越多的司法工作是由专业法官和专门法院(庭)完成的。

州法院系统

州法院的专业化模式比联邦法院更难描述。一个显而易见的原因,是各州法院组织体系之间存在显著差异。更重要的是,法院组织体系和实际运行之间也有重大差异。如表 1.5 所示,州法院的组织体系图显示,各州均存在大量专门法院(参见 Strickland et al. 2008)。然而在初审层面,各种正式或非正式实践催生出的专业化程度,远高于组织体系图展示的水平。

在官方层面,绝大多数州上诉法院都是通才型法院,其中部分法院存在一定程度的法官集中。例如,在特定时期,死刑案件在一些州最高法院所占比例可能较高(参见 Stempel 1995, 81)。亚利桑那州上诉法院(Arizona Court of Appeals)曾设立特别合议庭,专门审理劳动补偿和税收案件(Berch 1990, 188)。

少数州的上诉法院有正式的专业化审判机制。阿拉巴马州、俄克拉何马州和得克萨斯州有专门审理刑事上诉案件的法院。在俄克拉何马州和得克萨斯州,这些法院扮演了刑事最高法院的角色。宾夕法尼亚州州立法院则是一个专门审理政府作为当事人以及不服行政机关决定案件的中间上诉法院*(参见 Craig 1995)。

在法院组织体系内,专业化在初审层级更为常见。在初审层级,超过一半的州有专门审理特定类型刑事案件的法院,审理轻罪案

---

* 中间上诉法院(Intermediate Appellate Court):两级上诉法院体系中较低级的法院,其判决还可由更高一级上诉法院复审。——译者注

件的法院尤其常见。约三分之一的州单独设置了管辖范围广泛的遗嘱检验法院*。其他类型的专门法院相对少见，但数个州也存在下列法院：家事法院、未成年人法院、税收法院、劳工赔偿法院、交通法院**、水利法院***和衡平法院。

表1.5 州法院系统的专门法院（2006年）

州法院系统	拥有此类法院的州的数量
上诉法院	
刑事法院	4
审理涉政府案件的法院	1
税收法院	1
初审法院	
刑事与治安法院	
刑事法院	25
交通法院	2
未成年人法院	7
家事与家事相关法院	
遗嘱检验法院	16
家事法院	9
遗嘱检验与家事法院	1
经济事务相关法院	
衡平法院	3
（针对政府的）索赔法院	3
税收法院	4

---

* 遗嘱检验法院（Probate Court）：管辖遗嘱检验和遗产管理事项的法院。在美国，有些州的遗嘱检验法院也有权指定监护人或批准收养未成年人。——译者注
** 交通法院（Traffic Court）：专门审理违反交通法规行为的市立或州立治安法院。——译者注
*** 水利法院（Water Court）：设立于科罗拉多州和蒙大拿州，负责裁决水权利纠纷的法院。——译者注

(续表)

州法院系统	拥有此类法院的州的数量
劳工赔偿法院	3
小额索赔法院	1
财产与环境资源法院	
房屋法院	1
环境法院	1
水利法院	2
土地法院	1

资料来源:数据来自 Strickland et al.(2008)。

注:以上仅列出在法院组织体系图中单独收录的法院。但田纳西州是个例外,因为该州有法院分别审理衡平法案件和遗嘱检验案件,所以在上表中重复统计了。上表不包括对所有民事案件均有管辖权的初审法院和上诉法院。此外,让部分初审法院审理相对疑难的案件,而让其他法院审理相对简易案件的常见做法,没有被视为专业化的表现形式。但是,上表也包括一些专业化范围相对宽泛的法院,例如遗嘱检验法院、宾夕法尼亚州州立法院(专门审理政府相关案件的中间上诉法院)。一些初审专门法院仅存在于某一州部分郡县。部分被作为初审法院列举的法院可能也享有上诉管辖权。

表 1.5 所列统计数据,体现了法院组织体系图与现实之间的差距。我们都清楚,未成年人法院、小额索赔法院和交通法院的实际分布,远比这张表记载的广泛。法院内部那些由立法机关或法院自行设立的机构(无论是正式设立还是非正式设立)在专业化程度方面,远高于组织体系图所展示的专业化程度。

这类专业化有不同的表现形式。在一些法院,法官正式在某些特定的专业审判庭担任常任职务。例如,俄亥俄州部分县一级普通诉讼法院(Court of Common Pleas)的司法职位专门被指派去审理遗嘱检验、少年或家事关系类型的案件。有着"治安官"(Parajudge)或"准法官"(Quasi-judge)头衔的治安法官或公断人等也可能会审理特定类型的案件(National Center for State Courts 1976;McFarland 2004)。例如,治安官就经常审理交通类案件(Goerdt 1992, 15)。再例如,一些州会指派听证官*去处理涉及子女抚养费的案件(Prugh 2007, 77)。

另一种专业化做法是法院内部的分案模式,安排法官全职处理特定领域案件。例如,某些法院的刑事案件一直由特定法官审理。法院通常会将法官分配至专业分工更精细的业务领域,如家事法庭、毒品法庭、精神病患者法庭、未成年人法庭、商事法庭等。根据案件数量多寡,审理这些特定类型案件的法官可能是全权负责,也可能兼顾各个审判领域。后者与联邦司法系统中借调法官的情况类似,这类法官可能需要在审理特定领域所有案件的同时,审理其他类型的案件。

有时,法官也会被临时分配特定类型的案件,尤其是在人案矛盾突出、海量案件积压时。"限期速裁程序"就在佛罗里达州某市被用于处理信息披露案件(Corkery 2009),并在巴尔的摩用来处理债务催收案件(Schulte 和 Drew 2008)。另一个临时性分案模式的例子也可说明专业化在州法院层级多种多样的表现形式。早在20世纪90年代,佛罗里达州就有两个城市设立了只在每年春季运行的"春假法庭"(Spring Break Court)(D. Baker 1997; *Sarasota Herald-Tribune* 1998),审理那些因未成年人饮酒等轻微犯罪而被逮捕者,他们通常会以从事短期社区服务形式争取不被正式起诉(Key West)或代替缴纳罚金(Panama City Beach)。

无论是否依循正式制度,州法院层面已有各类专业化审判机制,存在大量的法官集中和案件集中现象。虽然这两个维度上的专业化程度难以准确量化,但从1977年某次针对初审法院法官的问卷调查中可窥一斑(Ryan et al. 1980, 23)。[15] 调查期间,这些法院16%的法

---

* 听证官(hearing officers):通常指行政机关的文职官员,负责对本机关管辖范围内的事项举行听证。现在联邦政府中称行政法官(Administrative Law Judge)。

15 具有普通管辖权的法院管辖范围广泛。无论称谓如何,大多数州这类法院只审理较重大的民事、刑事案件。

官在特定审判庭任职,尤其以刑事审判庭为主(另有23%的法官只审理民事案件;但民事案件范围过于宽泛,难以被认定为专业化)。鉴于大量专业化审判机制都发生于行使普通管辖权的法院之外[16],1977年的州初审法院能保持16%的集中度已算相当之高了。至于当下,集中度更高,这一点我将在下文论证。

与州法院审判专业化程度密切相关的变量因素,是法院辖区人口。因为专业化概率将随着案件与法官数量增加而提升。当然,在法院组织体系图上,专门法院数量与各州人口并不存在系统关联。[17] 但该数字的确是衡量专业化程度的重要指标,其中最能够说明的是县法院或其他初审法院内设审判机构的专业化水平,而不是州一级的专业化水平。在各州内,大城市法官的专业化程度最高。例如,俄亥俄州人口密度在前25%的县,平均每县有2.4个未成年人、遗嘱检验、家事或囊括上述领域的审判机构,且均配备常任法官。相比之下,人口密度在后25%的各县平均只有0.8个。[18]

除人口因素外,专业化程度多数情况下取决于各地实际。例如,芝加哥的普通管辖权法院长年设置专门审判庭,而其他大城市则没有(参见 Willrich 2003)。如果州首席法官意识到专业审判的价值,则会致力于推动整个州法院系统的专业化,纽约州前首席法官就是这么做的(Kaye 2004)。

20世纪的法院统一化(court unification)运动及其成效,或许会造成州法院已日益偏离专业化的错觉(Berkson 和 Carbon 1978;Baar 1993)。但是,统一化运动针对的是基层法院设置过于分散的问题,而

---

[16] 似乎任职于普通管辖权法院专门审判机构的法官未被纳入调查范围(Ryan et al. 1980, 268)。

[17] 这一结论是基于对 Strickland 等(2008)书中组织体系图的分析得出的。

[18] 这里的专业化是指一或多个法官在特定或若干审判领域有所擅长。这些数据是根据俄亥俄州最高法院网站(http://www.supremecourt.ohio.gov/JudSystem/trialCourts/default.asp)的法院名录提取的。

不是要"去专业化"(参见 Hurst 1950, chap. 5)。尽管法院统一化要求撤销某些管辖范围过于单一的法院,但统一化的主导者本身也支持在法院内部实行专业化分工(Pound 1912-13; *Journal of the American Judicature Society* 1918; Haines 1933, 3-4)。此外,促成法院统一化的进步运动(Progressive Movement)也支持法院组织专门审判力量,处理未成年人犯罪等特定问题(参见 Willrich 2003)。同时,法院统一化运动减少了各州法院数量,这也有利于在法院内部整合专门审判力量,提升法官集中度和案件集中度。

近年来,两项发展进一步增强了初审层级的专业化程度。第一项发展是推动设立新类别的审判庭,审理涉及以商事主体为当事人的特定类型案件(Bach 和 Applebaum 2004)。现在已经有多个州在全州范围或部分地区设立贸易或商事法庭,另一表现形式是审理科技领域争议的法庭,当事人也以商事主体为主。

另一项发展则是所谓问题实质性解决型法庭*在初审法院体系的兴起(Symposium 2002; Winick 和 Wexler 2003)。绝大部分这类法庭审理的都是特定罪名或被告的刑事案件。最常见的问题实质性解决型法庭是毒品法庭(Nolan 2001)。其他几类法庭也被归类于问题实质性解决型法庭,比如精神病患者法庭、流浪者法庭、醉驾法庭、社区法庭和家暴法庭。与商事法庭类似,问题实质性解决型法庭在法官集中度和案件集中度上也情况各异。

总之,与对应的联邦法院相比,目前州初审法院的审判专业化程

---

* 问题实质性解决型法庭:是一种利用社区资源帮助诉讼当事人的特殊法庭。在刑事案件中,问题实质性解决型法庭致力于采取矫治的方法而非单纯的监禁判解决引发犯罪行为的具体问题,比如,在法官的紧密监督下,法庭对因吸毒成瘾或者精神健康问题而实施犯罪行为的被告人提供戒毒或者精神疾病治疗服务。这类法庭以"问题实质性解决"为导向,以消除被告人犯罪的具体原因为目的,与各类社会机构和人员紧密合作,利用本地社会服务资源,对被告人采取个别化的司法处理手段,减少再犯罪率,帮助被告重新回归社会。本书第四章重点介绍了这类法庭的兴起与发展情况。——译者注

度更高。审判专业化的走势在州层面也更为强劲。联邦法院和州法院之间的差异,则需进一步分析。

国别比较

系统比较美国与其他国家的司法专业化情况,有助于丰富我们的理解。然而,这种比较难度较大。首先,专业化在形式和实践层面存在区别。其次,各国法院和行政裁判所(administrative tribunal)分工情况迥异。例如,审理社会保障或劳动纠纷的机构在一国是专门法院,但在另一国可能是某个行政机关(Skoler 和 Weixel 1981; Blankenburg 和 Rogowski 1984)。由于美国大量使用行政分支的裁判所处理纠纷,所以通才型法官的比例看上去似乎比实际情况高。

不过,如果保持严谨态度,我们仍可比较美国和其他国家的情况。我更加关注与美国司法制度最为相似的普通法系国家,主要有加拿大、英国和澳大利亚,还有西欧的大陆法系国家,尤其是法国和德国。[19]

在所有普通法系国家中,美国似乎在司法专业化方面走在前列。与美国类似,加拿大和澳大利亚都是以普通法院为主体,搭配各类专门法院或专业化审判机构的法院组织体系。与美国各州一样,在初审层级的法院,澳大利亚各州和加拿大各省的专业化程度也存在差异。英国法院系统的专业化成效也很显著。[20] 高等法院(High Court of Justice)和对重大民事案件有管辖权的初审法院都设有专门审理特定类型案件的审判庭或其他审判组织。作为第一审案件主要上诉法院

---

[19] Kritzer(2002)提供了各国法院组织体系概况,以及部分国家专门法院更为详尽的信息。尤其有用的参考文献包括:关于澳大利亚的,参见 Crawford 和 Opeskin(2004)和 French(2000);关于加拿大的,参见 Hausegger, Hennigar 和 Riddell(2009, chap. 2);关于法国的,参见 Abraham(1998, 282-98)和 J. Bell(1988, 1758-64);关于德国的,参见 Meador(1981)、Clark(1988, 1808-14)和 Blankenburg(1996, 259-65);关于英国的,参见 Spencer(1989)、Slapper 和 Kelly(2001)、Ward 和 Akhtar(2008)。

[20] 英国不同区域的法院组织体系也存在一定差异,此处主要指英格兰的法院组织体系。

的上诉法院(Court of Appeal)分为民事、刑事两个庭。在初审法院层面,其他普通法系国家也有类似美国设立"问题实质性解决型法庭"的运动。虽然这些运动发展程度不同,但大都可归因于美国的影响(Nolan 2009)。

整体看来,与普通法系国家相比,西欧大陆法系国家的司法系统呈现出更高的专业化程度(Glendon, Gordon 和 Carozza 1999, 66-71; Shapiro 1981, 150)。大陆法系国家通常拥有独立的行政法院系统,主要归属于行政分支,而非司法分支。在高等法院之外,另行设立宪法法院的做法也很常见。德国的司法专业化水平尤其引人瞩目,认为"依审判领域划分的专业化是司法架构之基础"(V. Williams 1996, 600)。与德国的普通法院一样,专门法院也被划分为不同层级,并涵盖州和联邦法院系统,如劳动法院、公共事务和行政法院、税收法院和社会保险法院。在普通法院内部的初审和上诉层级,也存在依审判领域划分专业的情况。

大陆法系法院专业化程度较高是因为其法官地位相对较低,且司法与行政官僚机构之间缺乏明显区分(Merryman 1969, 117-18; Shapiro 1981, 150-54; Provine 1996, 177-80, 201, 204)。大陆法系法官通常在职业生涯初期就进入法院系统,并通过类似于公务员的体系获得晋升。在这方面,大陆法系国家司法职业制度与普通法系国家的"司法认可制"(recognition judiciary)存在根本区别(Georgakopoulos 2000)。[21] 此外,人们更倾向于将法官视为公务员队伍的一部分,而非重要的公共官员。在此情形下,法院被赋予一些官僚机构特有的专业化特征是很自然的事。

---

[21] 然而,一个相同点在于,大陆法系和普通法系中的法官通常都是作为通才被选拔至法院的,而不是先接受与未来审判职责对应的专门化的培训再入职(参见 Magalhães, Guarnieri 和 Kaminis 2006, 142)。

不过，即便在德国，法院管辖的专业化程度也低于行政官僚机构。在其他大多数国家，两者间的专业化差异更大。不论是与其他政府部门和社会组织相比，法院的专业化程度都相对更低，美国的现象并非孤例。

这本书讲什么

本章开篇概述了后续各章内容。现在，我再予以详细介绍。

第二章将介绍司法专业化的产生原因及成效。该章第一部分分析了在两个维度专业化程度较高的情况下，法院的中立、效率、法律适用统一性以及对司法政策实质内容的影响；其中也对专业化与实质性政策之间的关系进行了框架性分析。该章第二部分分析了推动司法专业化的动因和过程。综合学界已提出的理论成果，该章进一步探讨了关于专业化如何发展、为何如此发展等问题。

余下四章重点梳理专门法院（庭）在四大领域中的司法活动，专门法院（庭）在这四个领域发展最为兴盛。[2] 对于每个法院（庭）和每类法院（庭），相关章节都将讨论该领域的专业化是如何以及为何产生的，同时也会讨论专门法院（庭）的成效和政策。

第三章将讨论审理外交政策和国家安全问题的部分联邦法院。这些法院可被细分为不同类别。其中一类是涉及军事司法的法院，包括由小布什行政分支为审判关塔那摩监狱羁押者而设立的特别法庭和委员会。其他类别的法院包括不在美国本土的海外领地法院，以及裁决是否可以为维护国家安全而签发电子监听令状的法院。

2　最被严重忽视的是遗嘱检验法院和家事法院，但不包括过去主要审理刑事案件的家庭暴力法庭。遗嘱检验法院大多数案件涉及死者遗产，但也审理其他类型案件，如指定监护人或精神病患者监管机构。许多小额索赔法院也将债务托收案件列入专业化类别，但本书仅作简要分析，主要是因为它们并不算严格意义上的专门法院。

第四章梳理了各州刑事领域的专业化情况,尤其关注那些对刑事案件作出更精细化分工的法院。这些法院的专业化形式也各有不同。大部分都是20世纪初设立的"社会化"法院(庭)和近年设立的问题实质性解决型法庭。该章也研究了引领这两类法院(庭)设立的相关运动。

第五章和第六章将研究重点转向在联邦和州层面处理经济问题的法院(庭)。第五章研究了负责审理政府与私人之间纠纷的联邦法院。这些法院中,一部分审理关于政府税收或开支的案件,另一些则负责审查政府对经济事务的监管行为。第六章讨论了另一类法院,主要负责处理私人之间的纠纷。这类法院包括有权管辖专利案件的联邦巡回上诉法院(CAFC)、擅长公司治理领域案件的特拉华州衡平法院、联邦破产法院及各州的商事法院(庭)。

最后一章将回到第二章中所讨论的问题,我将结合第三章至第六章的实证论据,进一步阐释专业化的产生原因和影响。我也会在这章就司法专业化如何产生和如何影响司法政策等问题,给出自己的结论。

附录:司法专业化学术参考文献

虽然目前还没有研究专门法院(庭)的一级或二级学科,但关于司法专业化却已有大量研究成果。相关学者来自不同学术领域,使用的研究方法也各不相同。

对专门法院(庭)这一议题,法学家群体是研究主力,相关著述也很多。他们的研究对象主要集中在联邦司法体系中的某些专门法院。常用分析材料是法院判决及其确定的裁判规则。与专业律师打交道多的法院,获得的关注度也就更高,因此在学术期刊和专业刊物上,普遍被讨论的是税收法院和审理专栏案件的联邦巡回上诉法院(CAFC,例如 Maule 1999;Allison 和 Lemley 2000)。这方面的研究大多有既定规范,即评估现有专门法院的运行成效,讨论拟设专门法院的未来前景(例如 Landau 和 Biederman 1999;Pegram 2000)。

依循上述规范开展的研究,对司法专业化潜在优势和弊端的讨论都是大而化之的,甚至大部分情况下都仅就联邦法院而言。Nathanson(1971),Currie 和 Goodman(1975),Jordan(1981),Meador(1983),Dreyfuss(1990),Revesz(1990),Bruff(1991),T. Baker(1994),Stempel(1995),Kondo(2002)及 Damle(2005)的研究,都是以联邦专门法院作为主要或唯一的研究对象。个别学者型法官也为相关学术研究作出贡献(Posner 1983;Wood 1997)。斯蒂芬·莱戈史克(Stephen Legomsky)(1990)的著作从比较法视角梳理了司法专业化现象。包括两本重要早期著作在内的一些研究(Rightmire 1918-19;Frankfurter 和 Landis 1928, chap. 4)梳理总结了联邦司法系统内较为罕见的专门法院类别。

关于特定联邦法院或相关法院的研究,已有若干本专著。社会学学者卡罗尔·瑟隆(Carroll Seron,1978)研究了联邦破产法院的演变。法学学者林恩·洛普基(Lynn LoPucki,2005)分析了破产法院在涉及大公司案件中的表现。另一位法学学者哈罗德·杜布罗夫(Harold Dubroff,1979)将一系列关于税收法院的文章汇编成书。最近,政治学学者罗伯特·霍华德(Robert Howard)出版专著,介绍税收法院和其他联邦法院在税务案件中的职能和表现(参见 R. Howard 2005,2007)。历史学学者乔纳森·卢里(Jonathan Lurie 1992,1998)撰写了介绍武装部队上诉法院历史的两卷本著作。政治学学者路易斯·费希尔(Louis Fisher)写了一本介绍军事法院通史的书(2005),还写了一本介绍在第二次世界大战期间审判纳粹破坏分子的特别法庭的书(2003)。政治学学者艾萨克·尤纳(Isaac Unah,1998)研究了国际贸易法院和联邦巡回上诉法院(CAFC)在国际贸易领域的审判情况(参见 Unah 1997, 2001;Hansen, Johnson 和 Unah 1995)。

与联邦法院受到的关注相比,很少有学者注意到司法专业化在州法院系统也较为普遍(参见 Hurst 1950, chap. 8)。研究州法院系统内专门法院(庭)的优势,在于可以集中关注一批特定类型的法庭。然而,近年来被研究得更多的,主要是问题实质性解决型法庭。研究结果包括格雷格·伯曼(Greg Berman)和约翰·费恩布莱特(John Feinblatt),以及萨拉·格莱泽(Sarah Glazer)出版于 2005 年的一本著作。此外还有其他人撰写的一些文章(例如,Dorf 和 Fagan 2003;McCoy 2003;Casey 和 Rottman 2005)。

对问题实质性解决型法庭的学术性或准学术性研究对之都持倡导态度,许多作者本身就是支持者。针对特定法庭的学术研究也是如此,但这部分著作主要是实证性的,而非规范性的。研究主题包括社区法庭(Fagan 和 Malkin 2003)、精神病患者法庭(Griffin, Steadman 和 Petrila 2002)、家庭暴力法庭(Mirchandani 2005)。到目前为止,主题集中于毒品法庭(Hoffman 2000;Nolan 2001;Goldkamp 2003;Butts 和 Roman 2004a)。

围绕 20 世纪初期设立的那批社会化法庭,也有一些研究。大部分研究的对象是未成年人法庭,研究者主要是历史学学者和社会学学者(Lou 1927;Ryerson 1978;Polsky 1989;Getis 2000;Tanenhaus 2004)。也有少部分学者研究过女性法庭(Solomon 1987;Cook 1993;Quinn 2006)。历史学学者迈克尔·威尔里希(Michael Willrich, 2003)提供了芝加哥法院在那一时期的诸多翔实资料。

总体而言,其他类型的州专门法院受到的学术关注较少,但特拉华州衡平法院是个例外,因为它在推动公司法发展方面起到了重要作用。除了研究其裁判规则,针对该院还有几项范围更宽泛的研究(Quillen 和 Hanrahan 1993; Dreyfuss 1995; D. Sullivan 和 Conlon 1997)。商事领域的法院也成为某些研究的对象(Bach 和 Applebaum,2004)。此外还有一些零散研究,对象是宾夕法尼亚州州立法院之类的专门法院(Craig 1995)。

关于司法专业化的研究,大都涉及特定法院或法院类型的起源,它们也为本书研究提供了可观的第一手材料。少数情况下,学者会关注推动司法专业化纵深发展的背后力量,但主要集中在问题实质性解决型法庭的创设和推广上(参见 Frankfurter 和 Landis 1928,146-48)。截至目前,尚未有研究将司法专业化的发展视为普遍趋势。

第二章　司法专业化的成因和成效

19世纪晚期,各个社会改革团体开始呼吁彻底改造未成年人为被告的刑事审判程序。[1] 他们认为,涉未成年人案件应当单列,由一个重在矫治而非惩罚的法庭专门审理。未成年人法庭应运而生。1899年,第一家未成年人法庭在芝加哥设立,之后迅速扩展至其他地区。到1918年,几乎每个州都通过了授权设立未成年人法庭的法律。

然而,实践中,未成年人法庭并未像倡议者所期待的那样,彻底提升未成年人的司法待遇。原因之一,是未成年人法庭的许多法官并不具备相应司法理念。未成年人法庭也因此招致不少批判。一些人认为,未成年人法庭剥夺被告基本程序性权利,同时又可能对他们施以重罚。另一些人则持相反观点,认为未成年人法庭对犯下重罪的人过于宽容。这些批评意见虽给未成年人法庭的推广带来重大影响,但形式各异的未成年人法庭仍广泛存在。

未成年人法庭创设一个世纪后,普罗维登斯市*市长突然忧心忡忡。在他看来,控制非法持枪和滥用枪支的法律未能有效落实。这位市长成功说服了罗得岛州议会,批准在该市设立枪支法庭(Gun Court)。因为该院经费由市政府全额保障,市长将最先委派的法官称为"我买来的第一位法官"(Daly 1995)。这位法官之所以入选,源于他在刑事审判中的铁腕政策。一份报告显示,这位法官曾无视罗得岛

---

[1] 本书第三章至第六章,将探讨本章部分仅被简略提及的专门法院(庭)。因此,我在本章谈及相关法院(庭)时,仅会在描述事实细节时援引原始资料;其他更为详细的文献出处一并列后。因余下章节未提到哥伦比亚特区联邦巡回上诉法院的特别法庭,故在本章列出有关该法庭引文的完整出处。

* 普罗维登斯市(Providence),美国罗得岛州首府。——译者注

州不允许死刑的现实,判处一名杀人累犯死刑(Walker 1994,6)。坊间传闻,该院之后的审判情况,确实有力贯彻了市长的强硬立场。

"水门事件"后,国会于1978年建立特别检察官制度,负责办理总统麾下高级官员犯罪案件。[2] 由于不信任司法部,国会将任命特别检察官的权力赋予哥伦比亚巡回上诉法院的一个特别法庭(Special Division),该法庭的3名法官从全体上诉法院法官中筛选。长期以来,专门法院和特别法庭的兼职法官都由首席大法官任命(Ruger 2004,358-67),国会在关于特别检察官的立法中也依循这一惯例。1994年,国会重新确立特别检察官制度[现在这个职位被称为独立法律顾问(independent counsel)],并将任命权再次赋予首席大法官,此时该制度已缺位两年之久。

1994年在国会尚占多数席位的民主党人显然没有注意到,在两任首席大法官——沃伦·伯格(Warren Burger)和威廉·伦奎斯特(William Rehnquist)——主导下,由共和党总统任命的特别法庭法官总是占据多数,庭长也多由共和党籍法官担任(Ruger 2004,393-94;Barrett 2000,44-46)。伦奎斯特根据1994年立法进行的任命仍是如此。虽然民主党人强烈反对,但设立伊始的特别法庭推出的第一项措施,就是将调查时任总统比尔·克林顿(Bill Clinton)涉嫌犯罪的任务,指派给肯尼斯·斯塔尔(Kenneth Starr)。斯塔尔在业界颇有声望,却是一名立场强硬的共和党人(Toobin 1999,72-73;K. Gormley 2010,143-54)。斯塔尔对这项任务极为上心,不断扩大调查范围,直接促成针对克林顿的弹劾案。在民主党人看来,正是因为共和党把持了首席大法官的任命权,才直接导致弹劾案发生,克林顿本人也这么认为(P. Wilson 2004)。

---

2 也即《政府道德法》(Ethics in Government Act)(1978年)。在本书参考文献部分,正文或脚注中提及的法律法规及相关信息已按名称列出。

上述三个例子,涉及的都是刑事司法领域的专门法庭,但也存在一些重要不同。前两个例子中,专门法庭是为改变司法政策的实质内容而设立的。第三个例子中,国会将设立特别法庭视为一个便利工具,但未审慎评估其潜在影响。枪支法庭的设立,似乎达到了改变司法政策的目标,但与之类似的未成年人法庭却遭遇褒贬不一的评价。部分国会成员本可以在设立特别法庭之初就预见到,利用特别法庭任命特别检察官的做法,有可能导致总统被弹劾,但他们却置若罔闻。

我将在下文研究这些例子的产生原因及其影响。为什么制度设计者要着手设立专门法院(庭)?司法专业化带来了怎样的影响?我将在本章先提出一些理论基础,以便引导对上述问题的研究。针对相关论据采用的研究策略,将在本章附录中列明。

后果:司法专业化的影响

从进程上看,司法专业化的起因自然在其影响之前。但我首先讨论的是司法专业化的影响,因为人们对专业化的预期,促成了专门法院(庭)的设立。

司法专业化之所以重要,主要在于其影响——如果一个法院的法官集中度或案件集中度很高,专业化将对其司法产出产生巨大影响。正如我在第一章谈到的,这些潜在影响可以用马丁·夏皮罗的话概括,即:专业化使法院更像行政机关。

进一步展开前,先说明两点。第一,通才型法院和行政机关表面上不是一回事,其实并无本质差异。夏皮罗(1968,chap. 2)指出,联邦法院和行政机关都具有递进式的决策机制。迈克尔·利普斯基(Michael Lipsky)也提出,州法院体系下的城镇初审法院与行政分支的"基层办事机构",如福利机构和警察部门,具有同等重要性。第二,专门法院(庭)在许多特质上与行政机关有较大差异。除此之外,专门法院(庭)通常是小型组织,法官内部基本不存在科层划分。

基于上述理由,那些认为专业化使法院更像行政机关的观点不宜被过分解读。与此同时,专门法院(庭)与通才型法院的不同之处,也可以参照理解。

首先,通过将官僚制的专业化优势赋予审判部门,可以进一步优化司法产出。我称之为专业化的中性优势。多数人都赞成,专才比通才的工作质效更高。这一看法可以追溯至亚当·斯密的《国富论》(1776/1963,7-8),并被不断重复援引。官僚组织正是人们对这一立场普遍认同的体现。

其次,专业化也可能通过类似行政机关的运行机制,影响到司法政策的实质内容。本书第一章中提到,所谓"实质内容",是指在特定领域内,受制于政治意识形态或对立利益集团的司法政策,而不是法院裁判的品质。即便专业化对司法政策的实质内容并未施加系统性影响,仅通过调整审理特定领域案件的法官,司法政策就会随之改变。不过,我们有理由认为,专业化确实能对司法政策实质内容产生系统性影响。

专业化的中性优势,与其对司法政策实质内容的影响,并非完全没有交集。事实上,裁判品质的改变也可以影响到裁判的实质内容。不过,区分这两类影响,有助于确保相关分析的科学性。

中性优势

分析司法专业化时,人们常将司法专业化可能导致的后果称为"中性优势"(Currie 和 Goodman 1975,63-68;Dreyfuss 1990,377-78;Jordan 1981,747-48;Meador 1983,481;Legomsky 1990,7-16;Bruff 1991,330-31;Damle 2005,1275-79)。除了促进质效提升,司法专业

化的倡导者将统一裁判尺度也视为其优势之一。随着案件集中度由低变高,在相关法律政策领域的法官数量亦会减少;由诸多通才型法院审理的案件集中由一个专门法院(庭)审理的情况也会出现。这类改变,显然有助于减少法律适用不统一的现象(参见 Kondo 2002,47-49)。

与裁判统一性相反,法官集中会促进效率提升。和其他职业一样,相较于对特定类型案件接触较少的通才型法院法官,经常审理这类案件的专业法官效率自然更高。此外,专业化还可能间接推动通才型法院的效率提升:设立专门法院(庭)可以分流部分案件,进而提升通才型法院的效率。

第三个中性优势,与裁判品质相关,通常被称为专业技能(Expertise)。在司法专业化领域,这一优势尤为显著(参见 Legomsky 1986,1388)。不过,专业技能与效率的提升未必同步。效率提升是结果,但专业知识是可能影响司法产品的重要因素。例如,法官集中带来的效率提升,部分可归功于法官据此培养出的专业知识(Unah 1998,94)。当有论者声称"司法专业技能是效率之源"时,他们其实是在说,专业法官的裁判品质比非专业法官更高。

当然,品质一词也有多重含义。准确界定该词含义的最优途径,是探究法官们欲达成的目标。如果法官追求的是完美解释法律,专业技能有助于他们作出最佳解释;如果他们追求的是制定妥当政策,专业技能可以帮助他们拣选合适的判例和法条。

一般而言,法官集中度的提高有助于提升专业技能,进而提升政策品质(Currie 和 Goodman 1975,67-68;Dreyfuss 1990,380;Bruff 1991,330)。此外,专业化有助于遴选出在特定领域卓有建树的法官,既可以由法官毛遂自荐,也可以将专业技能作为遴选标准(Dreyfuss 1990,378)。

有论者指出,法官集中或案件集中的专业化模式,可能会弱化专业化的中性优势（Currie 和 Goodman 1975, 68-74；Jordan 1981, 748；Posner 1983, 783-88；Dreyfuss 1990, 379-82；Revesz 1990, 1155-65；Damle 2005, 1281-86；Morley 2008, 381-91）。毕竟，通才型法院与专门法院（庭）在管辖权上可能发生的争议，以及当事人需要奔赴特定地点法院诉讼而面临的不便，都折抵了效率提升的优势。法官集中意味着法官只能审理特定类型的案件，有时可能会在办完这类案件后无所事事，这也是缺乏效率的表现（参见 Posner 1996, 259-62）。要求设立专门法院（庭）的部分提案就因此遭到质疑，如关于设立军事上诉法院的建议（U.S. Senate 1949, 53）。

有论者指出，司法专业化对裁判品质也可能存在负面影响。案件集中由一个法院审理，确实有助于裁判统一，但由此带来的风险是：对同一类案件，由于缺乏多元化的裁判，无法择优产生更好的司法政策（参见 Nard 和 Duffy 2007）。也许法官集中度提高可以促进专业技能提升，但也可能导致法官对其他法律领域的知识了解不足，进而影响裁判品质。此外，专门法院（庭）对法官们的吸引力也可能弱于通才型法院，导致专门法院（庭）法官的平均水平低于对应的通才型法院（裁判品质也会因此受到影响）。由于专业化可能具有上述负面效应，通才型司法才一直备受推崇。

司法专业化究竟会在多大程度上催生上述潜在优势和劣势，目前难下结论，更何况司法品质本身就难以量化。除了极少数例外（Nash 和 Pardo 2008），参与司法专业化讨论的学者和其他人士都未曾严格衡量司法专业化之利弊。他们对现有专门法院（庭）的运行所作评估，大都依赖于理论假设或传闻证据。

司法政策的实质内容

司法专业化对司法政策实质内容的影响复杂、作用深远，值得深入研究。表2.1概括了部分最有可能的影响。如表所示,这些影响源自两个机制:一是法官长期在较窄的专业领域审判,二是司法裁判所涉利益集团影响力的强化。相关影响主要体现在两个方面:法官选任和法官在审判中积累的经验。

表2.1 司法专业化与司法政策实质内容之间的联系

影响机制	主要影响	
	法官选任	法官经验
长期在特定领域审理	过于自信(J); 立场偏狭(J); 职业偏见(J)	过于自信(J); 立场偏狭(J); 固定思维(J)
利益集团的影响	对特定利益群体的偏见(C,J)	对特定利益群体的偏见(C,J)

注:"C"和"J"指可能会产生此种影响的专业化维度。J代指法官集中,C代指案件集中。

该表显示,与案件的高度集中相比,法官的高度集中可以通过多种途径影响司法政策的实质内容。因为长期审理特定领域的案件,会推动法官在某些方面形成思维定势。不过,法官集中和案件集中都可能强化利益集团的影响,这也是影响司法政策的最重要因素。案件集中似乎比法官集中更容易导致这种结果。

这张表也暗示了司法专业化和行政机关特征之间的联系。司法专业化对政策实质内容的潜在影响,都说明它更像行政官僚机构,而不是法院。[3] 这些内容,我将在下文中进一步展开。

长期在特定领域导致的偏见

如果法官只专精于较狭窄的审判领域,就会逐渐聚焦一处,浸淫

---

[3] "过于自信"效果是个特例,因为通才型法官在制定政策过程也往往充满自信(因此通常被称为激进主义者)。在政策制定过程中,司法激进主义常被夸大,行政机关的激进程度反而被低估,因为整个决策过程都秘而不宣。

其中,乐此不疲。法官集中和案件集中也让那些已在特定领域颇有造诣的法官更受青睐,因为这些人会被认为具备专业技能,更有机会被选任到相应审判岗位。上述这些都会对法官适用的司法政策产生实质影响。

法官的专业技能和司法认知,也会直接影响到司法政策。那些在出任司法职务前已是特定领域专家的法官,或在特定领域长期从事审判工作的法官,裁判时会比通才型法官更为自信。基于这种自信,他们在制定政策过程中,立场也比通才型同行更为坚定。他们可能更倾向于撤销行政机关的决定(Currie 和 Goodman 1975,71;Bruff 1991,332;Hansen, Johnson,以及 Unah 1995;Unah 1998, chaps. 7-8),也可能更倾向于作出颠覆性裁判,从根本上改变现行政策。[4]

安东尼·唐斯(Anthony Downs)在其关于官僚制的经典著作中,指出长期耕耘于特定领域的后果:立场偏狭。这样的人总是从自己擅长的工作角度决策,无视其他可能性。这就是著名的迈尔斯定律:"屁股决定脑袋"(Miles 1978)。专业化可能导致司法机关更加孤芳自赏(Jordan 1981, 748; Damle 2005, 1281-83)。

立场偏狭也会影响到对上级权威性的认可。在组织体系内,与通才型下级机构相比,高度专业化的下级机构对通才型上级机构的认可度更低,因为他们自认为比通才型领导的专业知识更渊博(Wilson 1989, 91-101)。专业法官对上级法院的通才法官就持此态度。

长期沉浸特定领域的另一后果是专业偏见。总体而言,在看待自己擅长领域的专业问题时,专利、破产等领域的工作者比普通公众或政治、社会精英的观点更为偏狭。这反映了该领域成员在利益与价值观上的一致性,这种一致性会随着成员之间的有机互动不断强化。之

---

[4] 上述影响不仅发生在专门法院(庭)内,因为通才型法院法官也是其管辖范围内一个或多个政策领域的专家。然而,对于什么类型案件都审的法官来说,并不存在上述影响。

前已有相关专业经历,继而进入专门法院(庭)的法官,可能会将职业偏见带入法院,其他法官也可能在履职过程中形成此类偏见。虽然专业偏见也可能促使法官立场"反转"(参见 Posner 1983,781),但就整体而言,让法官固执己见的可能性要更大。

无论任职前是否达到专家水准,一旦法官们只审理特定类型案件,裁判思路很容易类型化。这种情况在刑事审判中较为常见,这类案件的裁判结果都极具倾向性。长期审理刑事案件的法官倾向于推定绝大部分被告都是有罪的。他们会将这一认识带入个案裁判。[5] 陪审团制度的部分优势就在于,陪审员的非专业性使其免受刻板印象影响,反而会首先倾向于无罪推定。和刑事法官一样,其他专业特点突出领域的法官,也可能存在这一问题。该领域法官的集中程度越高,越可能形成对相关案件的固定思维。

利益集团的影响

当然,每一诉讼领域皆有诉讼两造及其律师。也有人虽不直接参与诉讼,但格外关注案件结果和法律适用,这些人要么与相关领域利益攸关,要么对具体政策具有强烈偏好。对这部分人,我统称为"利益集团"(Interested Groups),它比我们通常使用时的意义更为广泛。为方便讨论,有时我也会将之简称为"利益相关者"(Interests)。利益集团成员都希望施加影响,推动法院实现他们的政策目标。法官集中和案件集中,这两个专业化维度,都提升了利益集团寻求影响力的动力。

在司法专业化领域,利益集团的影响始于法官选任。当然,利益集团也可能对通才型法院的法官选任施加影响,例如对各联邦上诉法院(L. Bell 2002;Scherer 2005)法官任命程序的影响。然而,专业化的两个维度以两种方式,强化了利益集团对法官选任的影响。

---

5 即使是通才型法官,若长期审理刑事案件,也可能存在思维定势。当本只是法官工作一小部分的案件成为其办理的唯一类型案件时,法官集中产生的影响效应就更强了。

案件的高度集中会鼓励利益集团介入法官选任。如果某一审级只有一个法院负责审理所有涉及相关群体利益的案件,利益集团代言人就有足够动力去干预法官选任。以专利上诉领域的联邦巡回上诉法院(CAFC)为例。利益集团没有必要为数十个地区法院专利法官的选任大动干戈、开展游说。[6] 如果像普罗维登斯枪支法庭那样,一类案件只由一名法官审理,关心裁判结果的人当然有强烈动力介入法官选任。

法官集中度的提升,也会影响到法官选任的预期收益(Revesz 1990, 1147–53; Komesar 1994, 145; 也参见 Stempel 1995, 97–105)。如果一个法官只审理税收案件,关心税收政策的利益集团试图对法官选任施加影响时,就不必与关心其他领域的利益集团竞争。[7] 法官集中也强化了利益集团参与法官选任的正当性。谁又能比税务律师更了解法官候选人是否具备审理税收案件的资格呢(Currie 和 Goodman 1975, 70–71; Dreyfuss 1990, 379–80; Bruff 1991, 331–32)?

专业化的两个维度同时也强化了利益集团对在任法官的潜在影响。和法官选任一样,较高的案件集中度,提升了利益集团影响法官判断的动力。而且,利益集团影响仅审理特定类型案件法官的能力也更强一些(Dreyfuss 1990, 380; Bruff 1991, 332)。专业法官与代理特殊利益群体律师的互动更为频繁。因此,专利、国际贸易等专业律师协会,就有更多机会影响法官对相关领域的立场。此外,就法官对律

---

[6] 尽管根据之前的界定,州和联邦最高法院的案件集中程度不高,但因其在审级层面的垄断程度,利益集团也十分关注最高法院大法官选任,例如在州法院层级与侵权法有利害关系的各类团体(Goldberg et al. 2005; Sample, Jones, Weiss 2007)。当然,州和联邦最高法院在整个司法体系中所拥有的政策制定权力,也使得利益集团更有动力介入法官选任过程,进而谋求更大影响力。

[7] Howard Gillman(2006,141)指出了另一个后果:对那些希望从整体上影响法院政策的人而言,专业化使得他们只需介入法官选任,即可推动实现相关目标。"找到可靠的决策者,让他们在不同领域都为己所用是不容易的,但如果试图影响的政策范围有限,要找到可靠的代言人就简单多了"(参见 Posner 1996,254)。

师或当事人的配合、认可需求程度而言,专业法官对诉讼参与人的依赖程度要更低一些。

有时,在某一特定政策领域,对立的利益集团力量不相上下。一旦双方势均力敌,各自对法官选任和在职法官的影响很大程度会相互抵消。但在部分领域,如果一方长期占据优势,着力点更为集中,效果自然比对手更好。这种差异被马克·加兰特(Marc Galanter)称为"新手"(One-shotters)与"老手"(Repeat players)之区别。在债务托收领域,新手和老手相争时,后者更有可能对法院判决施加直接或间接影响。当利益集团力量对比失衡时,法院可能会像某些行政机关一样受制于某一方(参见 Dal Bó 2006)。

政府算是例外(Kritzer 2003)。在诉讼中,政府机构具备诸多优势。其中之一是"老手"身份。在许多诉讼领域,政府会成为某类案件的固定当事人。在刑事领域,政府的对手大都是"新手",又或基于其他原因处弱势地位者。政府的另一优势在于,它可以制定法院必须遵循的实体和程序规则;政府还可以影响法官选任。司法专业化一旦提升政府涉入法院工作的动机和可能性,长期处于优势地位的政府自然会从中获益。[8]

组织使命

利益集团的影响,以及长期投入特定领域的影响,都可以用"组织使命"(Organizational Mission)加以解释。"使命"有多种含义(Bendor 1985, 254-55; J. Wilson 1989, 95)。我所定义的组织使命是目标上的共识(参见 Downs 1967, chap. 18):一个组织的使命,即决策者就组织核心目标达成的一致意见。

组织使命含义甚广。在政府部门中,判断组织目标的一个重要标

---

[8] 在联邦法院系统,由于专门法院(庭)法官多数不具有宪法第三条地位,不能终身任职,政府有机会撤换那些裁判不合己意的法官。

志,是看其出台政策的实质内容,内容本身就体现了组织目标。行政机关设立伊始,即背负政策使命(Wilson 1989,95-101;Macey 1992)。但使命也可能在设立之后发生变化。有时,推进特定政策的任务将逐渐淡化,但之前会持续较长时间。

与行政机关不同的是,通才型法院一般不肩负政策使命。原因之一是,法官不会受制于组织化程序的约束(参见 Kaufman 1960;Derthick 1979,27-32;W. Gormley 和 Balla 2004,42-44)。通才型法院的任务,多与程序性事务相关,例如,如何应对繁重积案(Heumann 1978;Wold 1978)。关注政策实质内容的任务更是少见,因为法官的精力分散于不同领域,而且经常无法就特定领域的问题达成共识。虽然特定情况下——如果法官们已就重要问题取得共识——通才型法院也会承担政策导向型使命(Policy-oriented Missions),但这种情况并不多见。

政策导向型使命更可能出现于专业化程度较高的法院,无论这种高度专业化是源自法官集中,还是案件集中。二者都有助于根据法官对设立相关法院目标的认可程度,决定如何选任法官。从法官角度看,当他们认同欲设法院的目标时,才会觉得该院审判席位更具吸引力。基于上述两点理由,当一个法院在内部设立专业审判机构时,委派的通常是对团队目标抱有热情的法官。对于那些首次被委派至未成年人法庭、毒品法庭和精神病患者法庭等问题实质性解决型法庭的法官而言,道理也是如此。若想推进落实特定政策目标,较高的案件集中程度确实有助于维持司法政策连贯性,因为在一个法院(庭)内部维系统一政策,远比在多个法院(庭)容易。

法院对政策导向型使命的追求,凸显了司法专业化之重要性。较高的法官集中度或案件集中度,可以改变法官的立场观点、法院的运行环境,最终实现调整政策的效果。

专业化带来的不确定影响

政府对实体政策的影响并非总是简单直接的。正如一位学者所言,"机构之影响复杂多变,对那些希望通过调整机构,以促成理想政策目标的政治人物来说,制度设计风险颇高"(Mullin 2008, 137)。司法专业化也是如此,可能会受到诸多变量影响,例如:采用何种模式对法院进行专业化改造、该法院的其他特征之影响,以及在何种条件下该法院才能正常运行。

联邦税收法院、退伍军人索赔上诉法院等负责复核行政机关决定的法院,证明了上述不确定性的存在。理论上,这些法院会积极采取措施,审查行政机关决定的合法性,因为专业法官通常信心十足、立场坚定,而起诉政府的私营机构也会使出浑身解数。可是,法官提名权往往掌握在行政分支手上,而联邦政府往往是应对这类案件的"老手",所以法院也可能更倾向于维持行政机关的决定。在没有更多资讯可供参考的情况下,我们很难预测上述法院的裁判结果。

司法专业化的长远影响尤难预测。总统或首席大法官任命专门法院(庭)法官时,可能会出现很多在专门法院(庭)设立之初难以预见的考量因素。试图影响法院政策的对立利益集团之间的力量差距,有时在短期内并不明朗,但日积月累就会发生质变。另一个影响是,法院的设立初衷可能被逐渐淡化。假设联邦索赔法院在19世纪中期设立时就被赋予明确使命,很难相信在一个多世纪后的今天,这个使命仍能有效引领当下的政策价值取向。

在另一些情形下,专业化的影响相对直观,至少在短期内可以预测。最有可能出现的情形是,法官人选情况在专门法院(庭)设立之初就已为人所知。例如,联邦巡回上诉法院(CAFC)就是由两个法院合并而成的。另一种情形是,利益集团双方力量对比悬殊,冲突结果可以预见。例如,在小额索赔法院,企业在追索个人债务方面就具有天然优势。⁹ 当然,上述规则均存在例外情形。

起因:司法专业化之缘由

本书希望从宏观层面探究一个问题:美国的司法专业化是如何达到当前水准的。在最后一章,我将从另一个角度阐述:为什么专业化的发展止步于此。不过,探寻答案需从微观层面着手,研究影响专业化水准的具体措施,尤其是设立专门法院(庭)和扩大其管辖范围的决策是如何作出的。在本节,我将从宏观和微观两个层面介绍相关理论,分析其内容。之后,我将检视这些司法专业化决策背后意图实现的目标。

这类决策主要由两类机构作出。一类是立法机关,立法搭建法院架构。另一类是相关法院,决定如何分配案件。行政分支的政策制定者通常也会在推进司法专业化立法过程中起到重要作用,如提出设立专门法院(庭)的议案。他们自身也有权设立专门法庭,当然主要是军事特别法庭(military tribunals)。

决定推进司法专业化的政策制定者可能受到诸多利益集团影响。与案件存在直接利害关系的群体显然最具备施加影响的动力。与法院工作有广泛利益联系的主体也可能介入这类决策。这些主体可能是法院内部人士(如支持设立问题实质性解决型法庭的司法行政管理者),也可能是外部人士(如支持设立未成年人法庭的公益组织)。当立法者决定是否推进司法专业化时,法官群体可能在决策过程中发挥

---

⁹ 然而,结果可能无法确定。创设小额索赔法院的人当然也无法预测到该法院最终会演变为债务追索法院(参见 Moulton 1969)。在小额索赔法院较受关注的时期,在这方面有深入分析的著作是 Yngvesson 和 Hennessey(1975)。

重要作用。

若想从微观层面讨论司法专业化的决策,有若干与动机相关的问题。第一个问题,是推动司法专业化的必要性。具体而言,决定设立专门法院(庭)时,倡议者持何理由,立法者或法官又基于什么原因?

为行文方便,我将第二个问题称之为"目的性"(Purposiveness)。我所称的目的性,指的是司法专业化推动者的努力与其欲达成的目标之间,究竟有多大程度的关联。更为直接的表述是,特定司法领域的专业化决策,要经过哪些审慎细致的论证。

第三个问题与第二个问题相关,也涉及微观与宏观之间的关联。公共政策通常具有扩散性,政策一旦推行,就可能垂范久远。司法专业化也是如此。我将在本节后半部分,讨论专门法院(庭)的扩散机制。

通过司法专业化的成效,可以归纳出推动司法专业化的多重目标。这可以作为第四个问题的讨论基础——一个触及专业化运动根本的问题:司法专业化到底是刻意选择的结果,还是其他决策的副产品?

理论视角

分析这些问题的一个潜在理论视角,是对政府专业化的研究。这类研究很少关注官僚机构,因为学者们认为,行政机关和公务员的专业化是理所当然的(参见 Macey 1992)。同时,有学者通过梳理负责审查和审议立法的常设委员会的发展历程,研究了立法专业化运动(例如,Jameson 1894;Gamm 和 Shepsle 1989)。学界对承担专项职能的特别行政区也有研究,这些职能本应由负责综合管理的地方政府承担(Bollens 1957;Burns 1994;Mullin 2008)。对司法专业化决策研究最深入的是与法院相关的研究,我已在第一章附录中列明。

上述研究就专业化成因提出了不同看法,法院专业化的相关论著也是研究专门法院(庭)有关决策的重要资料来源。不过,分析司法专业化成因及发展的最有效框架,是对制度和公共政策的宏观理论分析。我将首先从经济学和社会学方法着手,分析制度选择,之后将讨论一个由政治学学者约翰·金登(John Kingdon)提出的有关公共政策的概念,我称之为"流程理论"(Stream Perspective)。

根据某些定义,专业化作为法院的特性之一,可以被视为一种制度(参见 Ikenberry 1988,226)。不论这一分类是否恰当,与制度选择有关的理论分析确实与司法专业化密切相关。[10]

第一个是经济分析的视角(McCubbins 1985;McCubbins,Noll 和 Weingast 1987;Moe 1989,2005;Bawn 1995;Alt 和 Alesina 1996;Shipan 1997;Koremenos,Lipson 和 Snidal 2001;D. Lewis 2003),有时也被称为"理性选择制度主义"(Rational-choice Institutionalism),即人们在制度设计时,就已融入政策目标。利益集团总是追求有利于己的制度。政府的政策制定者也努力让制度为政策目标服务——他们倾向的政策,通常都是谋取最大利益、攫取最大权力,或者获得连任。换言之,制度是为结果而生,而非制度本身。

第二个视角来自一系列理论,包括源自社会学的历史制度主义(Historical Institutionalism),以及源自国际关系学的建构主义(Constructivism)(March 和 Olsen 1984,1989;Brigham 1987;Thelen 和 Steinmo 1992;Goldstein 1993;Finnemore 1996;Meyer et al. 1997;Wendt 2001;Pierson 和 Skocpol 2002;Hay 2006;Offe 2006;Sanders 2006)。也许将上述理论称为社会学视角更为合适,尽管这么概括未必精准。

10　关于制度形成的调查源自 Goodin(1996)、Hall 和 Taylor(1996)。

上述视角有别于理性选择制度主义。第一个区别是偏好、权力与制度之间的关系。从经济学角度看,制度属性折射了随时有权决定制度走向者的偏好。但从社会学学者的视角看,这种联系并没有那么直接。

理由之一是,从社会学视角来看,制度选择并不全是刻意或有目的的。事实上,"制度设计"一词本身,就过于强调决策背后的意图性。另外两个理由,可以借助社会学中常见的"路径依赖"概念解释。[11] 在学者们讨论的诸多路径依赖角度中,最相关的是斯科特·佩奇(Scott Page, 2006, 88)提出的自我强化理论(Self-reinforcement),"作出选择或采取措施都会强化一系列促使选择被延续下去的力量或互补机制"。

根据路径依赖理论,支撑制度的外部条件被削弱时,制度不一定会有相应调整。一个理由是改变制度所面临的现实困难,这种困难一定程度上会保证制度的持续性。改变制度有多难,制度就有多强的持续性。

另一个深层次理由是,现行制度塑造了人们的偏好和期待,进而减少了制度改变的可能性(参见 Keohane 1988, 382)。"不仅仅是制度设计本身会给改变带来困难。个人和群体对现行制度的适应程度也会削减制度变革的吸引力。"(Pierson 2000, 491)因此,正如社会学学者所说,偏好与制度之间互为因果。

两种理论的第二个区别涉及制度选择的动因。理性选择制度主义者强调的是工具性目标(Instrumental Goal),尤其希望实现那些公众呼吁的公共政策。在社会学学者看来,制度设计通常是为践行重要的

---

11 学者常用的一个相关概念是"制度黏性"(例如,Krasner 1976, 341-43; Garrett 和 Lange 1995, 633; Ikenberry 1998-99, 51-53)。Thelen(2004, 25-28)强调了在使用"路径依赖"和"制度粘性"两个术语时的不精确性。

价值观,而非推进工具性目标。[12] 换言之,制度属性由它自身决定。

除了上述与制度直接联系的两种理论,另一个著名的对政策制定过程的描述,为用第三种理论解释司法专业化决策提供了基础。约翰·金登(1984,2003)在借鉴组织选择理论的"垃圾桶"模型(M. Cohen, March, Olsen 1972;March 和 Olsen 1976)后指出,政策制定过程并不遵循"先明确问题,再寻求对策"的路径。[13] 相反,问题浮出水面和探寻解决之道近乎同步。在有利的政治条件下,政策被视为潜在的问题解决方案,采纳该政策需要经过仔细研究。金登(1984,21)提出了一种方法,研究一项政策在何种条件下至少会进入被审慎研究的阶段。

> 各种问题、政策和政治在特定关键时刻交汇。问题引出解决方案,二者又与支持它们的政治力量融合。这样的组合在政策窗口期——推动中意提案或设置相关议题的机遇——更容易出现。……那些愿意投入资源,推动相应提案或议题的政策投资者,负责匹配问题和解决方案,并促进其与政治力量结合。

将所谓流程理论(Process Stream Perspective,金登没有命名)用于

---

[12] 区分工具目标和价值观的一个复杂之处在于,工具目标可能会很大程度上取决于价值观(参见 Wendt 1999,113-35)。然而,两个制度之间究竟何为手段、何为目的,倒是显而易见的。即使价值观不是工具性的,也可以被选取并以与理性选择行为概念相一致的方式被加以应用(Chong 2000;Finnemore 和 Sikkink 1998)。在这方面,经济学和社会学观点之间的差异并没有看上去那么大。

[13] 金登关注的主要是包括替代政策的具体规范在内的议程设置问题,但他的规划构想可应用于整个政策过程。在分析司法专业化问题时,我对该规划的扩张适用以及由此衍生的附加解读可能并非金登原意。对于他的构想以及从中归纳出的垃圾桶模型的批评,请分别参见 Mucciaroni(1992)以及 Bendor,Moe 和 Shotts(2001)。有关初审法院制度改革的例证,请参见 Flemming(1998)。

讨论政府机关的结构特征选择时,可以看到一个复杂且不成系统的过程。与上述的社会学角度分析一样,这个理论所预测的当下偏好、权力模式与制度现状间存在不匹配的情况。但金登更强调政府决策的不确定性。他的理论的一个重要特征是,人们提出的特定的政策选项可以一次解决一系列问题,而非仅能解决一个问题。在此意义上,结构特征更是极为易变,因为它们很可能与多个目标挂钩(参见Schickler 2001)。

对于我提出的有关司法专业化进程的四个问题,上述三种理论视角给出了不同答案,简要概括于表2.2。尽管已经讨论了部分区别,但我打算开展更系统的讨论。

表 2.2 不同理论视角对司法专业化的分析

层面	问题	理论视角		
		经济学视角	社会学视角	流程视角
微观	具体决策的目标	工具性,主要作为推进利己政策的手段	既强调工具性,也强调制度包含的价值观	不固定,常为多个目标叠加的结果
微观	具体决策的目的性	高	不固定	一般较低,具备独特因素
微观到宏观	扩散机制:养成 vs.效仿	养成机制	多为效仿机制	主要是效仿机制
宏观	向专业化的发展是刻意还是无意	无意,反映了每个决策中的工具性选择	可能为刻意,基于普遍共有的价值观	无意,反映了不同决策中的不同动机

第一个问题是促成专业化决策的目标。三种理论都与具体目标有关,我也将在本章下一节讨论。经济学视角认为,政策制定者只会在司法专业化服务于特定目标时才会推进。相比之下,社会学视角认为,对司法专业化的选择,一定程度上反映了决策者自身对专业化的

态度。流程理论没有直接讨论这种差异,但它指出了不同决策之间产生差异的可能性,以及在具体决策中可能起作用的多种促进因素。

第二个微观层面的问题是司法专业化的过程是否具有目的性。经济学视角的分析表明,人们先反复权衡了司法专业化与预设目标是否一致,然后才作出了专业化决策。毕竟,这些都是符合理性的决策。成功的专门法院(庭)倡导者未必总能从所创设的法院实现目标,但鉴于结构因素可能带来的效果无法确定,他们预设的目标也是有可能实现的。

与之相反,社会学视角认为司法专业化并没有对所有备选项进行全面、有序的分析。新的制度性安排之所以会被采纳,可能主要是基于对其积极内涵的考量。因此,即使改变现有安排更有利于实现政策制定者的目标,现有安排也仍旧不会改变。例如,现存的一些专门法院(庭),即便已不再符合创设目的,也可能继续存在。某种程度上,未成年人法庭能存续至今也是因为这个原因。

基于流程视角的分析,也表明司法专业化不是很有目的性。具体而言,它指出了在决定推进专业化的决策中特殊个案的重要性。是否会认真研究并最终采用某个特定领域专业化的提案,往往取决于一系列叠加的复杂因素。

第三个问题涉及专门法院(庭)的推广。[14] 与其他政策一样,由专门法院(庭)处理特定类型案件(如未成年人刑事案件)的设想可以被推广至各地,不受县区和州界的限制。司法专业化的理念也可以从某一个法律政策领域扩展到另一个,就像问题实质性解决型法庭那样。

对司法专业化的推广,可以通过多种机制实现(Simmons, Dobbin

14　关于创新传播的整体介绍,参见 Rogers(2003)。公共政策的扩散在政治学领域已有充分研究(例如,J. Walker 1969; Berry 和 Berry 1990; Glick 和 Hays 1991; Shipan 和 Volden 2006;参见 Graham, Shipan 和 Volden 2008)。

和 Garrett 2006,789-801；Shipan 和 Volden 2008,841-44）。其中，养成机制和效仿机制哪个更为有效，是最有趣的议题。按照养成机制，某一政策之所以会被采纳，是因为存在证明该政策会在其他地区或场景下成功的证据。而按照效仿机制，采纳某一政策只是因为该政策已在其他地区或场景下被采纳，并未考虑成功可能性。

经济学视角更强调养成机制的重要性（参见 Weyland 2006,35）。当已有证据表明专业化有利于实现目标时，倡导者们倾向于选择推动专业化进程，决策者也会予以采纳。如果某个政策领域已设立的专门法院（庭）的确实现了预设目标，就会推动在其他地方增设类似法院。

相反，社会学视角表明，在专门法院（庭）推广过程中，起重要作用的是效仿机制。因为在其他地方或政策领域，普遍设立专门法院（庭）可以为全面推进专业化或在特定政策领域实现专业化带来正面效应（参见 Meyer et al. 1997）。因此，在没有充分证据证明其有效性的情况下，未成年人法庭就得以广泛推广；因为在某些地方，它们的设立本身就意味着一种受鼓励的理念创新。

流程视角也表明，效仿机制作用更大。但流程视角认为，效仿机制可能不如社会学视角所认为的那么系统化。一旦被适用于特定司法管辖范围或政策领域，司法专业化仍会被政策发起者视为解决各种新问题的潜在选项。此外，已经设立的专门法院（庭），赋予它更多知名度和合法性，降低了复制推广的顾虑。[15] 到了1978年，从常规法院借用联邦法官，推动设立特殊目的法院的想法已经成型，由首席大法官任命这些法官的考虑也已成熟。既然如此，为什么不再次适用这一机制筛选特别检察官呢？

最后，宏观层面的问题是：整体上看，专业化运动在多大程度上是

---

[15] 相似分析来自 Weyland（2006,45-53），主要针对认知启发在公共政策传播中的潜在作用。

经过深思熟虑,而非无意为之的?从社会学视角看,这一运动是经过考量的。如果制度选择是由价值观塑造的,政策制定者就会将感知到的对司法专业化的呼吁纳入考量。因此,专门法院(庭)的发展可能反映了一种公认的判断,即专业化是一个积极因素。同样,对这种发展的限制,也可能反映了对通才裁判理念的坚定支持。

相比之下,经济学视角将制度设计描述为一种过程,在这一过程中,制度形式本身并不是目的。专门法院(庭)的创设是为了在特定情况下实现一个或一组特定目标服务的。如果这些选择的叠加使得法院专业化程度不断提升,那么专业化就是上述选择无意中制造的副产品,而不是专门选择的结果。从流程视角的分析,也可以得出类似结论:司法专业化可能是不同动机多元融合的产物。

三种视角呈现的不同可能性,为本书关于司法专业化成因的探究提供了参考,也为进一步阐释提供了方法论。与此同时,研究结果将证明,这些视角对于理解司法专业化很有价值。

专业化决策的推动目标

关于司法专业化缘起的第一个问题是:究竟是何种目标促成了专业化。在从整体层面讨论了这个问题后,现在转向研究具体目标。有两种可能的目标会对司法专业化构成影响:对司法政策实质内容的关注;对专业化中性优势的关注。与上述可能的影响不同,第三种目标涉及政策制定者的自身利益。正如我将进一步论述的,这一自身利益考虑对法官的影响,要远超其对其他政府官员的影响。

本章第一节讨论了司法专业化可能对法院的工作产出造成的两种影响。在这一部分,我关注的是另一个问题:这些潜在影响是如何激励人们提出并采纳专业化建议的?总体来看,专业化成效应当与预设目标一致。但是,单靠专门法院(庭)可能无法达到预设效果。与此同时,专业化可能对司法政策产生超越预期的影响。

政策的实质内容

在对政府组织体系立法的分析中,持经济学视角的学者往往强调公共政策实体内容涉及的利益。相关学者格外关注的是,国会议员如何根据对立法施行效果的预估调整政策内容(McCubbins、Noll 和 Weingast 1989;Moe 和 Wilson 1994;Zegart 1999;D. Lewis 2003)。实际上,理性选择制度主义者普遍接受"结构过程论,根据这一理论,国会要求特定机关采用某种组织结构和决策过程,就能影响到后续决策"(Spence 1999,414)。

对推进司法政策形成的立法研究,为结构过程论提供了支持。[16] 由于专业化与司法政策的实质内容相关,政府其他分支的政策制定者可能利用专门法院(庭)调整司法政策。事实情况也是如此,未成年人法庭和普罗维登斯枪支法庭的例子即可印证。问题在于,政策制定者选择这一路径的概率有多高?有两个现实因素可能限制上述机制对司法政策的影响,但作用似乎没有看上去那么显著。

第一个现实因素是操作难度,一般很难通过对组织结构特征的判断,预估可能对政策实质内容产生的效果(Shipan 1997,chaps. 2—3)。这种困难当然也包括对司法专业化的判断,而专业化的影响可能取决于复杂的适用场景。当不确定自己提议设立的法院能否真的实现预期目的时,倡导者们可能不会笃定地将设立专门法院(庭)作为推进实施特定政策的手段。

但这个问题的重要性,被人们对政策预期效果的盲目乐观削弱了。政策制定参与者的预期应当基于常识认知——也可以被称为关

---

[16] 参见 Landes 和 Posner(1975);G. Anderson、Shughart 和 Tollison(1989);Schwartz、Spiller 和 Urbiztondo(1994)。Charles Shipan(1997)深入分析了通过制度设计制定司法政策的立法工作。

于未来政策效果的民间理论。[17] 就司法专业化而言,通才型法院和专门法院(庭)在特定领域可能对不同争讼利益集团所给予的支持度有所不同,这些差异有时会与民间理论产生联系。例如,19世纪一些国会议员认为,在华盛顿特区设立一个单一的诉讼法院将比在全国各地设立地区法院更符合政府利益。无论这个结论是否合理,提议者都是基于常识作出的判断,而不会深入思考其合理性。

第二个现实因素是对司法中立价值观的普遍信奉。中立性是大多数人对法院的固有认知(参见Tyler 1988)。因此,试图操控法院组织和程序,以实现特定政策目的的尝试会被视为带有不正当色彩。例如,即便最高法院某些判决不受欢迎,但关于剥夺最高法院部分管辖权的提案却总是遭遇失败(Curry 2005, chaps. 6-7; L. Bell 和 Scott 2006)。即使是一些看似技术性的组织机构调整和诉讼程序变更(如拆分一个大的司法巡回区),一旦被视为是在干涉法院政策,也会招致强烈反对(Barrow和Walker, 1988)。推进司法专业化的提议也面临类似境遇。

这一问题可以通过专业法院倡导者公开宣扬中性优势、淡化政策目标来缓解。高效率、高质量和统一性可以为设立专业法院提供强有力的理由,从而转移人们的注意力,不再关注倡导者对政策实质的兴趣。因此,专利上诉专门法院(庭)的支持者们强调的是判决结果统一的必要性——即使其中很多人真正想要的是改变专利性的判断标准。

我之前谈到,政府作为诉讼当事人时,一般处于特别有利的地位,并可以从司法专业化中受益。如果事实的确如此,政府官员当然有特别强烈的动力去支持专业化,以此作为在法院获取利益的手段。

---

[17] 关于民间理论的提法,借鉴自Geary(2005)和Hutto(2008),尽管我的用途与二者不同。游戏理论(Morrow 1994, 268-79)中民间理念的含义也与我的意思有很大差别。

而且,有能力改变法院组织体系的往往就是政府自身,所以,在凭借司法专业化获取利益方面,公职人员比私人利益集团的倡导者处于更有利的地位。国会经常为维护政府利益而限制司法管辖权(Chutkow 2008),司法专业化也可能被用来追逐同样目的。

当然,公共政策制定者并不总是支持与私营部门利益相冲突的政府利益。例如,国会议员经常支持纳税人,而非国税局。尽管如此,我们还是应当注意,大多数专门法院(庭)处理的是政府诉讼。这一事实表明,政府确实有可能频繁利用专业化来为自身谋取利益。

中性优势

中性优势被用于对司法专业化提议的合理化论证,这一优势自身也可能引发这类提议。对质量和效率的考量,向来是某项工作的组织走向专业化的主要原因。政府内部的官僚机构也是如此(Carpenter 1988,163-64)——至少立法机关内部的专业化主要就是基于这个原因(Francis 和 Riddlesperger,1982;Hamm 和 Hedlund 1994,672-87;S. Smith 1994,645;Cooper 1970,47-58,105;参见 Krehbiel 1991,chap. 4)。

在大多数情况下,决策者无法提出什么与中性优势抗衡的优势。相反,在法院领域,专业化及其在效率、质量、法律统一适用方面的优势,被通才型法院的优势抵消了。后者的优势主要基于:专业化的欠缺,反而会以重要形式提升司法质量。因此,司法专业化理念引发了两种价值观的冲突。因此,对专门法院(庭)中性优势的肯定,经常会与对通才型法院优势的肯定相冲突。

这种冲突的程度因法院层级而异。学者和法官更强调通才型法官对联邦法院的重要性。相比之下,案件压力较大的各州初审法院与行政机关颇为相似,削弱了人们对通才模式的认同。这可能是司法专业化最常见于各州初审法院层面的一个原因。

尽管通才型法院具有诸多优势,但中性优势的确是推动设立专门法院(庭)的强大动力根源。其一,基于多种原因,在特定法律政策领域争讼双方都认为己方可以从中性优势中受益。高质量的审判水准可以让诉讼更便捷,判决更可期。人们也倾向于认为,如果专业法官的判决比非专业人士更精准,正确的裁决当然对己方有利(参见,例如 Landau 和 Biederman 1999)。其二,法院在案件审理裁判方面的效率提升,可以促进纠纷更快解决。这对担心己方利益因诉讼拖延而受损的人来说,显然是很重要的优势。一个世纪前,联邦政府在涉海关刑事案件中就持此态度,诉讼时间越多,检察官就越是受益(参见 T. Schneider 和 Davis 1995, 26-29)。其三,法律解释的统一性,可以明确法律规则,便于人们确定诉讼思路。[18]

　　中性优势也吸引那些与司法政策实质并无直接利益关系但又关心法院状况的人。各大法学院和全国州法院中心(National Center for State Courts)中有许多"法院之友"。大家都在积极协助法院寻找提升工作质量的方法,也格外重视审判效率,而专业性则是效率和质量的源泉。

　　"法院之友"也可能支持通才模式。但如果通才型法院在特定领域的审判质量不佳,他们就会关注专业化机制的中性优势。司法专业化政策制定者也是如此。大家都可以将拟设立的专门法院(庭)视为维系通才型司法制度的一个必要小例外,从而协调两种对立价值观。

　　中性优势是一种工具性的考虑因素,但由于其具备的积极价值而具有一定吸引力。社会学视角表明,这些价值可能有助于推动司法专业化的发展;也正是因为这些价值,通才型法院的优势会与司法专业化产生冲突。

---

　　[18] 当然,一些诉讼当事人有时会受益于效率低下、劣质审判和相互冲突的法律规则。意识到这一点,反而可能导致对司法专业化的反对。

法官的利己主义

尽管利己主义的概念难以界定,不过,就司法专业化作出决策的立法者有时也会出于自身利益考虑行事。例如,他们决定是否支持设立专门法院(庭)的提案时,可能会考虑是否有利于本人连任。然而,对于立法者来说,利己主义通常会受到之前已讨论过的两个因素的限制。可能影响到立法者或选民的利益集团,往往格外关注司法政策的实质内容。此外,法院一旦存在司法效率或判决质量低下的问题,立法者可能会推动解决这一问题。提议设立专门法院(庭)的行政官员也是如此,因为他们预期的利益主要源于专业化对司法政策的潜在影响。

法官则不然,在专业化问题上,他们对自身利益的考虑,远远超过对司法政策实质内容和中性优势的思考。法官当然关心政策实质内容,有时甚至成为特定政策的代言人(McIntosh 和 Cates 1997)。他们也可能对中性优势给予足够重视,因为这些优势会直接影响到他们的工作。但作为法官,他们还有其他特定目标——一些与工作满意度相关的目标(参见 Posner 2008, chap.2)。由于法官这一职位具有长期稳定性,他们最希望的就是让自己的工作更为简单,而不是更加困难,同时他们也追求职业尊荣和他人尊重。这些诱因都能够影响到他们对司法专业化的看法。

首先,无论作为通才,还是在专门法院(庭)工作,都可能使法官获得满足感。正如前述,通才型法官具备的优势,足以让法官甘心做一名通才。但在特定情况下,法官可能觉得专精于某一领域也是不错的。例如,他们可能很享受在公司法或税法等高端领域审判的感觉。问题实质性解决型法庭也可以通过自己的方式为法官提供满足感。一些法官总结认为,比起按传统方式处理刑事案件,他们在毒品法庭要更加得心应手。此外,通过在公众认为具有创新性的法院工作,法官也可以获得赞誉。这些带来满足感的潜在可能性,会导致法官支持设立问题实质性解决型法庭,法官有时也会因为倡导设立这类法院而受到赞扬。

其次,法官更愿意将精力投入到他们认为有趣、重要的案件上,尽力远离那些无聊、琐碎的案件。这一偏好体现在上诉法院,是将小案或"简案"推给法官助理处理;体现在初审法院,则是由治安法官处理。上述偏好也可能导致通才型法官赞成将那些不太想办的案件分配给专业法官(Scalia 1987;Taylor 1987)。这也是破产法院之所以发展的重要因素之一。

再次,专门法院(庭)法官的利益与这类法院能否存续息息有关。当他们岗位的稳定性取决于法院存续时,这种利益就是切实存在的。因此,如果专才型法官认为扩大专门法院(庭)的管辖范围,有利于强化相关法院存续的法理基础,可能会支持该做法。当然,即使法官岗位稳定无虞,他们通常也更倾向于维持现状,尤其是在熟悉所属审判领域之后。

最后,专业化可能会增加法院的预算资源,这是法官在经费紧缩时期非常关注的问题。如果专门法院(庭)能够吸引到其他政府分支政策制定者的注意,后者可能会投入原本未列入预算的资金。所以,了解立法机关和行政机关兴趣点的法官,就会投其所好,提出调整法院组织体系的规划,借此获取资源。例如,毒品法庭和精神病患者法庭这种问题实质性解决型法庭所获得的联邦资助,就使它们在法院体系中更具吸引力。

总 结 与 展 望

在本章第一部分,我研究了专业化可能对法院的司法产出造成的影响。我们有充分理由认为,不同程度的专业化会影响到司法政策实质内容和法院中性优势。专业化对政策实质内容的影响尤为重要。但正如前述,这些影响较为复杂,并取决于个案具体情形。

在第二部分,我从涉及动机和决策过程的相关问题着手,阐述了司法专业化的原因。不同理论视角对这些问题有不同理解,至今尚无定论。例如,许多目标看上去都可能推动司法专业化的发展,但重要性孰大孰小还不确定。对于需要研究的最宏观的问题——司法专业化的发展在多大程度上是有意为之而非无意造成——结论也尚不明晰。

在后续四章中,我将研究四个政策领域司法专业化的成因和成效。我会在第七章全面梳理论据,并回答美国法院为什么越来越专业化,以及专业化是如何影响司法这一问题。

附录:研究方法

在分析第三章中的特定法院和特定法院类型之前,我应该介绍一下自己是如何研究特定司法政策领域中的专业化成因、成效及其论据的。对不同来源论据的整合及权衡虽是定性研究,但也需要像定量分析那样阐释原理(Kritzer 1996)。阐释过程应当清晰、明确(参见 Schickler 2001,18-23)。

本书关于司法专业化成效的结论,主要是从现有专门法院(庭)的实践和政策研究中得出的。学者和法律从业者(主要是前者)已就该主题进行过大量定量和定性研究。一些学术研究成果已在相关章节附录中罗列。本书的研究集中于特定类型或类别的法院,但并非巨细靡遗、面面俱到。

现有研究与我的研究有较大不同。学者们对联邦专门法院有过大量研究,但大部分侧重具体理论问题,而非政策实施和司法实践。

不过，一些针对联邦和州法院的研究考虑到这些问题。对未成年人法庭的研究与对联邦巡回上诉法院（CAFC）的研究有很大不同，但相关成果提供了大量研究法院政策形成模式的方法。也有学者针对特定法院开展了大量学术研究，细致描绘了这类法院运行情况，如乔纳森·卢里关于武装部队上诉法院的专著。

总体而言，这部分内容为研究特定专门法院（庭）和类似法院提供了充分论据。但是，对法院裁判受专业化影响的探究，则是另一个层面的任务。相关研究需要比较专门法院（庭）和对应的通才型法院，但这种系统性对比相对罕见。

部分原因在于，不存在直接对比的基础。例如，没有通才型法院审理过类似外国情报监控法院或退伍军人索赔上诉法院管辖的案件，因为这两个法院行使的都是专属管辖权。由于军事上诉法院也被赋予了通才型法院从未有过的管辖权，所以即使卢里的研究再充分，也只局限于专业化对军事上诉领域的影响。

在其他情况下，对比是可行的，因为有些案件的管辖权是从通才型法院转移到专门法院（庭）的，或两类法院都审理过类似案件。然而，法院之间的差异往往使相关对比复杂化。税务法院和联邦地区法院都处理涉及联邦税收的问题，但管辖权的差异意味着对判决倾向的简单对比可能产生误导。

对另外一些专门法院（庭），确实存在能够证明差异性的有效论据。最典型的可能是专利案件上诉管辖权从其他巡回上诉法院向联邦巡回上诉法院（CAFC）的移转。虽然大量证据表明，这类移转改变了司法政策，但专利法领域似乎是一个例外。在缺乏系统性比较论据的情况下，我们仍可以在特定情况下作出有意义的判断。尤其是一些专门法院（庭）的实践十分有区分度，足以推断出专业化的影响，如一些问题实质解决型法庭。

总而言之,这些关于专业化影响的论据虽然数量不菲,但只是冰山一角。我无法对后续四章中提到的诸多法院给出确定性结论。本书第七章也只是探索性地对部分领域的司法专业化影响作出结论。但如果我们对足够多的法院有充分了解,就可以对司法专业化所带来的影响得出更有说服力的结论。这些结论反过来又一定程度上为我们探究司法专业化的优势打下了良好基础。

本书对司法专业化成因的研究得益于更为广泛和深入的论据基础。这些论据为理解大多数类型的专门法院(庭)创设原因打下了坚实基础。我的论据来自于一系列一手资料和二手资料。在研究联邦法院时,最重要的一手资料是国会立法文献,其中大部分都是委员会听证记录和报告资料。在研究州法院时,最有用的资料是发起和支持司法专业化的人所用的宣传材料和调研报告。尤其是那些高产的问题实质性解决型法庭的支持者,当时撰写了大量支持设立这类法院及描述其如何运行的文章。

在所有一手资料中,针对部分类型专门法院(庭)的资讯最多,也最具启发性,远超其他法院。例如,在所有联邦法院中,国会文献记载了大量关于破产法院设立和发展的信息,但其中关于临时紧急上诉法院设立的信息却很少。但对于大多数专门法院(庭)而言,一手资料中都有关于其设立动机和过程的关键资料。

与之类似,二手资料提供的论据体量也因法院而异,不同类型的法院之间差异很大。前人针对某些法院已有了若干项充分研究,例如保罗·莱特(Paul Light,1992)关于退伍军人索赔上诉法院设立经过的专著。社会科学家在未成年人法庭起源领域也著述颇丰。各大法律评论上的学术文章常常可以提供当下的有用资讯,尤其在联邦法院和专业化审判相关领域。

在我评估关于专业化成因的一手、二手论据过程中,存在三个问题。

第一个问题是:如何解释一手资料中关于动机的陈述。通常情况下,人们对自己动机的理解并不充分,对动机的表述也往往带有偏见(参见 Nisbett 和 Ross 1980,202-26)。具体到司法专业化语境下,最严重的潜在偏见是夸大中性优势的重要性。政策制定者和倡导者更喜欢说自己主张或反对某个专门法院(庭)的提案,是因为对效率等优势的关注,而不会明说自己其实是想达到某些司法政策目的或为了提升自己的地位。

这个问题听上去似乎很严重,但实际上并非如此。一个原因是,通常一手资料对于专业化决策会提供许多参与者的观点,既有支持者的,也有反对者的。参与者的多元化,有助于限制不准确的自我认知与偏见的影响。提案的反对者经常将某些动机归因于支持者。这些影响因素本身也可能存在偏见,但它们有助于校正支持者的提案内容。另一个原因是,司法专业化的支持者也希望被认为是在充分政策考量基础上行事的。他们宣称,因为专业化在实现预定政策目标上获得广泛支持,所以才支持专业化。这一现象在刑事司法、外交政策、内部安全相关问题上尤为明显。

第二个问题是:如何处理相关资料相对不足的问题。有几种类型的州专门法院(庭),尤其是那种只存在于少数几个州的专门法院(庭),关于其专业化进程(以及专业化成效)的一手、二手资料或是没有,或是极其匮乏。本书基本没有讨论这种法院。

即使本书讨论了某些法院,但相关资料并不充分。理由是,有时设立一个联邦专门法院(庭)或扩大其管辖权的条款只是更大规模立法的一个组成部分,而且还是非常不显眼的组成部分。但对于我所研究的法院来说,总有一部分有意义的论据可以说明这类法院的设立目标。在常见的以现有法院为蓝本设立新法院的情况下,促成早前决策的动机和后续决策也是息息相关的。

第三个问题是:如何确定哪些关于专业化的决策是具有目的性的。一个重要线索是一手资料中关于决策原因的大量论据:一般而言,决策时和决策后对原因论述的充分程度与这些决策的思虑周详程度之间是存在相互关联的。也许这一说法具有误导性,但决策不同过程中的论据体量差异确实非常之大。因此,它们为判断专业化的决策情况提供了良好的基础,即一些决定是高度审慎的,而另一些则是相对随意的。专门法院(庭)决策的参与者经常会描述他们是如何作出这种决定的,这类陈述对于探究目的性问题常常很有启发性。

上述关于司法专业化成因的大量论据,有助于我们推导出一般性结论。这些论据也为研究法院如何以及为何更加专业化等问题打下了坚实基础。

第三章　外交政策与国家安全

联邦政府最根本之职能,当属执行外交政策(包括军事政策)和保障国家安全。因此,维护这方面利益是总统与国会议员的第一要务。其他与之冲突的利益都得退让。

基于上述原因,相比其他领域,更有必要防止法院在外交国防、国家安全议题上与政府唱反调。所以,该领域很适合用来审视政府如何通过司法专业化强化自身诉讼地位,并检验其成效。当政策制定者想通过专业化让判决偏向政府一方,在外交国防、国家安全领域促成此事的动机自然非常强烈。

可供国会和总统选择的方案之一,是设立一个行使专属管辖权的专门法院,审理上述两个领域的案件。它既可以是审理所有涉及国土安全事务刑事、民事案件的国家安全法院(National Security Court),也可以是处理涉及美国与别国外交关系案件的外交事务法院(Foreign Affairs Court)。当然,没有证据显示国会议员认真考虑过设立这类法院。[1]

之所以如此,可能有两个主要原因。首先,将所有涉及外交政策或国家安全的案件指派给一家专门法院审理,严重缺乏合法性基础。这么做不仅完全偏离联邦司法系统设立通才型法院为主的常规做法,偏袒政府利益的色彩也过于明显。其次,如果其他政府分支因外交政策和国家安全方面的政策被诉,通才型联邦法院一般也会倾向于支持政府一方。外交政策方面,法院对总统特权的支持力度向来很大

---

[1] 他们倒是慎重考虑过设立一个审理恐怖分子嫌犯的专门法院,相关政策建议往往将该法院称为国家安全法院(这些建议留待第七章讨论)。但这类法院管辖范围相对较窄。

(Glennon 1990；Koh 1990；Silverstein 1997；参见 Franck 1992；K. King 和 Meernik 1999）。对行政分支在重大外交问题上的举措,国会本身就持默许态度,也并不反对法院立场。法院的立场反映出司法机关在这些领域中对国家利益的支持,而这种支持力度又基于法官不想因干涉政府目标而被施压的心态而强化。整体而言,行政和立法分支很少就联邦法官涉及外交政策的判决提起申诉。[2]

虽然司法专业化在这些领域未具规模,国会和行政分支仍然设立了不少管辖范围较窄的专门法院(有些是在行政分支内部设立的特别法庭[tribunal])。这类法院(庭)会管辖一些外交政策和国家安全领域的重要议题。这些法院(庭)各具特色。有的适用了独特的组织结构。实践中,评论者将其中两家法院冠以"最奇怪的联邦法院"名号,但至少还有另外两家法院有资格角逐这一头衔。

这些法院(庭)分为五类。一是海外法院,审理美国及其属地之外的案件。二是军事法院,审理被告人为军人的刑事与准刑事(治安)案件。三是军事特别法庭,审理特定类型的非军人案件。四是1978年设立的外国情报监控法院,负责审查就国家安全事项开展电子监听的许可令申请。五是1996年设立的遣返法院,审理政府提出的将"外国恐怖分子"从美国本土"遣返"的申请。

在本章中,我将考察上述五种法院(庭)。尽管国际贸易是外交政策的重要领域,但该领域的专门法院工作重心在于税收而非外交政

---

[2] 例外情况当然存在。在外交政策领域,最高法院1952年作出的钢厂征收案判决即为典型例证,即"杨斯顿钢铁公司诉索耶案"(*Youngstown Sheet & Tube Co. v. Sawyer*)判决。另一例证是在一系列涉及恐怖分子嫌犯的判决中,最具争议的是2008年的"布迈丁诉布什案"(*Boumediene v. Bush*)判决。但在外交政策领域,联邦法院与行政分支之间并没有持续性激烈冲突,法官一般也会尽量避免这样的冲突发生。

总体来看,法官更愿意在国家安全而非外交政策领域对行政机关提出不同意见,不过,即使在这一领域,法院也倾向于对其他分支的行为持默认态度。联邦最高法院在"第一次世界大战"后涉及言论自由案件的判决,如1919年的"申克诉美国案"(*Schenck v. United States*)判决就是例证。冷战期间,最高法院对挑战国家安全政策的案件也采取了审慎立场(Casper 1972, 43-84)。

策,因此我将之作为政府经济利益的裁决者,留待第五章讨论。

海外法院

美国以战争形式控制外国领土后,会在当地设立法院等配套政府机构。这一必要举措意义重大。毕竟,美国是在无法行使主权的地方设立了行使有限管辖权的法院。这类法院的特殊性主要体现在当事人和案件类型。但它们取代的是所在国的法院,而并非通才型联邦法院。

海外法院的设立,缘起于欧美势力在非西方国家,尤其是亚洲地区的扩张。随着西方传教士、商人和其他公民逐步移居中国、土耳其等国,政府官员意识到有必要为他们提供特别保护,免受东道国法律与司法的不公对待。结果就是,通过18世纪80年代一系列条约安排,欧美公民可以在一定程度上不受所在国法律管辖。领事法庭(Consular Court)随即设立(Hinckley 1906;Raustiala 2006)。

美国领事法庭管辖美国公民之间的民事纠纷,以及被告为美国公民的刑事案件。它们依据"治外法权"原则行事,适用美国法律,而非东道国法律。法官由大使、领事及其代理人担任。领事法庭存续期间较长,到20世纪才逐渐被撤销。到20世纪50年代,伴随摩洛哥丹吉尔领事法庭的关闭,这类专门法庭正式退出历史舞台(Scully 2001, 4-5)。

领事法庭的职能,主要是保护驻外美国人的利益。但美国驻华法院*,并不属于领事法院,设立动机较为复杂,不为人知,值得深入探究。[3]

据某位学者描述,美国驻华法院可能是"国会设立的最奇怪的联

---

* 这里讲的美国驻华法院,是新中国成立前的法院。——编注

3 本书对驻华法院的介绍主要参考 Scully(2001)。

邦法院"(Bederman 1988,452)。它审理中国境内针对美国人提起的大部分民事、刑事诉讼。⁴ 法院位于上海,但有权审理其他城市的案件。* 驻华法院主要管辖较重大的以美国人为被告的案件,以及针对领事法庭裁决提起的轻微上诉案件,同时监督领事法庭工作。它的地位相当于联邦地区法院,对其判决提起的上诉,由位于旧金山的第九巡回上诉法院审理。该法院只有一名法官,任期十年,不同于终身任职的联邦法官。

在19世纪80年代,基于对领事法庭的不满,有人提议在领事司法体系之外另设法院(Lobingier 1932,431-33)。不满源自不同方面,理由也不尽一致(Scully 2001,93-110)。有人批评领事缺乏法律专业训练,没有足够时间履行司法职责(U.S. Senate 1905)。有人指控领事官员存在腐败行为(Lee 2004,937-40)。国务院1904年就领事司法出具的一份报告,证实了腐败问题的存在。这份报告促使西奥多·罗斯福总统提议设立驻华法院,在行政分支大力"推动"下,国会于1906年通过相关立法(Scully 2001,105)。

驻华法院依法获得的默示授权包含几个部分(Scully 2001,109-10)。立法赋权的主要目的,是创设更稳定的法律秩序。刑事方面,管制在华美国公民的不法行为;民事方面,促进美国的贸易利益(G. Moore 1994,76-79)。一份国会报告援引某个曾在上海执业的律师意见指出,由于对领事法庭缺乏信心,美国企业难以与中国或其他国家的企业发展工作关系,中国企业为避免"与美国人做生意的风险","会选择与英国人交易,因为英国法院构成了英格兰在东方所享商誉的基石"(U.S. House of Representatives 1906,2)。

4　关于设立驻华法院的法律依据参见 *American Journal of International Law*(1907)。

*　关于驻华法院的研究,国内亦有相关著作,可参见李洋:《美国驻华法院研究(1906—1943):近代治外法权的殊相》,上海人民出版社2016年版;直隶高等审判厅编:《华洋诉讼判决录》,中国政法大学出版社1997年版。——译者注

决策者期待驻华法院可以通过实现预期目标,成为中国人民心目中,尤其是法律改革者心目中优质司法的典范。更重要的是,该法院能证明美国司法制度足以保护与美国人做生意者的权利,更能够直接推动落实美国外交政策。

考虑到上述目标,不难理解为何驻华法院最初隶属于国务院(直到1933年才归入司法部)。国务院将该法院精准界定为"美国推行外交关系的机制之一"(Scully 2001,184)。

通过增强法律的确定性,驻华法院的确成功提升了美国在华商业地位(G. Moore 1994, 100-101; Scully 2001,146-48)。但刑事司法方面的表现不如预期良好(Scully 2001 chaps. 4-6; Lobingier 1932)。审判工作由一名法官负责,从1906年到1924年,共有三位法官履职。第一位与第三位法官,莱比斯·威尔夫利(Lebbius Wilfley)和罗炳吉(Charles Lobingier),都把主要精力投入到规制驻华美国人的不当行为方面。尽管这也是设立驻华法院的宗旨之一,但威尔夫利法官或许在此花费了太多精力,而没有像国会所期待的把重心放在规制商业行为方面。

法官们的工作使得他们与部分驻上海的美国人之间的关系日趋紧张,后者也开始利用政治影响力向三位法官施压。[5] 威尔夫利法官尽管顶住了众议院司法委员会的弹劾调查,却不得不在履职两年后辞职。罗炳吉法官后来将工作重心放在商事诉讼上,但在驻华美国人压力下未获连任。在二人之间任职的赛燕尔(Rufus Thayer)对当地美国人采取了温和立场,但同样因为他们的反对,在任期届满前被迫离职。从1924年到1943年驻华法院撤销这一期间任职的两位法官,则采取

---

[5] 有关驻华法院运行的一项详尽研究指出,随着法院日益适应当地的实践和环境,与美国政府之间的关系越来越紧张(Lee 2004)。从中可以看出,法院的地位从根本上来说是弱势的,以致当地反对法院做法者能够以直接向华盛顿抗议的方式施压。

了更为消极的态度，尽量减少与当地美国人之间的冲突，避免了重蹈前任覆辙。

由于所处场景特殊，能从驻华法院工作成效中得出的结论有限。早期履职的法官尽管会受个人偏好影响，但能够按照法律授权恪尽职守。在授权范围相对明确的商业诉讼领域，他们的工作成效显著。但在刑事司法方面，驻华美国人的反对，加上缺乏政府政治支持，许多努力徒劳无功。在很大程度上，驻华法院的刑事审判工作体现了任何法院在困境下所能取得成效的限度。

驻华法院之所以堪称国会所设的最奇怪法院，仅是因为驻柏林法院（United States Court for Berlin）并非国会设立。[6] 该法院作为美国"第二次世界大战"后在德国占领区所设司法系统的制度遗产，由驻德高级专员于1955年设立，当时，美国对德国的占领虽已结束，但仍保留对柏林占领区的部分控制权。

驻柏林法院与德国柏林法院共同管辖"根据美国驻柏林占领区内有效法律，发生在大柏林区域的犯罪行为"引发的刑事案件（"美国诉蒂德案"[*United States v. Tiede*], 1979, 238）。作为行政分支设立的法院，驻柏林法院属于"宪法第二条法院"*。被告人仅能向美国驻德首席代表（U.S. Chief of Mission）提起上诉，而非其他法院。

尽管早在1955年就正式设立，但驻柏林法院最初一个案子都没有审过，直到1978年，国务院发现有个棘手问题由它处理最为有效。

6　对美国驻柏林法院的讨论主要参考赫伯特·斯特恩（Herbert Stern）法官1984年出版的《柏林大审判》（*Judgement in Berlin*）一书，该法院唯一审理过的一起案件由他主审。本书独特之处在于斯特恩法官以第三人称视角对本人经历的精彩描述。Bederman（1988, 475-88）和 Lowenfeld（1985, 1000-1015）的专著也讨论了该法院，后者在书评中质疑了斯特恩法官的审判方式。

斯特恩法官的著作于1988年被改编为同名电影。作者本人由马丁·辛（Martin Sheen）饰演，他数年后在电视剧《白宫群英》（*The West Wing*）中饰演纽约书亚·巴特勒（Josiah Bartlet）总统。带着学术研究目的观影之后，我觉得这部电影艺术价值有限，但不失为专门法院题材的最佳电影。

*　美国宪法第二条确定了总统与行政分支的权力边界，所以把行政分支设立的裁判机构称为"宪法第二条法院"。——译者注

第三章　外交政策与国家安全

67　两名东德公民因劫持一架波兰飞机,并要求其降落在西柏林而受指控。本案棘手之处在于,尽管基于同情考虑,劫机者无须移交东德,但美国政府为震慑劫机行为,并不想轻饶他们。西德政府也希望从该案脱身,请求美国政府处理。美国政府勉强答应,将案件交驻柏林法院审理。*

国务院选择让联邦地区法院法官赫伯特·斯特恩主审此案。斯特恩马上意识到,在国务院眼里,自己不过是一名听命行事的政府雇员而已。但他可不会接受摆布。他没有接受国务院的指令,而是裁定被告人有权接受陪审团审判("美国诉蒂德案",1979)。最后,在陪审团裁决余下一名被告人四项控罪中有一项罪名成立后,斯特恩法官判决其刑期由羁押期间折抵。

该案审理即将结束时,部分柏林市民向驻柏林法院起诉,请求阻止美军在一处公共场地修建营房。他们提出,鉴于本案情况特殊,法院可以受理民事案件。美国驻德大使命令斯特恩法官不要受理这一案件。他正为此事纠结,就被直接解聘,返回位于新泽西州的原法院做法官。驻柏林法院随后关门,再未开张。

如果换其他地区法院法官担任这一职务,判决结果或许会与斯特恩法官不同,但显然也不会听命于行政分支,理由有两个:第一,尽管国务院有权解聘驻柏林法院法官,但无法影响联邦法官终身任职。第二,已经习惯独立审判的法官不会接受行政分支的指示,毕竟这种干预严重背离法官职业定位。因此,"蒂德案"判决结果充分说明,政府在迫使法院听命于己方面,实在能力有限。

---

*　关于本案案情和《柏林大审判》电影剧情,参见〔美〕保罗·伯格曼、〔美〕迈克尔·艾斯默:《正义课:从电影故事看美国法律文化》,黄缇萦、赵天枢、朱靖江译,浙江人民出版社 2014 年版,第 14—17 页。——译者注

军事司法

军民有别,针对军人的审判需要设立独立的司法系统。因此,美国军方设立军事法庭(Courts-Martial),审理现役军人普通刑事犯罪和违反军事规章制度的行为。但是,涉及军事司法的一些议题,并无明确答案。第一个问题是,应当采取什么形式复核军事法庭所作裁决。第二个问题是,军事司法管辖权能否拓展至军人之外。

对军事法庭裁决的复核

美国历史上多数时期,对军事法庭所作裁决的复核都在军队内部解决。随着程序规则的改革,军法官和高级军官参与了复核程序(Walker 和 Niebank 1953, 229-30; Summerford 1973, 36-37)。在"戴恩斯诉胡佛案"(*Dynes v. Hoover*, 1858, 82-83)中,最高法院判定,除少数例外情况外,平民法院无权复核军事法庭的裁决。

两次世界大战期间,从军人数规模空前,赋权平民法院*复核军事法庭裁决权力的必要性更加凸显。第一次世界大战前后,对军事司法系统的普遍不满并未催生太多变革(Lurie 1992, 91-124)。直到第二次世界大战结束,美国于1950年通过《统一军事司法法典》(Uniform Code of Military Justice),军事司法系统才有了根本性改革(Lurie 1992, chaps. 6-11)。该法典的一大特色,是创设了军事上诉法院(1994年更名为武装部队上诉法院),作为军事司法系统的最高层级法院。

制定统一法典和设立军事上诉法院的建议,是由国防部设立的摩根委员会(由一位哈佛法学院教授牵头)提出的。国会最后基本采纳

---

* 这里的平民法院是相对于军事法院而言的,法院仍是官方机构。平民法官仍是公职人员,并非临时征召的普通公民。——译者注

了委员会的方案,仅作了部分修订(Summerford 1973,40-63)。

根据相关立法,军事上诉法院的司法行政事务归国防部管理,但审判工作由3名任期为15年的平民法官负责(1989年,该院法官员额增加到5名)。总统根据法定事由,有权在法官任期届满之前免除其职务。除少数类型案件之外,法院管辖不服军事复核委员会(Military Boards of Review)所作裁决提起的上诉案件,仅负责法律审。

国会审议《统一军事司法法典》时,议员和其他利益相关者对拟设立的法院并未给予过多关注。争议主要集中于平民组成的法院是否有权复核军事司法裁决。在多次听证与辩论中[7],支持方认为,由平民法官复核的价值,在于提升军事司法质量、保障军人权利。反对方则认为,这么做可能会影响到军方统一指挥。

国会听证会上,部分证人与至少一名议员建议,由某个联邦法院集中复核军事案件即可,不必增设专门法院。[8] 少数军方律师(military lawyer)主张将这一职责赋予哥伦比亚特区联邦巡回上诉法院(U.S. Senate 1949,160-61,264)。一名议员表示,单设的专门法院可能会"受制于国防部长"(U.S. House of Representatives 1949,742)。

前述替代方案并未受到重视。多数参与讨论者更认可新设一个法院负责司法复核的方案,讨论也主要围绕统一法典最初提出的方案展开。由平民法官负责复核的设想看上去比较激进,毕竟这么做打破了平民法院与军事法院长期以来泾渭分明的分工。当然,将军事案件的审判权赋予通才型联邦法官就更显激进。值得注意的是,1983年之前,最高法院还无权复核军事上诉法院的判决(审理单独提起的人身

---

[7] 参见 U.S. House of Representatives (1949)和 U.S. Senate (1949)。国会图书馆把《统一军事司法法典》相关立法历史文献统一编入以下网址:http://www.loc.gov/rr/frd/Military_Law/UCMJ_1950.html。威尔斯相关著作(1972,63-71)概述了立法历史。

[8] 此处与下一节内容部分基于我与乔纳森·卢里在2008年3月的讨论。

保护令申请的案件除外)。[9] 进一步说,军事法院的特点也要求法官要么是军事领域的专家,要么在工作中逐渐成为专家(Lurie 1992, 242)。

军事上诉法院一设立,法官就开始了提升本院地位的努力。一些目标颇具象征意义,如将本院判决编入半官方性质的《联邦法院判例汇编》(*Federal Reporter*)。法官们也着力追求宪法第三条地位及其包含的终身任职等实在利益(Lurie 1998, xii, 39–43, 185–88)。上述努力收效甚微。国会在1967年以立法的形式明确军事上诉法院具有宪法第一条地位,以此"驳斥那种认为该法院是行政分支的工具或国防部下辖行政单位的观点"(U.S. Senate 1967, 2)。国会同时明确军事上诉法院法官的薪酬与联邦巡回上诉法官大致等同。但是,该法院的判决仍由国防部保存,未收录到《联邦法院判例汇编》,法官也不能终身任职。

乔纳森·卢里的专著(1998年)对军事上诉法院成立最初30年历史的研究显示,该院在不同时期的裁判尺度变化很大,法官在处理不同军事司法议题时的裁判方式也各不相同。但法院裁判明显没有受制于军方。法院作出大量努力,将平民法院的诉讼程序和权利保障引入军事审判(Summerford 1973, 136–37)。卢里(1998, 276)总结道:"法院史无前例地将《权利法案》适用于军事审判,让军事法庭免受不当干预,着力维持军事司法的独立性,尽管成效有限"(另参见 Fidell 1997, 1215)。[10] 法院工作成效不彰,主要受制于军方的抵制措施,如劝说被告放弃上诉权利(Lurie 1998, 63–64; *United States v. Ponds* 1952)。

9　这类复核存在一个特别限制:对武装部队上诉法院决定不予受理的案件,最高法院无权签发复审令(10 U.S. Code § 867a, 2006)。Becker (2008)探讨了解除这一限制的探索。

10　相比早期,法院在1980年之后的判决趋势相对缺少完备记录,但卢里(1998, 276)指出,随着新任法官的履职,"法院的立场"在"某种程度"上"收缩"了。

军方的抵制,部分源于法院与包括高级律师在内的军方之间的冲突(参见 Willis 1972, 91-92)。军方对法院管辖权的竭力限制就是典型例证。卡特总统时期的国防部总法律顾问甚至提议撤销该法院(Lurie 1998, 257-59)。按照他的提议,案件原则上应由中级军事法院负责终审,除非涉及宪法问题,才能上诉至联邦第四巡回上诉法院。这一提议事实上不可能被国会采纳,只是总顾问在与军事上诉法院首席法官博弈时使用的策略而已。但由此可见法院与军方之间的分歧之深。

尽管军事上诉法院在一段时间内接受过美国退伍军人协会(American Legion)的财政资助,但仍保持了相对独立性,考虑到其所面临的军方强烈敌意,这一结果实属不易(Lurie 1998, 127-31)。由于缺乏终身任职保障,若干法官几年后自愿离职。原因之一是法院工作对他们不再具有吸引力(Lurie 1998, 219-20)。[11]

很难预测联邦法院的通才型法官作为军事司法监督者到军事上诉法院任职后,会如何行使职责。一种可能是,基于他们对适用于平民的刑事司法标准的熟悉,会采取更强硬的立场。另一种可能是,因为复核军事案件的机会并不多,法官可能更愿意尊重军事司法机关的意见。我们能确定的是,军事上诉法院表现出的独立性,符合改革者的期待,也是部分军方人士在审议《统一军事司法法典》时所担心的。

将军事司法管辖权延伸至非军人

让普通平民接受军事司法机关管辖这一思路看上去不合常理。

---

[11] 尽管这些法官背景各异,但具体趋势是,军事审判经验越丰富,越倾向于离职。不足为奇的是,他们当中多数人与国会和行政分支之间在政治上渊源很深。他们的履历信息转引自卢里的著作(1998)和其他渠道。

但在美国,由军事特别法庭(military tribunal)与军事审判委员会(military commissions)*审理平民当事人的历史由来已久(L. Fisher 2005;Glazier 2005;Richards 2007;Sulmasy 2009,30-66;*Ex parte Quirin* 1942,Brief for Respondent,72-77)。[12] 审判主体包括安德鲁·杰克逊(Andrew Jackson)将军在新奥尔良(1812年第二次独立战争期间)以及佛罗里达(塞米诺尔战争**期间)设立的军事特别法庭;南北战争和南部重建时期运行的数百个军事特别法庭;审理被指控参与暗杀林肯总统者的军事审判委员会;以及第二次世界大战初期在夏威夷地区取代平民法院行使审判权的宪兵法庭(Provost Court)。

这些特别法庭产生于不同背景下,预期发挥的功能也有较大差异。但设立本身却是基于共同目标。总的来说,无论是平民,还是设立对平民当事人有管辖权的军事法庭的军方官员,对案件审理结果都非常关注。相对于普通的联邦或州法院,设立者认为这类法庭更有助于确保公诉案件的审理结果有利于政府。

有关人士毫不掩饰上述目的。内战期间,对圣路易斯施行军事管制的将军就说,普通法院"没法给我们提供任何帮助,因为它们向来靠不住"(L. Fisher 2005,47)。有人强烈反对设立专门委员会审理林肯遇刺一案,但战争部长埃德温·斯坦顿(Edwin Stanton)力主设立该委员会,推动尽快审理并处决被告人(Swanson 和 Weinberg 2001,19)。林肯遇刺案委员会的决策程序并不正规且不利于被告人。所有被告

---

* 军事审判委员会:审判程序和人员组成均按军事法院模式设立的一种军事审判组织,主要审理和裁决违反军事法律的案件。审判人员由文职和军职人员共同组成。——译者注

[12] 根据最高法院20世纪50年代到20世纪60年代所作的一系列判决,军事法庭的管辖权也可以扩展到不再服役的前军职人员以及军人家属身上,但我在此不予讨论。相关判例参见 *United States ex rel. Toth v. Quarles* (1955),*Reid v. Covert* (1957)以及 *Kinsella v. Singleton* (1960)。

** 塞米诺尔战争:美国南北战争爆发前的40多年间,佛罗里达的塞米诺尔印第安人为保卫自己的家园而进行的反抗美国军队镇压的武装斗争。佛罗里达原为西班牙人殖民地,曾是邻近地区其他印第安人和逃亡黑奴的避难所。由于美国军队经常越境追捕逃亡黑奴,不断受到骚扰的塞米诺尔人被迫反抗。——译者注

人都被定罪,虽然部分未被判处死刑(Swanson 和 Weinberg 2001;J. Johnston 2001)。

第二次世界大战期间,夏威夷地区的军事法庭是当地综合军事管制政府的一部分(Anthony 1955;Scheiber 和 Scheiber 1997)。根据1941年12月7日发布的命令,涉及违反联邦、当地法律或军事指令的犯罪案件,情节较轻的由宪兵法庭审理,情节较重的由军事审判委员会审理。平民法院不再收案。该制度运作数月后,平民法院又开始受理某些民事案件,其他案件仍由宪兵法庭审理。军事审判委员会实际上没怎么运行,但宪兵法庭审理了55000多起案件(Scheiber 和 Scheiber,1997,516)。宪兵法庭法官一般由军官兼任,不少人根本没有法律背景。

夏威夷的平民法院当然可以审理案件。军事当局决定绕过它们,显然是因裁判与其利益攸关。一位参与军事法庭方案设计的官员指出,对于某些案件,"平民法官按照普通法律根本无法从重处理,又无法从军方获得授权"(Scheiber 和 Scheiber 1997,517;638)。宪兵法庭总体上偏向控方立场,无论诉讼程序还是裁判结果,都更符合军方期待。对于类似罪行,刑罚"一律比地方法律要重"(Scheiber 和 Scheiber 1997,516)。对于未经授权离岗或换岗(根据军法属于犯罪)的被告人,哪怕只有数小时,宪兵法庭也会按"擅离职守"定罪(Scheiber 和 Scheiber 1997,504-5)。

1943年3月,平民法院基本恢复了原来的管辖权。但宪兵法庭仍保留了违反军事指令案件的审判权,这类案件范围非常宽泛(罗斯福总统在1944年10月全面结束了军事管制)。在两起分别于1943年3月前后提起公诉的案件中,最高法院判定军方绕开平民法院的做法违法(*Duncan v. Kahanamoku* 1946)。然而这一裁定在战后作出,与内战时期针对军事审判委员会所作判决(*Ex parte Milligan* 1866)一样,实际意义不大。[13]

第二次世界大战期间,为审理某起案件,还专门设立了一个军事法庭(G. Cohen 2002; L. Fisher 2003, chaps. 3-4; Dobbs 2004, 204-70)。1942年,8名德国间谍乘潜艇到美国东海岸执行破坏任务,不久即被逮捕。负责侦讯此案的联邦调查局特工希望将本案移交平民法院审理,但罗斯福政府决定召集军事审判委员会审理。

这一决定基于诸多考虑。在平民法院审理,很难确保最严重的指控成功定罪,毕竟被告人还未着手实施破坏行为。进一步而言,在军事审判委员会,判决死刑并不需要法官一致同意,程序上也可以按照对控方有利的方式从快进行。对总统和其他高级官员更加具有吸引力的是,诉讼全程可以秘密进行。因为德国间谍之所以迅速落网,完全是因为其中一人"反水",如果将这一消息公之于众,民众会怀疑政府侦测、预防敌军破坏行动的能力,也会损害 J. 埃德加·胡佛(J. Edgar Hoover)局长长久以来为联邦调查局和他自己打造的伟岸形象。

不出预料,8名被告均被委员会定罪并判处死刑(其中只有6人被实际执行了死刑)。尽管被指派给被告人辩护的上校尽力而为,但委员会明显不为所动。在庭审过半时,最高法院同意审查若干程序异议,但迅速裁定委员会的程序并无不当,完整判决直到3个月之后才被公布,此时被告人的死刑早已执行完毕("奎宁案"[*Ex parte Quirin*],1942)。所以,罗斯福政府设立特别委员会的预期目的实现了。[14]

---

[13] 但是,战争期间,夏威夷联邦地区法院作出若干判决,针对的都是宪兵法庭裁决或不合理的军事管制举措(Scheiber 和 Scheiber 1997, 606)。其中,一名将官拒绝执行联邦地区法官签发的人身保护令状。法官判藐视法庭罪,军方随即发布禁令,禁止法官采取进一步行动,并威胁他一旦违反禁令,将被处以5年监禁(McColloch 1949)。这一事件让人联想起安德鲁·杰克逊总统监禁一名签发人身保护令状的新奥尔良联邦法官的做法(Fisher 2005, 25-26)。

[14] 另一个军事特别法庭于1945年设立,审理两名涉嫌从事破坏行动的德国人(Fisher 2005, 127-29)。审理程序没有公开,司法部也未参与其中(与1942年的委员会不同),委员会将被告人定罪并判处死刑。但死刑并没有执行。

军事特别法庭的审判效果因时而异。内战时期,普通法官与陪审员对联邦忠诚度有限,用军事法官替代他们肯定对裁判结果有显著影响。对比之下,第二次世界大战时期,即便是普通的陪审员,也倾向于对那些准备实施破坏行动的德国人作出有罪判决,因为与最高法院就"奎宁案"作出裁判时的情况类似,他们一样会受到内外压力。总的来说,各类军事法庭在很大程度上保障了判决结果符合政府预期。

关塔那摩在押犯

从2002年开始,恐怖分子嫌犯就被羁押在关塔那摩湾海军基地,为此专设了两种特别法庭,一是战争状态复核法庭(Combatant Status Review Tribunals, CSRTs,以下简称"战争法庭"),用以决定是否继续羁押;二是军事审判委员会,用以审理部分在押人员的罪行。两类法庭并非凭空创设,而是以往实践为基础,但关塔那摩在押犯的特殊情形,让特别法庭这一制度选择格外具有研究价值。

小布什政府设立战争法庭,针对的是最高法院2004年作出的"拉苏尔诉布什案"(Rasul v. Bush)判决。最高法院在该案中判定,联邦法院有权管辖关塔那摩在押犯提起的人身保护令申请。这一判决令政府官员既震惊又恼火,很快采取应对措施。最高法院宣判一周后,国防部就设立了战争法庭,审查关塔那摩犯人的羁押问题。按照旧模式,每年都会审查在押犯情况,再决定哪些案件优先审理,战争法庭设立后,在押犯各项权利严重受限(Lewis 和 Sanger 2004)。某种程度上,战争法庭很像"第五条法庭"(即日内瓦第三公约第五条),这一条是在战争中确定被捕者身份的重要依据(参见 Ball 2007, 44–46)。[15]

---

[15] "第五条法庭"相关规则参见《美军条例》(Army Regulation 190 8)一至六章,载于http://www.army.mil/usapa/epubs/190_Series_Collection_1.html。

2004年的"哈姆迪诉拉姆斯菲尔德案"(*Hamdi v. Rumsfeld*)涉及一位美国籍人士的敌方战斗人员*身份,最高法院判决要求战争法庭充分保障在押人员的救济权利。*

根据国防部公布的规则,战争法庭由三名军官组成。[16] 其中一名为军法官(Judge Advocate)**。一名不从事法律工作的军官担任在押犯的"代理人"。对"敌方战斗人员"指控涉及的事实问题,在押犯有权获得相关非涉密信息。如果"要求合理",还可以申请证人出庭。一般证据规则不能适用。法庭有权审查"任何在其看来具有相关性的有用信息",包括传闻证据。法庭使用优势证据标准,以多数决方式判定在押犯的身份。

对行政官员来说,战争法庭削弱了"拉苏尔案"判决带来的不利影响。他们希望联邦法院确认战争法庭的程序足以保障当事人权利,进而不再审理关塔那摩在押犯提出的人身保护令申请。对行政部门的批评意见认为,法庭程序并未充分保障当事人权利。一位批评者指出,"这个程序就是想瞒天过海,想误导最高法院认为政府遵循了'拉苏尔案'判决"(Hentoff 2004)。

无论上述批评是否合理,小布什政府确实通过战争法庭限制了司

---

* 根据《日内瓦公约》,合法战斗人员必须满足以下几个条件:身穿军服、佩戴徽章、公开持有武器,是致力于遵守战争法的组织的一部分,而且这个组织内部的上下级关系和责任必须公开。合法战斗人员享受战俘待遇和《日内瓦公约》的保护。非法战斗人员和恐怖组织成员不享受战俘待遇和《日内瓦公约》的保护,一般被称为敌方战斗人员。——译者注

* 2001年年底,美军在阿富汗抓获了哈姆迪,并把他作为敌方战斗人员关押在关塔纳摩海军基地,哈姆迪供认自己是路易斯安纳州出生、沙特阿拉伯长大的美国公民后,美军又把他转送到美国本土关押。这起案件的法律争议点在于,总统是否有权下令无限期地关押美国公民,而且不给他提供聘请律师与接受审判的权利? 联邦第四巡回上诉法院判称,哈姆迪是在国外冲突的战斗区内被抓获的,对他实行关押在总统的宪法职权范围之内。——译者注

16 战争法庭规则参见《海军司令备忘录》(Memorandum for the Secretary of the Navy, 2004年7月7日),载于http://www.defense.gov/news/Jul2004/d20040707review.pdf。

** 军法官:在美国军队中专门从事法律事务的军事法律顾问,一般由军法署(Judge Advocate General's Department)任命。——译者注

法机关介入关塔那摩事务。这一隶属于行政分支的特别法庭强化了军方控制力度,减少了在押犯的获释机会。这就不难理解战争法庭为何得以迅速设立。

对战争法庭的批评意见颇具先见之明(Denbeaux et al. 2006; Golden 2006)。由于很多信息涉密,被告方一般很难找到潜在证人,根本无法充分辩护。绝大部分案件的结果都是继续羁押。即使法庭裁决解除羁押,第二次审理很可能又会撤销原判。另外,一旦政府对那些作出有利于在押犯裁决的法庭不满,可以安排法庭成员参加"强化培训"(Golden 2006, 20)。

参与战争法庭工作的军官斯蒂芬·亚伯拉罕(Stephen Abraham)坦言,庭审的证据基础都很薄弱,而要依法判定在押犯为敌方战斗人员,其实很有压力(*Al Odah v. United States* 2007: Reply to Opposition to Petition for Hearing, i–viii; U.S. House of Representatives 2007)。他谈到,自己曾作为合议庭成员参与了一次庭审,刚一作出有利于在押犯的裁决,就接到复议指令,合议庭坚持原来评议意见,案子就快就被移送给另一个合议庭,原判也被撤销。而他本人也不再有机会担任合议庭成员。基于这一经历,他总结道:"战争法庭合议庭的作用就是给羁押套上合法外衣,用来'洗白'早已内定的判决而已"(U.S. House of Representative 2007, 156)。

在2005年的"关塔那摩在押犯单方诉讼案"(*In re Guantánamo Detainee Cases*)中,哥伦比亚特区联邦地区法院的乔伊斯·汉斯·格林(Joyce Hens Green)法官在一组人身保护令申请案件中判定,战争法庭未满足正当程序要求。不久后生效的2005年《在押犯处置法》(Detainee Treatment Act of 2005)直接排除了法院对关塔那摩在押犯提出的申请人身保护令案件的管辖权,并规定只有特区联邦巡回上诉法院才能在一定范围内复核战争法庭不利于在押犯的裁决。[17]

在2006年的"哈姆丹诉拉姆斯菲尔德案"（Hamdan v. Rumsfeld）中，最高法院判决前述法律对法院受理人身保护令申请案件的禁止不适用于未决案件。而在2006年通过的《军事审判委员会法》（Military Commissions Act of 2006）中，国会又变相推翻了最高法院设立的规则，规定相关法律对人身保护令案件的禁令具有溯及力。根据这一法律，特区联邦巡回上诉法院2007年撤销了格林法官的判决，并驳回了其他在押犯的上诉（"布迈丁诉布什案"，2007）。

在2008年的"布迈丁诉布什案"判决中，最高法院撤销了特区巡回上诉法院的判决，判定《在押犯处置法》对人身保护令诉讼的限制违反了宪法，因为即使有特区巡回上诉法院的复核，战争法庭也不足以取代联邦法院。但最高法院也允许战争法院继续运作，若不存在不当延误情形，只在战争法庭对在押犯申请人身保护令的案件作出审查之后，联邦法院才能复审。在2009年的"比斯默哈诉盖茨案"中，特区巡回上诉法院判定，最高法院的"布迈丁案"判决实际上剥夺了自己复核战争法庭判决的权力，相应复核只能在涉及地区法院的保护令诉讼中进行。两周后，奥巴马总统上任伊始，就建立了一套审查所有在押犯身份的行政程序，战争法庭就此退出历史舞台（Federal Register 2009）。

作为处理关塔那摩事务的另一个特别法庭，军事审判委员会成立于2001年年底（Golden 2004a；Gellman 2008，162-68；Mayer

---

[17] 特区巡回上诉法院在2007年的"比斯默哈诉盖茨案"（Bismullah v. Gates）中，针对《在押犯处置法》通过后受理的第一批（对战争法庭将在押人认定为敌方战斗人员的一系列裁决所提起的）上诉案件，统一解决了当中涉及的程序问题。随后又于2008年否决了政府提出的要求以全院法官参审（满席听审）的形式重新审理案件的要求。在2008年的"帕尔哈提诉盖茨案"（Parhat v. Gates）中，合议庭在审查战争法庭裁决时，首次基于案件的实体性问题作出判决。合议庭成员意识形态各异，但最后撤销了战争法庭的裁决，判决在本案中政府并没有提供足以让特别法庭依法作出判决的足够证据。

2008，80-90）。布什政府官员希望起诉基地组织负责人和其他恐怖主义嫌犯，竭力推动建立专门的审判机制。由不同部门成员组成的联合小组讨论了几个刑事审判备选方案，包括联邦法院、军事法庭、由军人和平民组成的混合法庭，以及军事审判委员会。小组成员在方案选择上存在异议，但以白宫幕僚为主的少数人最终选择了军事审判委员会模式。

2001年11月，布什总统借鉴罗斯福总统设立专门审判纳粹分子的委员会的模式（Glazier 2005，6），签署总统令设立了军事审判委员会。据此，凡是有从事恐怖主义犯罪嫌疑的非美国公民，均要接受委员会审理。委员会由三至七名成员组成，审判长由一名军法官担任。审判适用的证据规格标准有所降低，"对于任何理性人都有证明价值的"证据即可在庭审中运用，"涉密或不宜公开"的证据无须开示，程序无须公开，定罪仅需要三分之二的多数决，判决也不得向普通法院提起上诉（Federal Register 2001）。

2001年，白宫法律顾问阿尔伯托·冈萨雷斯（Alberto Gonzales）列举了委员会优于普通刑事审判的若干特点：

> 美国的陪审员、法官乃至法院可以免于因审判恐怖分子蒙受巨大风险；政府得以适用涉密信息作为证据，不用浪费情报机构与军方的努力；审判可以在战场附近快捷进行，无需历经数年审前程序或上诉流程；裁决也可以建立在最大范围搜集的证据基础上。

相对军事法庭，军事审判委员会也有自身优势。正如一名国防部法律顾问的解释，《统一军事司法法典》"相比于平民法院，更重视被告人权利；这导致了一个很荒诞的结果：恐怖分子在这种程序之下得到的保护,比美国公民在平民法院还多"(Goldman 2006,1)。

军事审判委员会的规则明确了委员会可以适用的证据类型(其他法院未必可以用)。这些证据包括法院无权获得的涉密信息,不受证据规则和辩护律师在场等约束而从嫌疑人处取得的证据,甚至包括通过刑讯逼供方式获得的嫌疑人供述。从总统令的措辞不难发现,军事审判委员会是为了让诉讼达到预期目标而适用司法专业化的典型例证。对行政分支官员最有吸引力的是,委员会可以确保被告人被定罪,也不会出现普通刑事程序中可能出现的各种状况。

在羁押恐怖主义嫌犯的关塔那摩地区设置委员会,实际上很难落实(Golden 2004b; Locy 2004; Blum 2005; Goldsmith 2007, 121-22)。委员会工作细则的制定需要大量时间。哪些在押犯会被起诉并不确定,有些官员甚至觉得,与其担着风险给嫌犯通过审判获得无罪释放的机会,还不如无限期羁押他们。实际运行过程中,被指派为被告人辩护的军方律师比预期更积极,而早期案件的前置程序也暴露了委员会程序规则的缺陷。两位检察官披露的信息证明,委员会在程序上确实存在严重不公,其中一人在写给司法部长的信中提到"军方合议庭成员是专门筛选过的,确保在押犯不会被无罪释放"(N. Lewis 2005)。

2004年,一位特区联邦地区法院法官以小布什总统无权设立军事审判委员会为由,判决中止了军事审判委员会审理的一起案件,该案被告人为萨利姆·哈姆丹(Salim Hamdan)。巡回上诉法院撤销该判决,但最高法院最终判定,军事审判委员会的设立未经国会授权,其组织与程序都违反了《统一军事司法法典》和《日内瓦公约》("哈姆丹诉拉姆斯菲尔德案",2006)。

对此,政府极力确保2006年审议通过的《军事审判委员会法》中,授权设立军事审判委员会的条款得以通过,这些条款的内容实际上与2001年设立的委员会相似。但问题仍然存在。在2007年6

月,军事审判委员会的两名审判长基思·奥尔雷德(Keith Allred)和彼得·布朗巴克(Peter Brownback)分别撤销了针对哈姆丹与奥马尔·卡德尔(Omar Khadr)的指控,理由是军事审判委员会只能审理"非法敌方战斗人员",而战争法庭仅认定这两人为"敌方战斗人员"("美国诉哈姆丹案",2007;"美国诉卡德尔案",2007a;Glaberson 2007a)。

根据《军事审判委员会法》的授权,军事审判委员会复核法庭可以复核被告人对有罪判决提起的上诉,以及检察官提起的中间上诉。该复核法院由国防部长任命的上诉审军事法官(appellate military judges)组成。当检察官针对"卡德尔案"判决提起上诉时,国防部迅速任命4位平民与12位军官组成复核法庭。[18] 由3名军事法官组成的合议庭撤销了布朗巴克法官的判决,判定军事审判委员会有权认定被告人是否为非法敌方战斗人员(Glaberson 2007b;"美国诉卡德尔案",2007b)。后来,复核法庭在另外四起案件中对先决问题作了裁定。其中两起案件驳回了被告人的申请执行职务令(writ of mandamus)请求,一起案件基于时效已过的理由,驳回了检察官的申请,另一起案件则基于被告人嫌疑已被洗清,相应撤销了上诉申请。[19]

军事审判委员会处理的第一起案件中,被告人是澳大利亚籍的戴维·希克斯(David Hicks),他在2007年接受了一项辩诉交易,被判处在澳大利亚入狱9个月。为缩短刑期,他接受的条件包括放弃上诉,遵守为期一年的禁言令。禁言令导致希克斯须在澳大利亚大选前一年保持沉默,这显然是面对国内巨大压力的澳大利亚总理提出的请求。澳大利亚法律委员会一名观察人士指出,这一程序"毫无依据"

18　基于平民法官先前的行为以及对委员会制度的态度,有人对他们的公正性提出质疑(Bravin 2007)。4位平民法官其中之一,是罗得岛最高法院首席法官弗兰克·威廉姆斯(Frank Williams),他表示自己非常理解并支持小布什政府在恐怖分子嫌犯法定权利问题上的立场(Tucker 2008; F. Williams, Dulude, and Tracey 2007)。

19　本案相关信息载于 http://www.defense.gov/news/courtofmilitarycommissionreview.html。

(Lasry 2007,3)。

2008年的"哈姆丹案"是军事审判委员会第一次审结的案件,由奥尔雷德法官担任审判长。在之前,一名特区联邦地区法院法官裁定,对委员会程序的异议,只能在审判程序终结后提出(Shane和Glaberson 2008)。哈姆丹曾经是本·拉登的司机,被控共同参与恐怖活动,以及向恐怖分子提供物质支持。军事审判委员会陪审团判定提供物质支持的罪名成立,但共同参与恐怖活动的罪名不成立。检察官主张判处不少于30年的有期徒刑,但陪审团仅判了66个月刑期,而奥尔雷德允许用已经羁押的61个月来折抵刑期。

军事审判委员会在2008年审结了第二起案件。本案被告阿里·哈姆扎·阿尔·巴卢(Ali Hamza al Bahlul)放弃辩护之后,其"为本·拉登进行媒体宣传"罪名成立,被判终身监禁(Glaberson 2008)。到2009年初,有12件以上案子还处于审前程序。

奥巴马总统曾命令中止委员会的工作,后来又决定委员会可以在修订程序规则后继续运行,但需要根据个案情形决定案件由委员会审理还是联邦地区法院审理。政府专项工作小组出具的初步报告指出,案件管辖的选择标准主要是"证据问题"以及"在多大程度上可以完整呈现被告不当行为"。这一措辞表明,如果重要证据无法在联邦法院使用,政府就会将案件诉至军事审判委员会(M. Davis 2009;Savage 2009b)。但是,奥巴马总统后来明确指出,委员会所用的证据标准在某些方面更严格。[20] 不久,政府决定将参与"9·11事件"的在押犯交由一家联邦地区法院审理,尽管国会成员与部分人对此表示强烈反对,他们希望这些案件由军事审判委员会审理(Savage 2009a)。

---

[20] 初步报告参见 http://www.justice.gov/opa/documents/preliminary-rpt-dptf-072009.pdf。奥巴马总统2009年5月的相关评价参见 http://www.whitehouse.gov/the-press-office/remarks-presidents-national-security-5-21-09。

小布什执政时期,法官处理案件的方式存在较大差异。对于被告人的申请,有些法官显得漫不经心,但其他法官却认真对待(Wald 2009, xvii)。值得关注的是,除奥尔雷德和布朗巴克法官外,斯蒂芬·亨利(Stephen Henley)法官在一起案件中也作出有利于被告人的裁决("美国诉贾瓦德案"[*United States v. Jawad*] 2008a, 2008b, 2008c, 2008d;参见 C. Rosenberg 2008b)。"哈姆丹案"的判决之所以引人注目,是因为与联邦地区法院对类似罪行判处的重刑相比,该案判得更轻一些。

军事审判委员会程序的主要形式特征,如允许辩护律师"充分辩护"(Wald 2009, xvi)等,或许有助于解释前述三位法官为何如此裁判。另外,曾任军事法官的经历,也可能会影响他们的角色认知。[21]当然,他们缺乏联邦法官的独立性。典型例证就是布朗巴克法官在"卡德尔案"中基于部分被告人未能获得其在关塔那摩的档案,而威胁要中止诉讼后,在审前程序阶段就被撤换,回归退休状态(C. Rosenberg 2008a)。但是,背景因素使这些法官不同于过去两个世纪中参与庭审的大部分军方人员,他们在军事司法方面的专业知识也增加了下判时的信心,那些只审理过一起军事案件而缺乏相应经验的通才型法官在这方面无法与之相比。

战争法庭更加充分地贯彻了其设立宗旨。除审判人员的特点之外,还有两方面原因。首先,根据战争法庭的程序规则,在押犯举证责任太重,根本难以行使。其次,合议庭成员在特定工作氛围下,被迫为羁押寻求适当理由。在这两方面,战争法庭明显区别于普通联邦法院,尽管联邦法官也可能面临类似不予释放在押犯的压力。如果联邦地区法院法官能够多审理几起关塔那摩在押犯提起的人身保护令申

---

[21] 三位法官的简历参见 http://media.miamiherald.com/smedia/2008/04/02/10/judgesbios.source.prod_affiliate.56.pdf。

请案件,或许更方便与战争法庭进行比较。

外国情报监控法院

在1967年的"卡茨诉美国案"(*Katz v. United States*)中,最高法院判定以电子监控方式搜集证据须受宪法第四修正案约束,亦适用宪法对搜查令的要求。但联邦政府依旧我行我素,基于国家安全目的,未申请搜查令就直接进行电子监控。在1972年的"美国诉联邦地区法院案"(*United States v. United States District Court*)中,最高法院判定,"涉及国家安全的监控"(不同于对"境外势力或其代理人"的监控)须取得搜查令。鲍威尔大法官主笔的多数方意见书指出,关于出具搜查令的合理事由,国会可以设定与普遍刑事案件不同的标准。他还指出,在"敏感案件"中,搜查令的申请可以向"专门指定的法院"的法官提出,如联邦地区法院或哥伦比亚特区巡回上诉法院("美国诉联邦地区法院案", 323)。

6年后,国会根据最高法院的建议推动了相关立法。1978年通过的《外国情报监控法》(Foreign Intelligence Surveillance Act of 1978, FISA)规定,如果监控目标是外国势力或其代理人,且监控过程可能会获得包括美国公民或具有美国合法永久居留权的非公民这类"美国人"之间的通讯信息,就需要申请搜查令。外国情报监控法院(简称FISA法院)由首席大法官选派的来自不同巡回区的7名地区法院法官组成(2001年通过的《爱国者法》将法官员额扩展到11名),任期不超过7年,搜查令应当向其中一名法官申请。[2] 如果该法官驳回申请,政府可以向外国情报监控复核法院提起上诉,该法院由首席大法官指派

---

2 从2009年开始,法官以周为单位在该法院轮值(Palazzolo 2009)。一份报告指出,小布什行政分支曾在2007年静待一名对行政机关"态度友好的法官"轮岗,借此获得数份自己想要的命令(我将在本章后面讨论相关问题)(Bamford 2008, 291–92)。

的来自地区法院或巡回上诉法院的 3 名法官组成。

FISA 法院也算"最奇怪"法院称号的有力竞争者之一:有论者认为它"无疑是联邦司法系有史以来最奇葩的产物"(Bamford 1982, 368)。在某些方面,FISA 法院的运作并无特殊之处。法官按照标准程序,审查政府单方提起的搜查令申请,不存在对抗性诉讼。但是,批准搜查令的标准与平常标准不同。政府仅需要证明监控对象是境外势力或其代理人,以及监控场所已经或者即将被他们使用。这一规则限制了法官的审查范围。

申请搜查令需要说明,为实现合法目的,应当满足哪些"最低限度的程序保障",借此限制对美国公民个人信息的搜集、保存和公开。这么规定也是为了防止将 FISA 法院的程序用于不当目的。实践中,要满足最低程序保障并不难(H. Schwartz 1981)。

国会希望 FISA 法院能够在特别安保措施下运行。2009 年之前,该院工作地点位于司法部一个安全屋内,之后迁至某联邦法院大楼内的安全区域(Wilber 2009)。法官入职 FISA 法院之前,需要接受安全审查(*Legal Times* 1997, 20)。[23]

对于是否对国内安全监控进行司法审查,国会在立法前已考虑多年。部分议员认为这类审查是对行政分支的不当干预,所以反对立法规制。1972 年,最高法院针对特区联邦巡回上诉法院一起案件所作的判决(Zweibon v. Mitchell),以及政府披露的不当监控情况,已经确立对相关令状的规制标准(Cinquegrana 1989, 803-7)。

审议立法时,国会需要决定搜查令申请应当向谁提出,是任何一位联邦法官,还是仅限于特区联邦法官,又或首席大法官专门指派的特定联邦法官。国会组织听证会,并邀人作证,充分审议了各种建

---

[23] 根据 Griffn Bell(1982, 105)的研究,1978 年,司法部长声称,中央情报局局长要求 FISA 法院的法官必须接受中情局的测谎,而他说服沃伦首席大法官拒绝了这一提议。

议。参与讨论者认为,在选择具体方案时,要考虑以下要素。首先,参与审理这类案件的法官人数越少,越有利于保密(U.S. Senate 1977,10)。其次,建立专业化审判机制,有助于积累审理这类案件的专门知识(U.S. House of Representatives 1978, 148)。另外,专业化也会影响法官对待政府申请的立场。有人认为,法官越是专业化,就越是严格、能够更加专业地审查政府请求和行为(U.S. Senate 1977, 151-52; U.S. Congress 1978a)。也有观点认为,这样会导致法官更偏袒政府,部分因为他们都是由首席大法官任命的(U.S. Congress 1978a, 9150; U.S. Senate 1976, 119)。

联邦法院行政事务管理局(Administrative Office of the U.S. Courts)建议,如果指派一些地区法官审查搜查令的申请,就应该为此专门设立一个法院,这样他们可以明确自己审理辖区之外案件的权力(U.S. House 1978, 68, 73-74)。参议院通过了这一议案,但类似议案在众议院却以高于三分之二的票数被否决。这一投票结果,与众议院之前提出的限制搜查令范围的修正案密切相关。围绕这份修正案的短暂争论也反映了人们对"专门法院"的怀疑(U.S. Congress 1978b, 28172-73)。对议案的支持力度,总体上显得保守,或许反映了对于立法的整体消极态度,而不是针对专门法院。限缩搜查令适用范围的修正案不久即被撤回,设立专门的初审、上诉法院的议案再次进入审议程序。[24]

由于决策过程需要考虑的事项很多,很难确定国会最终选择设立 FISA 法院,而未交给普通联邦法院审理这类案件的具体原因。但我们可以结合立法文献理解这一决定。这部法律对政府的权力作了较大限制,但一些主要条款仍对其有利。最重要的是对于申请搜查令的理

---

24 《国会季刊》(*Congressional Quarterly Almanac* 1978b)记叙了 1978 年立法通过的过程。

由,司法审查的范围较窄。如果申请被拒,还可以依次向复核法院[25],乃至最高法院上诉,两轮上诉都采取单方诉讼的形式,只听取申请方意见。对于法院批准签发许可令的裁决不得上诉。最后,只有在驳回申请的情况下,法官才需要出具书面判决。因此,由一个相对偏保守的首席大法官挑选的法官组成专门法院这一做法,在一定程度上可以视为国会有意为之,以避免过于严格限制行政权力(Meason 1990, 1046-47)。

设立之后,由于程序和结果保密,FISA 法院默默无闻运行多年。年度报告显示,该院从未驳回过搜查令申请。[26] 复核法院亦因此从未开张。20 世纪 90 年代以来,每年提交到 FISA 法院的申请约有 500 件,随后不断增长,到 2000 年达到 1000 件。[27]

对于上述现象,坊间解读各异(Cinquegrana 1989, 815)。有人认为,法院实际上沦为政府的附庸(Meason 1990, 1052)。一位曾以国家安全局内部人士身份旁听 FISA 法院庭审的法学教授说:"我确定我们给什么材料……法院就会签什么"(Bamford 2006, 65)。另有观点认为,政府的自律保证了申请成功率,因为提供的证据都很充分(Maitland 1982)。[28] FISA 法院的罗伊斯·兰伯思(Royce Lamberth)法官指出,法院在批准某些申请之前,会提出修改意见(*Legal Times*

---

[25] 为避免混淆,这里略作补充,之前我用"复核法院"(Court of Review)作为军事委员会复核法院的简称,与这里的国外情报监控复核法院类似。

[26] 尽管有一份申请被拒,却是基于里根政府的要求,这份申请只是想验证 FISA 法院对于实体搜查事务没有管辖权(Cinquegrana 1989, 821-23)。国会于 1994 年将这一管辖权授予 FISA 法院。

[27] 年度报告披露的数据可参见电子隐私信息中心网站:http://epic.org/privacy/wiretap/stats/fsa_stats.html。

[28] 纽约市警察局局长曾抱怨司法部把标准定得太高,难以适用。司法部长迈克尔·穆凯西(Michael Mukasey)回应道,严格标准的目的是为了维护司法部的信誉(D. Johnston and Rashbaum 2008)。

1997，18）。㉙其实，很难说哪种解释更为合理。正如一位国会议员对政府申请搜查令的成功记录的评价："这部法律要么执行良好，要么根本形同虚设"（Kurkjian 1986）。

如果案件由联邦地区法官随机审理，而不是设立专门法院，结果或许会明显不同。观察者指出，法官的产生方式无论是由首席大法官伯格或伦奎斯特任命（McQuillan 1982，A28；Ruger 2007），还是由地区法院自选产生（Posner 2006，101），都可能更偏袒政府一方。有论者断言，经常审理这类案件，会让法官倾向采纳了对政府有利的观点（Meason 1990，1052）。

另外，狭窄的司法审查范围，以及单方诉讼的特点，都会影响法官的判决结果。有论者认为，FISA法院的功能"最多就是文书审核或流程管理性质"。法院的角色"仅限于确保满足形式层面的最低要求，这一工作如此简单，就像校对行政机关呈递文书的拼写错误一样"（Meason 1990，1057）。在这样的限制下，普通地区法官可能也会在多数案件中作出对政府有利的裁决。毕竟，在一般申请搜查令案件中，即使法官审查范围比FISA法院的同行更广，批准率也相当高（Wittes 1996，24）。

自2002年开始，FISA法院增强了公开度。这一改变主要源于2001年的"9·11事件"（Kornblum 2003；N. Baker 2006，162-65）。小布什政府的官员将未能阻止这一恐怖袭击归咎于FISA法院，指责它限制了执法人员参与监控调查。政府决定推动改革，在2001年通过的《爱国者法》中修订了《外国情报监控法》，其中一项涉及FISA法院批准搜查令的条件，以前要求信息搜集是实行监控的"目的"，现在改

㉙ 在实践中，兰伯思法官如果见到他认为在理由陈述上存在错误或误导信息的申请，会对司法部人员施以特定惩戒措施。他曾禁止一名联邦调查局官员出庭（Lichtblau 2008，164-65），但并未驳回申请。

为"重要目的"。司法部长约翰·阿什克罗夫特(John Ashcroft)于2002年3月签发了新的工作指引,消除了情报机构和执法部门之间的"壁垒"。另外,《爱国者法》还将未得到FISA法院许可的监控时间从24小时延长到72小时。

FISA法院在2002年5月作出的"有关提交给FISA法院的审查事项单方诉讼案"(*In re All Matters Submitted to the Foreign Intelligence Surveillance Court*)判决中,依照《外国情报监控法》评估了司法部长提出的指引。数月后,按照参议院司法委员会的要求,判决全文被公开。这份由FISA法院全体法官签署的判决,完全是独立作出的评估。法院认为,根据《外国情报监控法》规定的最低标准,即便经过2001年的修订,新的指引仍然完全不合法,即便2001年的修正作出部分变更,法院随后直接重新修正了指引内容。

政府据此提起上诉,而复核法院首次投入运作。尽管上诉审采取单方陈述形式,但法院允许美国公民自由联盟(American Civil Liberties Union)与全国刑辩律师协会(National Association of Criminal Defense Lawyers)以"法庭之友"身份提交意见书。2002年11月,复核法院在案名为"涉密单方诉讼第02-001号案件"(*In re: Sealed Case No. 02-001*)的判决中,撤销了FISA法院的判决,判定司法部的指引有效。复核法院在判决书中对政府依据《外国情报监控法》以及2001年修正案所享有的权力作了扩大解释,但对宪法第四修正案对政府权力的限制作了狭义解释。复核法院将恐怖主义威胁以及减少对执法人员的限制有助于避免"9·11事件"重演作为论据。合议庭3名法官过去都是由里根总统任命,来自特区的劳伦斯·西尔贝曼(Laurence Silberman)法官更是保守派法律智库中的领军人物。最高法院驳回了"法庭之友"和两个美籍阿拉伯裔组织提出的调卷申请,可能是因为没有管辖权(Greenhouse 2003)。

根据《纽约时报》2005年披露的信息,总统曾于2002年下达秘密指令,允许国家安全局在未获得FISA法院颁发的搜查令情况下,监控美国境内人员的海外通话和电子邮件通讯(Risen和Lichtblau 2005)。[30]有论者推测,总统之所以这么做,是因为自2000年以来,FISA法院对搜查令申请提出了更多修正要求(Bamford 2006,66)。更明显的原因是,行政官员希望规避烦琐的申请程序(Leonnig和Linzer 2005b)。据报道,2004年,切尼副总统的法律顾问戴维·阿丁顿(David Addington)这样评价FISA法院:"再来一次炸弹袭击,我们就要彻底撤销这家讨厌的法院"(Goldsmith 2007,181)。

FISA法院两任首席法官,兰伯思与其继任者科琳·科拉尔-科特利(Colleen Kollar-Kotelly),于2002—2005年任职期间获悉国家安全局的做法。他们努力限制国家安全局通过窃听获取信息,要求这么做必须获得法院发出的搜查令(Lichtblau 2008,166-67,171-73; Bamford 2008,116-17)。其他法官对此并不知情。总统令被公之于众后,詹姆斯·罗伯逊(James Robertson)法官辞去了情报法院职务(保留原地区法院法官职务)。他私下透露,自己就是针对国家安全局的做法辞职的(Leonnig和Linzer 2005a; Lichtblau 2008,216-17)。其他法官也都私下表达了愤怒。据一家报社的线人说,"我听一些法官说,他们感到自己是在波特金法院(Potemkin Court)*办公"(Leonnig和Linzer 2005a)。

---

[30] 2007年,国家情报总监(Director of National Intelligence)披露,该项目只不过是政府启动的数个秘密监控行动之一(Eggen 2007; see Klaidman 2008 and Offices of Inspectors General 2009)。

* 波特金法院:格里戈里·波特金是俄国女皇叶卡捷琳娜二世的宠臣,传闻在俄国战胜奥斯曼土耳其帝国并占领克里米亚之后,由于该地受到严重破坏,波特金被任命为总督负责重建工作。1787年,叶卡捷琳娜二世决定视察该地,波特金为此命令部下伪装农民,沿第聂伯河设立了一座"移动村庄",以供女皇一行人乘船经过时能见到沿岸的"繁华景象"。尽管这段历史的真实性存疑,但"波特金村庄"的说法却流传下来。这里的"波特金法院"暗指FISA法院形同虚设,根本就是美国政府的法治伪装。——译者注明显是为了安抚法官们的情绪,政府同意就这一问题作出说明。2006 年,参议员阿伦·斯佩克特(Arlen Specter)提交了一份议案,请求 FISA 法院判定国家安全局的程序是否符合宪法,但没有下文。2007 年 1 月,司法部长阿尔伯托·冈萨雷斯在一份信件中提到,FISA 法院的一名法官已经签发命令,在得到法院批准之后,国家安全局可以依照程序开展监控,因此总统不需要对这一程序再次授权。[31] 我们并不清楚这一命令的具体内容(Lichtblau 和 Johnston 2007; P. Baker 2007;参见 Bamford 2008, 291-92)。[32] 根据相关报告,另一名 FISA 法院法官在 2007 年某个判决中限缩解释了行政机关的权力(Bamford 2008, 298;参见 Harris 2010, 334)。

最后,政府通过推动立法来扩大自身监控权限,并通过授权豁免权让那些与国家安全局合作的电信公司免予被诉。这么做部分是因为根据 FISA 法院一名法官所作的判决,对以美国为媒介的两个外国地点之间的通讯监控,必须获得搜查令才属合法(Gr. Miller 2007)。在 2007 年,政府通过一项授权,拓展了在 6 个月期限内的监控权。

经过充分辩论,国会于 2008 年对 1978 年的情报法作了数处修订。[33] 根据修订后的法律,对海外美国公民的监控必须依法取得搜查令,立法另外增设了一些无须取得授权即可监控的情形(包括 FISA 法院法官曾明确禁止的未授权监控),并赋予电信公司豁免权。新法律明确规定,电子监控只有在法律许可下才有正当性。但未来的某位总

---

[31] 信件内容载于 http://www.talkingpointsmemo.com/docs/nsa-doj-surveillance/。

[32] 首席法官科拉尔-科特利声称愿意公开这些命令,但遭到行政分支反对。法院最后驳回了美国公民自由联盟要求公开这些命令的动议(*In re Motion for Release of Court Records* 2007)。

[33] 修订的法规是《1978 外国情报监控法修正法案》(2008)。在"针对依据《外国情报监控法》第 105B 条所作某指令的单项异议案"(*In re: Directives [Redacted Text] Pursuant to Section 105B of the Foreign Intelligence Surveillance Act*)中,某电信公司对一项政府指令提起异议,根据该指令,即使没有搜查令,公司也应当协助政府监控某些客户,FISA 法院驳回了公司请求,复核法院维持原判。政府的行为来源于 2007 年法律的授权。该未知名公司以宪法第四修正案为由提出异议。对本判决的深入探讨参见 Wilber 和 Smith(2009)和 *Los Angeles Times*(2009)。

统或许会采取小布什总统的立场,将该领域作为总统的固有权力范围,禁止立法限制。

与早期类似,FISA法院2001年以来的诉讼情况并不明朗,部分是因为一些重要判决保密。但法院的独立性在增强。小布什政府的强势态度是原因之一。

正如制度设计初期,困扰决策者的问题是对于搜查令的申请,由普通联邦法官审理与专门指派的法官审理,是否会导致司法政策明显不同。如果法官处理这类案件较少,可能因为对案件所涉的问题与可援引的判例缺乏了解,不敢轻易否决行政分支的请求。实际上,首席法官兰伯思也认为,由于对这一领域缺少经验,地区法官不太愿意否决联邦调查局用以调取人们录音档案的"国家安全函"(Lichtblau 2008,94-95)。但另一种可能也存在,即之前没有深入研究《外国情报监控法》的法官在处理特定案件时,对政府更持怀疑态度。但无论哪种情形为真,法官的立场对于最终处理结果影响有限,因为小布什政府会绕开法院行事,并且有能力影响反恐立法,以获得对自己有利的结果。

遣返法院

"最奇怪"头衔的最后一名候选者,是海外恐怖分子遣返法院(Alien Terrorist Removal Court,一般简称为"遣返法院")。该法院有两个奇特之处。第一,尽管设立目的是帮助政府将有恐怖分子嫌疑的非美国公民驱逐出境,但实际上强化了司法对政府行为的监督。第二,在依法设立并任命法官之后的十多年间,该法院从未审理过一起案件。

"遣返"是驱逐出境的官方表述。遣返程序主要在行政分支内部进行(Legomsky 2006, 371-85)。国土安全部(Department of Homeland Security,职能继承自移民归化局*)以控方身份出庭。主持庭审的是隶属司法部的移民法官。对法官的判决,控辩双方均可向同样隶属于司法部的移民上诉委员会(Board of Immigration Appeals, BIA)提起上诉。如果当事人不服委员会作出的于己不利的判决,可以向联邦巡回法院提起复审请求。

里根行政分支提出,移民法引发一个问题:当司法部试图将从事恐怖行为的非美国公民驱逐出境时,竟然无法在处理案件时使用涉密信息。政府建议新设一个法院,并授权其在审理这类案件时,可以使用涉密信息作为驱逐理由。这一建议最后被采纳,纳入1996年一项内容繁杂(从人身保护令规定到塑胶炸弹)的法律中。[34]

立法对法院的设计,在一定程度上参考了FISA法院。首席大法官指派5名地区法院法官到遣返法院任职,任期5年,在FISA法院任职的法官也可以兼职。如果司法部长有涉密证据显示某非美国公民是"海外恐怖分子",就可以向法院提交启动遣返程序的申请。法官会采取不公开、单方出庭的方式审议该申请。一旦法官认定被告人确实是外国恐怖分子,而且采取普通遣返程序(需要公开证据)可能会危害国家安全时,必须依职权批准申请。拒绝申请必须出具书面理由,政府可以向哥伦比亚特区联邦巡回上诉法院提起上诉,上诉审同样采取不公开、单方出庭的形式。

如果申请获批,遣返程序会采取一种特殊的形式,在法院而非司

---

* 移民归化局(Immigration and Naturalization Service);1993年6月10日成立,统合了之前分属不同部门的移民与归化职能。这一机构最早隶属于财政部,但基于国家安全的考虑,于1940年归入司法部。然而该机构长久以来工作效率不高,官僚作风严重,在"9·11事件"之后备受批评,最终于2003年关闭,其职能被转移至其他几家机关。——译者注

[34] 这一法律即1996年的《反恐与提升死刑效率法》(Antiterrorism and Effective Death Penalty Act),相关法条为第501—507条。

法部进行。[35] 与普通遣返程序的最大不同在于,当事人仅能获得一份不涉密的支持遣返的证据摘要。双方均可向哥伦比亚特区上诉法院提起上诉。

1996年那部法律的其他条款更受国会关注。上述条款纳入立法,新罕布什尔州参议员罗伯特·史密斯(Robert Smith)是推手之一,也反映出人们对于美国境内恐怖主义,以及司法部遣返恐怖分子嫌疑人面临困难的担忧日益加深(Wittes 1996b;Valentine 2002)。支持者认为,该条款在国家安全需要和可能被遣返的非本国公民的权利之间达成了合理平衡,并将遣返的困难归咎于现行程序(U.S. Senate 1996;U.S. House of Representatives 1996)。

1996年,首席大法官伦奎斯特任命了遣返法院的法官。推动设立遣返法院的倡议者曾认为,该院会相对清闲,但实事求是讲,最终出现的无事可干现象,出乎所有人意料。对此存在不同解释(Shesgreen 2001)。有人认为,由于法律规则变化,普通遣返程序更为简便,政府也总能在恐怖主义之外找到合适的遣返理由,因此没必要到遣返法院起诉(Wittes 1997, 20;Gamboa 2001 Steinbock 2005, 73n324;Lunday 和Rishikof 2008, 111n89)。但另有观点认为,遣返法院的程序对政府官员没有吸引力的原因在于要求把作为遣返理由的证据清单交给当事人,这不符合史密斯参议员的初衷(Valentine 2002)。[36] 他在2001年建议,司法部有权不对恐怖分子嫌疑人公开任何证据,但未被采纳。[37] 遣返法院受理的第一起案件何时到来,仍是未知之数。

---

[35] 立法并没有明确程序在哪个法院进行。有评论者认为应当由地区法院受理,但有证据显示仍由遣返法院负责。

[36] 尽管有些证据必须在遣返法院向当事人披露,但移民归化局也明确规定部分机密证据可不告知辩护方(Committee on Immigration and Nationality Law 2004;Cockburn 2000)。

[37] 但是,国会确实曾在2002年根据《情报授权法》(Intelligence Authorization Act)第313条的规定,要求司法部长提交报告,说明为何遣返法院无事可做,参议院也为此开了一个听证会(Distaso 2001)。但我没有找到这个听证会的相关记录。

小　结

在外交政策或者国家安全领域,并不存在对案件享有普遍管辖权的专门法院(庭),尽管这一现象值得关注,但相关领域的专业化情形并不少见。在最高法院之下设立军事司法系统或许是不可避免的。但除此之外,国会和行政官员也在外交政策和国家安全领域设立了不少专门法院(庭),以审理一些重要类型的案件。

许多情况下,在通才型与专才型之间的选择,需要考虑的因素更为复杂,但最终决策往往是有意为之的。赋予专门法院(庭)特别管辖权的决定,主要是为了维护联邦政府自身利益。这种利益有时是为保密,正如1942年为审理德国破坏分子设立的专门法庭。但总的来说,最主要的目的是为了让诉讼结果对联邦政府有利。在刑事司法中,政府作为侦查和控诉方,处于强势地位;而官员们力图通过司法专业化强化这一地位。

本章讨论的专门法院(庭),都是根据政府的提议设立的,而且绝大部分最终由政府设立。国会按照政府的建议行事时,议员们对司法专业化的关注明显少于对相关提案其他方面的考虑。他们更为关注《统一军事司法法典》的基本条款,以及在国家安全案件中授予联邦法院审查电子监控行为的权力,而不是军事上诉法院或设立专门复核法院(驻华法院由于单独立法的缘故,是一个例外)。而一个内容繁杂、涉及设立专门法院(庭)立法得以通过,也更多体现了国会对该法整体内容的支持,而不是设立专门法院(庭)本身。

设立新法院(庭)时,政策制定者往往会参考过去和当代的法院组织。美国历史上,军事特别法庭曾作为平民法院的替代品而设立,类似举措在不同时期一再重现。历史经验有时会用来佐证新设法院的合理性,如1942年设立的专职审理未遂破坏者的军事审判委员会,就为小布什总统设立审理关塔那摩在押犯的类似委员会提供了参考(Glazier 2005,6-7)。与此类似,遣返法院在某些重要方面也是借鉴FISA法院的模式设立。

这种专业化对于维护联邦政府利益有多大成效?其实很难回答,因为在这类领域并不存在与专业法院(庭)直接对应的通才型法院(庭)。尽管如此,还是能从相关记录中找到一些线索。

最明显的是,专业化成效因法院(庭)任职法官背景不同而有所差异。一方面,驻柏林法院与监控法院的法官是从通才型法院借调而来的,履职时已有司法经验,并有独立审判的预期。FISA法院的法官对小布什政府所作所为的消极反应或许体现了这种期待,更明显的例证是斯特恩法官在柏林对国务院的反抗。另一方面,军事法庭多数成员都是基于军方命令而被指派过来的非法律人,履职时就承载着偏袒检方的期待,事实上也的确如此。

其他因素也会影响专门法院(庭)的成效。一些法院的程序规则会将法官的裁判引往特定方向,这一导向会产生重要影响。FISA法院审查范围的局限性保证了政府获得搜查令的成功率,如果普通联邦地区法院按照同样的规则审查,政府的成功率一样会很高。与其他军事法庭类似,关塔那摩的敌方战斗人员身份复核法庭的工作受到严格限制。关塔那摩军事审判委员会的工作规则则没有如此偏颇,具有司法工作经验的法官可以保持相对独立。

武装部队上诉法院的程序规则相对中立,有助于解释它前30年的工作记录。尽管该法院的设立是为了审理来自军方的刑事上诉案件,而在法官遴选上也会倾向于那些具有军队任职经历的(法院的管理也由国防部负责),似乎可以推测它将会成为军方附庸,立场上强烈偏向政府。但该法院的法官独立于军方之外,对案件的复核也按照普通法院审理刑事上诉案件的规则进行。再加上法官在审理中积累了相关的专门经验,这些因素都让法院在审判工作上显示出强烈自信。

  本章研究的法院(庭)很大程度上游离于主流之外,因为它们通常是在特殊情形下审理特殊类型案件。下一章研究的法院则属于主流之内,专业化的成因及成效或许会有所不同。

第四章 刑事案件

历史学家迈克尔·威尔里希将进步时代*的芝加哥形容为"法庭之城"。的确，从那一时期开始，芝加哥一家管辖范围较大的初审法院之下就设立了诸多专门法庭，绝大多数负责审理刑事案件。

芝加哥刑事审判领域的专业化主要有两种模式。第一种是指派部分法官专职审理刑事案件，但案件类型较多，包括各类重罪或轻罪案件。在受指派履职期间，法官审理的案件覆盖整个刑事领域。

第二种是在一定期间内，指派特定法官专门审理范围更窄的特定类型刑事案件，可以采取全职或兼职形式。少数法庭因被告人身份而显特别，如芝加哥第一所未成年人法庭。但大部分专门法庭的特殊之处在于处理的犯罪类型。其中，芝加哥曾设立风化法庭（Morals Court）、家事法庭（Court of Domestic Relations）、安全法庭（Safety Court）、盗车法庭（Auto Theft Court）、商铺盗窃法庭（Shoplifters Court）、枪支法庭（Gun Court）、赌博法庭（Gambling Court）、诈欺法庭（Racket Court）、烟草法庭（Smokers Court）、除草法庭（Weed Court）、伪证与流

---

* 进步时代（progressive era）：是指美国从19世纪90年代到20世纪20年代的时期。由于在这一期间，美国面临从传统农业社会向工业社会、农村社会向城市社会的转型，加上大量移民导致的人口结构变化，社会矛盾逐渐尖锐，而社会和国家治理模式急需改变。从19世纪90年代开始，以城市中产阶级为核心的改革者首先在城市掀起了一场改革政治体制和政府的运动，其后这一改革逐渐席卷全国，被称为"进步主义"，这一历史时期也被称为"进步时代"。——译者注

浪者法庭（Perjury and Vagrancy Court），另外还有两家不同类型的毒品法庭。[1]

相比于其他大城市，专门刑事法庭在芝加哥更普遍。[2] 但在芝加哥之外，也存在调配法官专职审理各类刑事案件的做法：在州法院系统，刑事领域的专业化安排普遍存在。背后动因值得深入探究。

之所以推动刑事领域的专业化，部分源于刑事案件处理结果切实关乎政府利益。打击犯罪与外交政策、国家安全一样，都是政府基本职能。公众（参见 Pastore 和 Maguire n.d., 140-41）与公共政策制定者都认为，法院应当协助政府其他分支履行好相关职能。进一步说，政府有时会以控方身份参与刑事诉讼。如果政府官员认为司法专业化有助于实现控方利益，就会有推动专业化的强烈意愿。

另外，司法专业化未必有助于实现政府利益。如果专业化的目标只是让初审法院配合政府行事，实际情况已然如此。控方在法庭上通常占据强势地位，甚至比法官更咄咄逼人。他们在大多数案件中胜诉（尽管多数是以辩诉交易形式取胜），起诉意见与量刑建议也会对裁判结果产生重要影响。既然如此，还有什么需要继续做的呢？

实践中，政府在刑事案件结果上的利益，与司法专业化之间的关系，既复杂又多变。对政府来说，指派法官专职审理各类刑事案件，以及设立专门法院（庭）审理特定类型的刑事案件，主要是为了凸显司法效率这一中性优势。相比之下，对大部分处理特殊案件或特殊被告人

1　风化法庭记载于 Willrich(2003, 172-207)，家事法庭记载于 Willrich(2003, 128-71)，安全法庭记载于 *Chicago Daily Tribune*(1939)，盗车法庭记载于 *Chicago Daily Tribune*(1932)，商铺盗窃法庭记载于 Mullen(1973)，枪支法庭记载于 Fuller(1974)，赌博法庭记载于 Possley(1986)，诈欺法庭记载于 *Chicago Daily Tribune*(1928)，烟草法庭记载于 Winter(1975)，除草法庭记载于 Lepawsky(1932, 167)，伪证与流浪者法庭记载于 Moley(1929, 396)，毒品法庭记载于 Lindesmith(1965, 90-93) 和 Middleton(1992, 45)。

2　纽约市的专门刑事法庭数量也不少。例如，1937 年的一篇文章提到女性法庭（women's court）、家事法庭、凶杀法庭（homicide court）、商业欺诈法庭（commercial frauds court），以及未成年人法庭等（Kross 和 Grossman 1937）。

的法庭来说,首要目标是更高效地实现案结事了。

对于这些旨在提高打击犯罪效率的专门法庭,可以根据不同的政策目标分为三类。部分法庭承担的任务是从重(主要以加重量刑的方式)处理某些犯罪。部分法庭的任务是以矫治替代单一的刑罚,从根源上解决犯罪问题。第三类法庭则同时承担前两项职能。

表 4.1 为高效处理刑事案件所设专门法庭的分类

历史类型	法庭对待被告人的主导目标		
	加重导向	混合导向	矫治导向
特定时期的工作	枪支法庭;费城老鹰法庭*;新泽西海上航运法庭;芝加哥除草法庭		
社会化法庭（进步时代）	家事法庭	女性法庭	未成年人法庭
问题实质性解决型法庭（当代）	家庭暴力法庭;环境法庭	社区法庭	毒品法庭;精神病患者法庭;流浪者/退伍军人处遇法庭

注:表中所列法庭将会在本章讨论,其他不予讨论;家事法庭与后一个时代的家庭暴力法庭是不一样的,前者管辖的基本或大部分是民事案件;表中所列的毒品法庭与 20 世纪 80 年代设立的"旧式"毒品法庭不同。

推动设立刑事领域专门法庭的主要动力,来源于司法系统内外的两场运动。其一是在 20 世纪早期进步时代达到顶峰的"社会化"法庭设立运动。其二是当代的问题实质性解决型法庭设立运动。这些标签意味着,两场运动催生的法庭侧重于行为矫治,而非严厉刑罚。这类法庭大部分确实如此。但也存在截然相反的情形。

表 4.1 列举了为提高刑事案件处理效率而设的大部分专门法庭;

---

* 费城老鹰法庭:费城老鹰队(Philadelphia Eagles)是美国橄榄球联盟一支球队,粉丝众多。但在观赛时,观众常常因情绪激动而行为失控,促使费城市政当局在体育场设立"老鹰法庭"(Eagles Court),就地审理球迷们的不当行为。法官一般会判罚处 150~300 美元的罚金或社区服务,如果被告人拒绝辩诉交易或罪行较为严重,则会由其他法院按正式审判程序审理。——译者注

这些法庭均会在本章讨论。本表以政策目标和历史类型对这些法庭分类。除了进步时代和当代的法庭，还有一类法庭并不局限于某个时代，主要用以在特定时期以重刑方式打击特定犯罪行为。

刑事法领域针对特定犯罪或罪犯的司法专业化，多数发生在法院内部。因此，审理特定类型刑事案件的大多数"法庭"，实际上是某法院的内设机构，增设或撤销相对容易，但很难识别并统计具体数量。

本章关于司法专业化的讨论，先以重在提高刑事审判效率的专门法庭开篇。然后探讨旨在打击犯罪的专门法庭，依次分析三种历史类型。

提高效率

刑事领域大范围的司法专门化，在州法院系统较为普遍。这类专门化有些由法律规定（Strickland et al. 2008）。得克萨斯州、俄克拉何马州与亚拉巴马州都有只审理刑事案件的上诉法院。也由不少州初审法院只管辖刑事案件，主要是轻罪案件。这些法院往往被称为市法院（municipal courts）。

由初审法院自行在内部推行专业化是最普遍的情形，其中较正式的形式是直接设立专司刑事审判的专门法庭，另外也存在特定期间内将刑事和民事案件交由本院不同法官分别审理的做法。重罪和轻罪案件往往由不同法院管辖，导致一些刑事审判专家只能审理重罪案件，其他只能审理轻罪案件。指派法官分别审理民事和刑事案件的做法在大城市较为普遍，且频率随着人口增长而提升。1977年对行使普通管辖权的州法院法官的调研显示，他们当中有40%的人在当时只审理刑事或民事案件（Ryan et al. 1980, 23）。如果算上其他初审法院，这类法官所占比例会更高。

对于永久或临时指派法官专职审理刑事案件的理由,并没有详细记录,可能是因为刑事和民事案件的区分被视为理所当然。刑事案件除了诉讼程序,诉讼参与人(包括检察官、被告律师、缓刑犯监察官以及警官在内)也不同于民事案件。因此,如果法官员额足以分配部分资源在一定时期内专职负责刑事案件,把刑事和民事案件分开审理往往被视为提高效率的良策(Nardulli,Eisenstein 和 Flemming 1988,175)。

还有一个可能因素在于,尽管法官们偏好不同,但大多数人更喜欢办理民事而非刑事案件,尤其是涉及较轻犯罪的刑案(Mather 1979, 14; Eisenstein 和 Jacob 1977, 112; Jacob 1997, 10-11)。因此,刑事和民事案件的区分审理,可以让那些资深或影响力较大的法官更有机会摆脱刑事案件。

这种形式的法官集中到底有何影响,也很难说。由于刑事案件较为普遍,即使通才型法官也得为此投入大量精力。从投入程度看,通才型法官与那些临时或永久专职审理刑事案件的专业法官之间差别不大。但这种区别会影响法官的立场。举例来说,专职审理刑事案件的法官可能更容易被那些经常出庭的律师或其他诉讼参与人影响。

外界对法官工作的评价也可能产生影响。如果法官一直专职审理刑事案件,对他们的评价也只能以这方面的工作为基础。对于选举产生的法官来说,选票压力会让他们采取偏向检方的立场。

这种影响可从得克萨斯州刑事上诉法院得到佐证。表面上看,该法院之所以设立,并成为得克萨斯州审理刑事案件的最高层级法院,是为了减轻本州最高法院审理刑事案件的负担,这一目的不带有任何政策倾向性(A. Solomon 2006, 436)。但在当代,那些把自己塑造为"刑事铁腕"立场的法官候选人,往往会在选举中占据优势。

有证据显示,上述动机确实会影响到法院政策。近期,该法院对刑事被告人采取了苛刻立场,因此受到新闻媒体以及持保守立场的联邦最高法院的批评(M. Hall 2004；Hines 2004)。考虑到该法院早期对刑事被告人相对友好,这一转变显得有些异常(参见C. Miller, Cole和Griffin 1995),也可能是法院的政策倾向被人为夸大。然而,一项研究通过对比俄克拉何马州、得克萨斯州的刑事上诉法院与其他州最高法院审理的类似案件,发现被告人在专门刑事法庭出庭时,即使考虑到法院的党派构成,恐惧感也相对较小(Christenson, Curry和Miller 2009)。

除了刑事案件的普遍专业化,对特殊类型的刑事案件,也存在两种不同形式的专业化,主要以提高效率为目的。第一种形式,我称之为旧式毒品法庭,诞生于20世纪70年代纽约州和80年代全国范围的"禁毒战"中。涉及毒品犯罪的刑事起诉增多,给初审法院带来沉重压力。为应对案件激增,许多城市法院的负责人设立了专门审理涉毒犯罪的法庭(Belenko, Fagan和Dumanovsky 1994；B. Smith et al. 1994；Inciardi, McBride和Rivers 1996, 66-68)。

旧式毒品法庭的特点是"从快处理毒品案件"(Bureau of Justice Assistance 1993b, 3)。设立毒品法庭的基本预期,是将类案集中在部分法庭加快审理进程。法官可以改进常规程序,高效处理案件,还可以积累涉毒犯罪的办案经验,加速案件审理。一个额外好处是其他法庭无须审理大量毒品案件,法官可以更快办理其他案件。通过夜间毒品法庭的设立,芝加哥对法庭的使用更加集中,效果显著。

值得注意的是,在毒品犯罪的执法尺度上,旧式毒品法庭并没有被强制要求从重处理。纽约皇后区执法机关的领导认为,审判效率的提高有助于迅速结案,提高法律的实施力度(Fried 1988)。但对法院而言,这一预期收益相对次要——这不足为奇,因为设立毒品法庭的动议主要来自法院内部。

这些法庭并没有改变处理案件的法定程序。但为了提高效率,在审判流程上作了少许改良。办案程序往往比一般刑事法庭更加模式化,为减少拖延,还有一些特别措施。在芝加哥,被选任至夜间毒品法庭的所有法官都有刑事审判经历,这种高水平的专业经验极大提高了效率(Middleton 1992, 45)。由此可见,毒品法庭在清理刑事积案方面的成功,除了自身的专业化,也归功于与专业化并重的重视办案速度这一因素。[3]

毒品法庭对被告人的影响不能一概而论。对办案速度的强调带给被告人更大压力,使他们更容易接受辩诉交易,而效率的提高降低了驳回起诉的概率。但至少在芝加哥和纽约,为了快速结案,控方会在辩诉交易时开出更好的条件(Bureau of Justice Assistance 1993a; Belenko, Fagan 和 Dumanovsky 1994)。整体来说,被告人的处境略有改善(B. Smith et al. 1994, 46-47)。这一结果并不是设立法庭的目的(尽管先前可能有一定预期),但和降低法院办案压力的宗旨并不冲突。

第二种形式的专业化涉及死刑问题,在目标上与前一种相似。在费城、密尔沃基以及一些位于加利福尼亚州的县,对控方要求判处死刑的案件,由于涉及的程序问题较为复杂,法院会指派相关领域水平较高的专家法官审理(Keaton 1991)。看起来,这么做主要是为了用专业审判技能提升死刑案件的审理效率。

然而,让部分法官集中审理死刑案件可能会影响案件结果。20世纪70年代,费城开始选派部分法官专职审理死刑案件。报告显示(T. Rosenberg 1995, 23),"检察官能够把立场宽松的法官踢出局"。一位费城法官13年来只审理死刑案件,有观察家认为他高度偏向检方立

---

[3] 但是有报道显示,芝加哥夜间毒品法庭在提高效率上的成功,反而激励警察以持有毒品为由逮捕更多人。由此导致一些原来不负责此类案件的法庭也不得不审理增多的毒品犯罪刑事指控,给它们带来了额外的案件压力(Bogira 2005, 118-19)。

场（Daughen 1995；*Philadelphia Inquirer* 1995）。但这种结果并非不可避免。加利福尼亚州的一位资深法官审理过多起死刑案件，还负责给法官培训死刑程序，但他实际上对死刑持反对立场，赢得了公正无私的美名（Keaton 1991；Chiang 1998）。

无论旧式毒品法庭，还是费城将死刑案件指派给特定法官的做法，都清晰表明即使司法专业化的推行是基于政策中性的理由，在实践中也会对司法政策实质性内容产生影响。但我在本章后续部分所讨论的司法专业化之所以被采纳，就是为了对政策产生实质影响。

特定时期的"严打"

一位研究芝加哥法庭的学者提到，"卫生部大力阻止花粉热*蔓延的行动结束后，新设的除草法庭正式成立，专门惩处那些没有将豚草清除干净的人，被指派到该法庭的法官据说本身就因花粉热饱受折磨，可谓同仇敌忾"（Lepawsky 1932，167）。关于花粉热的传闻确有其事。有媒体报道，20世纪30年代，除草法庭原计划投入运行，但因为法官"患上花粉热需要休假"而推迟（*Chicago Daily Tribune* 1930）。考虑到法官也是过敏患者，法庭工作应该会非常符合设立预期。

芝加哥除草法庭展现了一种典型的发展模式。当政治领导人试图加大对特定犯罪的执法力度，就可能为此设立专门法庭。这么做可能有两个考虑因素。首先，将涉及特定犯罪的案件集中交给一个法庭负责，可以向法官和其他诉讼参与人释放相关罪行将被严惩这一信号。其次，可以把那些倾向于严格执法的法官指派到该法庭。被指派

---

* 花粉热：又称过敏性鼻炎，严重患者可并发肺气肿等疾病，甚至造成死亡。文中提到的豚草是一种有害植物，不仅影响其他植物生长，还容易诱发过敏性鼻炎，被称为"植物杀手"。——译者注

到除草法庭的法官与交通超速法庭（Speeders' Court）首位法官的相似之处在于，后者"自己没车，永远不会超速开车"（Harley 1917，11）。

这类法庭在司法领域十分常见，但大都昙花一现。我在本章开篇所列的芝加哥法庭大多属于这类。它们是当地政府在特定时期为严重打击特定犯罪而设立的。

其他城市也有这类法庭，"老鹰法庭"就是其中之一。该法庭1997年设立于费城，在全国橄榄球联赛期间，负责在荣军体育场审理案件。针对球迷之间常见的暴力滋事行为，市法院在球场专设一个机构，受刑事指控的球迷就地羁押于此，等候一名法官即时审判。[4] 市法院自诩"铁面无私"的谢默斯·麦卡弗里（Seamus McCaffery）法官担纲主审。

市议会后来指责老鹰法庭量刑畸轻（*National Law Journal* 1997），但该法庭的确让更多球场流氓及时受到制裁。表面上看，法庭似乎实现了遏制球场犯罪的预期目标。然而，解决这类犯罪的最佳方案，却是在2003年用新运动场替代了日益老旧的荣军运动场。随着新球场犯罪率大幅下降，老鹰法庭被撤销（*Washington Post* 2003b）。麦卡弗里法官在老鹰法庭的工作受到广泛好评，于2007年被任命为宾夕法尼亚州最高法院大法官（Lounsberry 2007）。

成立于1955年的新泽西州海上航运法庭（Marine Navigation Court）也属于这一类。该法庭由州自然保护与经济发展署（Department of Conservation and Economic Development）依据1954年通过的一部法律设立，裁判官由一名行政官员担任（Wright 1956；Lovejoy 1956）。法庭的设立宗旨是加强对海上交通的执法力度。几年后，由于挂靠于行

---

[4] 一些读者或许会想起这所不复存在且无人惋惜的荣军球场（Weir 1993）。
纽约市长爱德华·科克（Edward Koch）在1985年提议设立另一种在犯罪现场办案的法庭：在地铁站就地审理站内发生的罪案。这个提议引起很大争议，最后未被采纳（*Washington Post* 1985）。

政分支内部,法庭被判定违反州宪法(*State v. Osborn* 1960)。

除上述单设的法庭外,还有少数专门法庭分布在数个辖区内。从1994年开始在多地设立的枪支法庭就是典型。这类法庭审理涉及非法持枪、为犯罪目的使用枪支或者二者兼而有之的案件,主要为了确保加大执法力度。

第一家枪支法庭设立于普罗维登斯,管辖罗得岛州内两个县的案件(McGrory 1994; Walker 1994)。[5] 正如本书第二章开篇所指出的,这个法庭依据州法设立,主要是基于普罗维登斯市长的推动,资金由市政府提供。法庭管辖非法持有和使用枪支的案件。与老鹰法庭类似,首任法官由一位作风强硬的法官担任。[6] 2003年,一家初审法院在纽约市三个区设立枪支法庭,作为专门审判机构(F. Solomon 2005; Hynes 2005)。这些枪支法庭负责审理基于非法持枪所提起的重罪起诉。密尔沃基和巴尔的摩也不例外。一些城市还为未成年被告人专设了枪支法庭。

枪支法庭是为实现特定目的而设专门法庭的典型。把特定类型的刑事案件集中交给一个专门机构,可以从一开始就明确目标,并指派认同这一目标的法官负责审理。正如布朗克斯地区检察官办公室一名工作人员所言:"过去,不同法官对法律的解释未必一致,但一旦把案件集中在一个法庭,所有人都只能同一位法官打交道"(Coleman 2006)。之后的情况表明,枪支法庭设立之后,量刑明显开始加重(Matza 1995; F. Solomon 2005, 34-36)。

20世纪早期的家事法庭,以及近期一些被贴上"问题实质性解决

---

    5 20世纪90年代设立枪支法庭的小规模浪潮兴起之前几年,芝加哥就设立过一家枪支法庭(Fuller 1974)。但无论该法庭的设立初衷如何定位,实践中却经常因为量刑畸轻而受投诉(Fuller 1974; *Chicago Tribune* 1982)。

    6 这位名叫约翰·鲍彻(John Bourcier)的法官与老鹰法庭的麦卡弗里法官类似,后来也被选任到州最高法院。正因为这一晋升,鲍彻法官只在枪支法庭工作了短短一年(1994—1995年)。

型"标签的法庭,主要是为了加强特定刑事法律执行力度而设立的。但最好结合催生这类法庭产生的整体社会背景和相关社会运动讨论,这里先按下不表。

交通法庭的设立,或许也是为了加大打击违法的力度,安全考量或者多收罚金都可能构成设立动机。[7] 另外,初审法院专设交通法庭的目的,或许是为了提高效率,也可能是将大部分不喜欢审理此类案件的法官从中解脱出来(如果治安法官可以取代法官履行这一职能,全体法官就都能解脱了)。

对交通法庭的研究不多,也没有人详细解释设立原因及其对裁判结果的影响(G. Warren 1942;Goerdt 1992)。或许是因为对交通法庭的设立来说,"审判效率"以及"法官不愿审理"这两个因素比促成特定裁判结果更为重要。尽管传说中,一些小城镇会将交通罚金作为财政收入来源,但没必要为此设立专门法庭。举例而言,如果允许治安法官从罚金中"抽成",即便交通案件只是整体工作的一小部分,他们也会倾向于在案件中作出有罪判决。

俄亥俄州的市政官法庭*颇受争议,因为市政官在审理交通和其他案件时,有强烈动机通过判处罚金以维持财政收入。尽管两个最高法院的判例(*Tumey v. Ohio* 1927;*Ward v. Village of Monroeville* 1972)与一个联邦上诉法院的判例(*Depiero v. City of Macedonia* 1999;参见Clines 1999)对市政官法庭职能涉及的程序正当性提出了强烈质疑,但这些法庭仍表现出顽强的生命力(Berens 1996;Woods 2006)。

"图姆利诉俄亥俄州案"(*Tumey v. Ohio*)涉及某个小镇上由市政官担任法官的"禁酒法庭"(liquor court),是宪法上为数不多与之相关

7　根据所在州或违法程度的不同,交通类案件可能是民事案件,也可能是刑事案件(参见Economos 和 Steelman 1983, chap. 2)。

*　市政官法庭(Mayors' Court):某些城市名义上由市政官主持的法庭,主要审理市区内发生的违警或其他轻微违法案件,如违反交通法规、市政法规的案件。——译者注

第四章　刑事案件

的里程碑案件(参见 Douglass 1933，13-31)。俄亥俄州法律试图通过财政激励来加大禁酒法的执行力度。正如联邦最高法院判决所言："将收缴的罚金交由州和乡镇支配的目的是激励市政官员严格执法，应属正当"(*Tumey v. Ohio* 1927，521)。尽管最高法院肯定目的"正当"，但仍判定市政官为了增加村镇财政收入所制定的授权自己直接从罚金中"抽成"的地方法规，侵犯了被告获得正当程序的权利。在刑事审判领域，这是以财政激励实现预期目标的最佳例证。

进步时代的社会化法庭

20世纪初，进步运动达到顶点，可谓百家争鸣(Rodgers 1982)。在社会化法庭的设立和推广上，有两个理念起到重要作用(Willrich 2003，xxxviii)。一是坚信政府应当运用科学知识并提高专业化水准，二是政府应当承诺运用其掌握的权力和资源实质性解决社会问题。

设立一些以科学方式管理的法庭，以提高工作效率，是前一个理念所付诸的实践之一(Harrington 1982，39-50)。这种方法得到美国司法协会*早期负责人的支持(Belknap 1992，25-27)。协会的主要创始人赫伯特·哈利(Herbert Harley)(1917)盛赞"对法院实行企业式管理"的好处。他盛赞芝加哥市法院(Municipal Court of Chicago)通过设立专门法庭得以高效运作。哈利总结道，首席法官通过指派法官到专门法庭，激发他们的工作潜能。

社会化法庭的设立融合了进步时代的两种理念。在进步时代和之后很长时间中，社会化法庭用以指代那些用科学方法实质性解决案

---

* 美国司法协会(American Judicature Society)：设立于1913年，是一个独立、非党派的全国性组织，由法官、律师等组成，旨在推动美国司法体制独立、适格并且公正。——译者注

件中暴露出的社会问题的法院。传统法庭用对抗制程序审理案件,相比之下,社会化法庭"庭审的目的在于确定是否存在严重的问题,并为涉案当事人提供符合其需要的解决方式"(Petersen 和 Matza 1963, 108)。在论及部分社会化法庭时,法律史学家威拉德·赫斯特(Willard Hurst 1953, 5)将其"程序与救济"方面的特征归纳为"以诊断、预防、救助、教育为重点"。

来自司法系统内外的各种因素共同促成这类法庭的出现。改革团体为推动设立社会化法庭四处游说,有时候也能得到法官支持。对法官来说,法庭能否实质性解决当事人所涉及的社会问题,一定程度上会决定其判决的上诉率。一些法官认为,传统的审判方式明显无力应对这些问题,而有可能改善这一状况的新做法就很具吸引力。

社会化法庭也可以审理民事案件,1913年设立的小额索赔法庭就属于这一类(Harrington 1982, 54-58)。但在多数情况下,最符合社会化宗旨的法庭都主要审理刑事案件。迄今为止,最常见的当属未成年人法庭。不少地方也设立了女性法庭和家事法庭。[8] 如表4.1所显示,对制裁和矫治之间的平衡,这些法庭做法迥异。但它们的出现都反映了进步时代的理念,体现了对弱势群体的社会关怀(Rothman 1978)。

未成年人法庭

首家未成年人法庭于1899年在芝加哥设立,随后在其他地区推广。关于这类法庭,已有不少研究(Platt 1969; Hawes 1971, chaps. 10, 12; Mennel 1973, chap. 5; Ryerson 1978; Sutton 1985; Polsky 1989; Getis 2000; Tanenhaus 2004)。对未成年人法庭的设立与推广,存在不同解释,但所涉议题多与进步时代的思想观念相关(参见

---

[8] 属于这类的还有芝加哥男童法庭(Boys' Court of Chicago),被告人是那些年龄不符合未成年人法庭审判标准的小男孩(Willrich 2003, chap. 7)。

Sutton 1985, 128)。

议题之一涉及对未成年人犯的看法。在未成年人法庭的支持者看来,城市的大部分年轻人之所以走上犯罪道路,主要源于社会环境影响,最根本原因在于贫困。他们据此认为,未成年人犯更像受害人,而不是犯罪人。因此,将未成年人犯与成年罪犯同等对待的做法并不公平。并且,给这些年轻人贴上罪犯的标签,并与成年罪犯关押在一起的做法,非但不能达到预期效果,还会促成他们未来再次从事犯罪活动。[9]

议题之二涉及法院的审判能力。未成年人法庭的支持者相信,给未成年人犯提供资源丰富、精准有力的矫治措施,能有效预防他们再度犯罪,改善其生活。关键在于结合科学办法创制合适环境,让每个未成年人犯都可以得到妥当对待。

为此开出的药方,就是为未成年人犯单设法庭。庭审的核心问题并非被告人是否构成犯罪,而是哪种矫治措施最匹配。因为这一工作重心的变化,无独立生活来源且无人照管的青少年即使与其他犯罪嫌疑人在同一法院受审,但可以不按照成年犯罪嫌疑人的标准来确定罪名。有人提议适用缓刑,以帮助未成年人犯在法院监管下接受合适教育,但在实践中并没有成为通例。由于这些被告人实际上并没有受到刑事控诉,审判阶段无需过多考虑正当程序权利问题,上诉法院在绝大多数案件中对此予以认可。

许多改革者致力于推动未成年人法庭的设立。首家未成年人法庭得以在芝加哥设立,得益于当地妇女团体的积极行动,确保相应的州立法成功通过。一些在任的未成年人法庭法官,如丹佛的本·林赛(Ben Lindsey),也积极倡议将这种新兴法庭推广到其他地区

---

[9] 但在推动设立未成年人法庭的运动中,有一派主张对未成年人犯应该加重处罚(McCoy 2003, 1515-16)。

(Schlossman 1977，56)。国家和地方层面的改革团体齐心协力,推动将未成年人法庭纳入立法(Sutton 1988，chap. 4)。所有努力功不唐捐:截至1918年,47个州都通过了相关立法,批准(至少在辖区部分地方)设立未成年人法庭,这些立法一般是直接照搬其他州已有的相关法律(Ryerson 1978，81;Sutton 1985,128)。事实上,即使缺乏明确立法授权,一些法院也会自行设立未成年人法庭。

未成年人法庭在全国范围内的推广得益于数个有利因素。主要包括大批改革者的动员,缺少有组织的反对措施,还有对未成年人犯不判处监禁刑有利于节约财政开支的观念(Polsky 1989，173;Feld 1999，74)。但最重要的原因还是,在进步时代中,设立未成年人法庭这一想法很具吸引力。

尽管未成年人法庭普遍获得授权,并以特别程序审理案件,但法官的审判专业化程度却没有同步跟进。1918年的一项研究(Belden 1920，30-37)发现,尽管州立法机关态度积极,但只有15%的法院专门设立了未成年人法庭。而且,全国只有23名法官专职审理未成年人案件(尽管其他法官在这些案件上投入了大量时间)。1965年,全职审理未成年人案件的法官也不多,在所有审理此类案件的法官中,最多只有四分之一的人会为未成年人案件投入一半工作时间(National Council of Juvenile Court Judges 1965，16-17)。[10]

不可避免的是,法官对未成年人案件的专注度,与其任职法院所在地的人口数量密切相关。1918年的一项报告显示,所有大城市都会专设未成年人法庭,但农村地区不多(Belden 1920，29-30)。因为农村地区案件有限,最大程度的专门化也只局限在特定时期集中审理未

---

[10] 在不同的州,未成年人案件的管辖制度各不相同。有些地方设了独立的未成年人法庭,或在法院内设立未成年人审判庭,有的地方把这类案件交由家事法院审理,也有不设立专门组织审理的。各州管辖制度可参见全国未成年人司法中心网站:http://70.89.227.250:8080/stateprofiles/。法官在未成年人案件上的专业性与审判组织的正式程度之间有关联,但关联度不强。

第四章 刑事案件

成年人案件(参见 Feld 1991, 172)。由于法官和案件的集中,大司法辖区的专业化水平远超其他地区。

总体来看,未成年人法庭的制度设计对诉讼程序的改变,并没有支持者所描述得那么大(S. Fox 1970)。许多法官沿用传统方式对待未成年被告人(Feld 1999, 69-74)。这不难理解,因为根据相关立法,负责审理未成年人案件的法官,并没有义务践行未成年人法庭的设立宗旨。一位学者注意到,"除少数知名法官外,未成年人法庭的法官并不重视行为矫治工作"(Polsky 1989, 176)。例如,密尔沃基市的未成年人法庭更倾向对未成年被告人直接定罪处刑,而非教育矫治(Schlossman 1977, chap. 9)。而且,立法者一般不会为未成年人法庭承担矫治职能所需的人力及其他资源投入额外资金。但有学者推断,即便获得这些资源,未成年人法庭也只不过是"新瓶装旧酒"(Mennel 1973, 144)。毋庸置疑,如果法官并非专职负责未成年人案件,很难期待他们会像专职负责这类案件的同行那样,区别对待未成年和成年被告人(Mennel 1973, 132-33;参见 Canon 和 Kolson 1971)。

时光流逝,未成年人审判的矫治导向进一步式微。到 20 世纪 60 年代,未成年人法庭逐渐成为法院内的"弱势"部门,想晋升到更重要岗位的法官都不愿审理未成年人案件(Vinter 1967, 85; 参见 Jacob 1997, 11)。在这种情况下,大部分审理未成年人案件的法官不太可能会贯彻未成年人法庭的设立意图。另外,大城市法院案件陡增,审判效率亟待提升,未成年人法庭制度设计者设想的个性化矫治模式更加难以落实(Lemert 1967, 94)。如果把未成年人法庭作为"用更人性化方式实现社会控制"的例证,那么它也未能脱离"人文关怀消逝,社会控制犹存"这一普遍规律(Ryerson 1978, 33)。

从设立伊始,对未成年人法庭的不满就一直存在,且日益加深。最高法院在 1967 年的"高尔特单方诉讼案"(*In re Gault*)判决中要求充分保障未成年被告人的正当程序权利,并且认为:未成年人法庭的特别程序最终对未成年被告人是不利的。正如最高法院在之前一年另一起案件的判决中所言:"有理由相信,孩子们会遭遇双重极为不利的困境:既缺少成年人标准的保护,也得不到法庭本来应当提供的精心照顾与旨在帮助他们回归正轨的行为矫治"(*Kent v. United States* 1966, 556)。最高法院的判决对各类未成年人法庭产生不同影响,进一步拉大了它们的差异(Feld 1999, 112-13)。另外还有一种观点认为,未成年人法庭和普通法庭在量刑上的差异,会让那些受到重罪控诉的未成年罪犯有机会逃避应有的刑事责任,因此将他们交由普通法庭审理的呼声日益高涨(Feld 1999)。

尽管众说纷纭,未成年人法庭依然存在。的确,法庭地位的巩固和法官员额的增加,可以让更多法官聚焦于未成年人审判。很大程度上,未成年人法庭的存续也反映了组织惯性,换言之,制度黏性的作用。但更重要的原因在于,不少人仍然赞成,在刑事司法中,即使受指控的罪名一样,至少对部分未成年被告人还是应当区分对待。无论实际情形如何,前述理念在很大程度上促成了未成年人法庭的存续。

家事法庭

各种名目的家事法庭在美国较为常见(Babb 1998; Bozzomo 和 Scolieri 2004)。尽管不同法庭审理的案件类型差异很大,但基本都涉及离婚等家事纠纷。一些家事法庭下面还单设未成年人分庭。尽管有些家事法庭审理未成年人刑事案件,但这类法庭整体上主要负责民事案件。

家事法庭创设于 20 世纪初,在很短时间内遍地开花(Day 1928, 109-10)。当时,这类法庭名目繁多,管辖范围也各不相同(R. Smith 1919, chap. 11; Lou 1927, 203-12; Flexner, Oppenheimer 和

Lenroot 1929, 13-17, 65-67)。早期的家事法庭主要审理刑事案件。[11]第一家设立于布法罗市。在纽约、芝加哥、波士顿、堪萨斯城和费城等地也有类似法庭（Waite 1921, 164; F. Johnson 1930）。

有些家事法庭在刑事领域的管辖范围较广。例如，芝加哥家事法庭有权审理涉及非法向未成年人贩卖香烟、反堕胎法律等案件，在设立首年还受理违反童工法以及女性最低工作时间法的案件（Gemmill 1914, 115; Winchell 1921, 17-18）。但这些法庭的工作重点集中于不履行扶养义务和遗弃案件，换句话说，犯罪行为主要是丈夫一方实施的。芝加哥家事法庭设立后第一年，71%的案件涉及不履行对家庭成员的扶养义务，还有15%涉及不履行对非婚生子女的抚养义务（Baldwin 1912, 400；参见 Winchell 1921, 19）。

进步运动不仅催生了未成年人法庭，也推动了家事法庭的设立，而且，"设立家事法庭的运动在很大程度上是未成年人法庭的副产品"（Flexner, Oppenheimer 和 Lenroot 1929, 49）。在设立芝加哥未成年人法庭过程中起到重要作用的妇女团体与法官们合作，推动在本市设立家事法庭，作为市法院的内设机关（Willrich 2003, 133-36）。与未成年人法庭类似，家事法庭旨在通过"新法律技术"的运用，靠法院的力量解决社会问题（Flexner, Oppenheimer 和 Lenroot 1929, 4；参见 C. Hoffman 1919-20）。通过将遗弃和不履行扶养义务纳入刑法规制的立法浪潮，法院的确有机会解决这些社会问题（Willrich 2003, 129, 147-48）。

但是，对于法庭所重点关注的目标人群，家事法庭和未成年人法庭的创始人态度完全不同。未成年人法庭的设立初衷就是为了帮助未成年人，因为他们被视为社会环境的受害人。而家事法庭之所以重

---

[11] 关于家事法庭的研究部分参考了 Willrich（2003, chap. 5），作者详细考察了芝加哥的家事法庭，也提供了一些普通家事法庭的资讯。

点关注丈夫一方,是因为他们没有尽到自己的责任,法庭的职能就是予以纠正。纽约市一名审理家事案件的法官在某次庭审中公开表示,"他完全支持开展运动以铲除家庭遗弃这种恶行,在他庭上受审的遗弃者别想得到丝毫同情"(Igra 2007, 82)。

遵循立法授权目的,对被指控不履行抚养义务的被告人,芝加哥家事法庭早期以惩罚为主(Willrich 2003, chap. 5)。早年任职的一位法官写道:"通过行使本法庭被赋予的重要权力,可以迫使许多酗酒、懒惰以及游手好闲的男人把主要精力放在赡养家庭成员上"(Gemmill 1914, 118)。但法庭所做的远不止如此。一些对丈夫提起刑事指控的妻子,会被法庭指令到本院内设的精神状态实验室接受测试(Willrich 2003, 166)。

家事法庭第一位法官将自己塑造为本领域的专家和改革者,他在法庭上公开表示,夫妻双方的母亲不应再与夫妻俩同住,丈夫的早餐应当自己准备,妻子应当获得正常的薪水(*Chicago Daily Tribune* 1911b, 1911c, 1911d)。[12] 一年后,他被首席法官指派的另一名法官替换,尽管官方称这是一次例行轮岗,但也强调了家事法官所承载的"额外压力"。"这位法官已受了一年的煎熬,现在已筋疲力尽。"他所采取的干预主义立场,可能正是压力之来源。

家事法庭有很多设立理由,但未必都涉及社会化法庭的理念(Winchell 1921, 15; *New York Times* 1909a, 1909b)。最典型的例子就是,设立纽约市家事法庭时,财政方面的考虑发挥了重要作用。有学者举出有力证据证明,设立纽约市家事法庭"主要是为了让民众从资助贫困夫妻的负担中解脱出来"(Igra 2007, 83),而不是推动社会变革。

---

[12] 未能成功竞争上岗的候选人之一是一位独身主义的男法官。他认为自己的状态特别适合该岗位:"你看,批判者和专业人士的职责是完全不同的……现在,我渴望成为一名婚姻问题的批判者,可以这么说,我认为我更适合这个职位,因为在婚姻问题上,我还只是一名学生,而不是一个专业的'婚姻主义者',如果有这个名词的话"(*Chicago Daily Tribune* 1911a)。

纽约市家事法庭似乎贯彻了其设立主旨,致力于从那些不负责任的丈夫手上募集抚养费。[13] 但是在芝加哥(Winchell 1921, 43),抚养命令也面临执行难的问题。即便一些案件得到私人机构协助,但哪怕是6个月的抚养费也执行不了。"为了起诉那些基本不会浪子回头重新对家庭负责的男人,耗费了惊人的精力与资源"(Igra 2007, 97)。在很大程度上,该法庭的功能只具象征意义。

女性法庭

1910年到1920年,女性法庭以不同名目在许多大城市的初审法院内部设立。与未成年人法庭和家事法庭类似,女性法庭很大程度上是进步运动的产物(F. Solomon 1987, 1)。这些法庭的管辖范围区别很大(Worthington 和 Topping 1925)。有些女性法庭审理以女性为被告的所有案件。其他则主要负责卖淫案件。另外,芝加哥市法院风化审判庭(Morals Branch of the Chicago Municipal Court)并不区分被告性别。除卖淫案件外,它还管辖私通、通奸和淫秽等不法行为(Willrich 2002, 174, 188)。洛杉矶女性法庭还审理妻子对丈夫提起的不履行抚养义务的案件(Cook 1993, 149)。但无论法定管辖权范围如何,几乎所有女性法庭都以审理卖淫案件为主。

提高审判效率是设立女性法庭的目的之一,有学者甚至把它当作核心目标(Cook 1993, 155)。但法庭的设立也反映出对女性被告人和卖淫犯罪的高度关注。女性法庭与未成年人法庭在某种程度上非常相似,反映了靠法庭来妥善处理社会问题的设想(Quinn 2006, 675)。某种程度上,女性被告人被视为受害者,而不是罪犯,因此有人认为常规诉讼程序可能会加深对她们的伤害。

---

[13] 之后成立的纽约市家事法庭也是一样。当代一名观察家说纽约家事法庭"主要是一个收账机构"(Moley 1932, 213n16)。

但是,"更有策略且更有效地"处理卖淫这一"社会问题",本身就是一个因素(Whitin 1914, 181)。对女性的行为加以社会控制,也是女性法庭设立的重要原因之一。看起来,社会控制这个因素似乎引来了一些女权主义者对纽约市法院设立女性法庭的反对(*New York Times* 1910)。[14]

法官被指派到女性法庭任职,有时是因为他们的个人品行与法庭宗旨较为契合。根据当时的记载,在纽约市,"值得庆幸的是,治安法官的选任最为审慎,从事审判的治安法官兼具司法公正、亲民与胆识等优良品质"(Worthington Topping 1925, 310-11)。有些女性法庭的法官和工作人员都是女性,而且任职时间较长(Cook 1993; Quinn 2006)。但是,至少在芝加哥,许多法官只在这个不太受待见的岗位上短期工作,因此这是一个"名不副实的专门法庭"(Worthington 和 Topping 1925, 19)。

与未成年人法庭类似,女性法庭倾向于适用非正式程序(Cook 1986, 17; 但也有不同看法,参见 Worthington 和 Topping 1925, 308)。芝加哥市法院风化审判庭要求被告人放弃申请陪审团审判的权利,否则案件会被移送至其他法庭审理(Willrich 2003, 186)。因此对于法庭审理的卖淫案件或女性被告人的处境,人权组织普遍感到担忧(Cook 1993, 147; Moley 1932, 118-19, 132-35; Willrich 2003, 175, 177)。

女性法庭在审判中采取了宽严相济的态度,源于其设立时承载的多个目标,这也导致它的政策介于宽松导向的未成年人法庭与严刑导向的家事法庭之间。被告人在庭上的待遇,取决于她们被视为受害人

---

[14] 纽约市三个区都设有女性法庭。曼哈顿区的被称为纽约市女性法庭(F. Solomon 1987, 8)。一份后期的报告记载了纽约的一所法庭(可能就在曼哈顿),有时被称为流浪女性法庭(Court for Vagrant Women, Dwyer 2008)。

还是罪犯（F. Solomon 1987，3）。家长主义与惩罚主义的结合因法庭和时间的不同而有所区分。一项研究显示，判处刑罚的目标日益超过帮助女性被告人的意愿（F. Solomon 1987，4-5）。这个演进过程与未成年人法庭类似。

纽约市面临一个特殊问题。1932年的官方与非官方的报告都证实，治安法庭里普遍存在的腐败现象也影响到女性法庭（Seabury 1932；Moley 1932）。总的来说，在辨识警方可能存在的腐败行为方面，女性法庭的法官似乎特别迟钝。正如一份官方报告谨慎指出的，"我认为，（腐败）普遍且长期存在的体制和主审治安法官的能力与廉洁之间的矛盾，无法调和"（Seabury 1932，125）。在之前三段提及的那些赞颂女子法庭的文章发表7年后，这些报告才得以出版。

这种诞生于进步时代的女性法庭日渐式微，尽管纽约市的女性法庭坚守至1967年（Quinn 2006，696）。后来，一个新的女子法庭在芝加哥设立（Lipetz 1984）。与前期相比，法庭的设立目的不是为了完成特定任务，而是因为大部分女性被告人被关押在警局总部，而不是各区警署。因此集中在一个法庭审理这些案件相对便利。法律规则、实践考量以及司法人员的态度这些因素，共同促成了对卖淫行为的宽大处理。我们不清楚专业化是否给该法庭带来改变，唯一可以肯定的是案件集中对法官在案件处理模式方面有决定性作用。无论如何，该法庭很典型地体现了偶然因素在促成司法专业化方面的作用。

当代的问题实质性解决型法庭

在今人眼里，进步时代设立社会化法庭的理念基础已颇为遥远。在20世纪70年代之前，将促使犯罪人改过自新作为刑事司法的目标显得不可思议。思想上的转变推动了量刑领域的改革运动，包括限制法官自由裁量权和设立假释委员会,强调应当将重点放在犯罪行为而非犯罪人身上。进一步说,立法者与普通民众更喜欢直截了当地严厉打击犯罪行为,"因人而异,区分对待"这一作为社会化法庭思想基础的理念与此格格不入。

但在当代也出现了新式法庭的设立浪潮,它们一般被称为"问题实质性解决型法庭",其设立初衷在一定程度上与进步时代的社会化法庭相同(Berman 和 Feinblatt, 以及 Glazer 2005; Kaye 2004; Dorf 和 Fagan 2003; Casey 和 Rottman 2005)。"问题实质性解决"(problem-solving)这个术语在多重意义上使用,但本质上包含两个典型特征(参见 Nolan 2009, 10-11)。第一个特征是侧重解决被告人面临的问题。人们常用"矫治性司法"来描述这种法庭(Winick 和 Wexler 2003; Carns, Hotchkin 和 Andrews 2002; McCoy 2003)。与传统刑事法庭不同之处在于,以矫治为工作重心强调对被告人的监督更细致、互动更频繁。

第二个特征是弱化诉讼程序的对抗色彩,促进诉讼参与者之间的协作。在合力解决导致被告人犯罪行为的问题上,公诉人、被告人、法官以及其他诉讼参与人属于利益共同体。因此,他们需要通力协作,谋求对被告人最有利的结果。这一特征的典型表现,就是尽可能避免正式的审判程序。

在问题实质性解决型法庭作出判决前的审理阶段,庭审就没有按照标准程序进行,但在法官作出有罪判决后,被告人只能在传统的刑事法庭进行抗辩。被告人也会被怂恿接受辩诉交易,以转入问题实质性解决型法庭。[15] 对此,有学者认为"如果一个法庭把先行认罪作为出庭的前提,那就不是真正的法庭"(McCoy 2006, 964)。

---

15 对于代表被告人利益的辩护律师来说,缺少对抗色彩可能会导致不少职业伦理困境(Quinn 2000; Meekins 2006)。

未成年人法庭是问题实质性解决型法庭最普遍的形式。然而,毒品法庭[16]也有超过两千个,除此之外还有将近一千多个其他形式的问题实质性解决型法庭(Huddleston,Marlowe 和 Casebolt 2008,9,19)。表面上看,整体社会环境并不支持设立问题实质性解决型法庭,为何这类法庭能够发展到这种规模?

詹姆斯·诺兰(James Nolan 2001,178-84,187)分析指出,毒品法庭的矫治性导向得到广泛支持,与修复性导向截然不同。某种程度上,支持设立毒品法庭不至于产生背道而驰的效果。但矫治性导向与修复性导向类似,都提倡柔性司法,因此很容易遭到重刑主义支持者的攻击。面临这种不利条件,问题实质性解决型法庭仍然发展迅速,可能基于以下几个原因。

原因之一,在于问题实质性解决型法庭对案件有所选择。受理的大多数案件涉及罪行相对较轻。而且与早年的未成年人法庭类似,不少被告人的遭遇能引起法庭内外人士的同情。

原因之二,在于支持者们在对待被告人方面营造出的铁面无私形象。罪犯必须勇于直面自身责任,否则将受到惩罚(Nolan 2001,62-66;参见 Hartley 2003,235)。无论自由派还是保守派,对这种"严厉之爱"形象都非常满意。因此,毒品法庭得到克林顿总统的大力支持,国会的共和党成员也愿意提供财政支持。

原因之三,在于并不是所有问题实质性解决型法庭都会将矫治置于惩罚之上。家事法庭和环境法庭对待被告人以惩罚为主,社区法庭的惩罚力度也只是略轻于前两者。因此,它们较为契合强调惩罚优于修复的社会思潮,也能满足一些认为现行刑事司法制度未能充分重视某些犯罪的团体。

---

[16] 这里的毒品法庭只包括1989年之后设立的那些,而不是本章之前所讨论的旧式毒品法庭。

最后一个原因,问题实质性解决型法庭的设立主要来自法院系统内部的推动,尤其是部分法官的高度认可。在很多刑事法官看来,司法审判既不能预防犯罪,也无法改善被告人的处境,失望之余,他们很希望有靠谱的替代方案。实践中,在问题实质性解决型法庭任职的法官和其他人员都从工作中获得很大满足(Chase 和 Hora 2000),这一优势经口口相传,吸引了更多法官推动所在法院设立问题实质性解决型法庭,并到庭里任职。这类审判还令一些法官额外收获了声望和荣誉(参见 Hora 2009, 134-35)。这种满足感可能是促成问题实质性解决型法庭设立的主要原因(Carns, Hotchkin 和 Andrews 2002, 10n38)。

对法官而言,问题实质性解决型法庭的第二个优势是强化了他们影响案件结果的权力。"法官从一个超然、中立的裁决者,转化为团队的中心人物"(Chase 和 Hora 2000, 12;参见 Nolan 2009, 139-41)。实践中,这种权力的提升程度或许比前面描述得更高,因为在一般的刑事法庭,法官对案件结果的影响力往往还不如检察官。[17]

由此可见,问题实质性解决型法庭之所以吸引人,有多种原因(McCoy 2003, 1517-18; Meekins 2006, 13-14)。从工作满意度、控制犯罪到节约资金等方面的考量,都让人对这种模式颇感兴趣。正如流程视角所显示的,能一并解决多种问题的模式更容易被广泛采纳。

与进步时代的法庭一样,问题实质性解决型法庭也逐渐推广开来。各种类型的法庭在各地设立。除毒品法庭外,精神病患者法庭、醉驾法庭和家事法庭都日益普遍。通常情形是,某个法庭被视为制度创新的先行者,接着就被其他法院视为典范。联邦和州都从立法、财政层面推动设立这类法庭。在问题实质性解决型法庭中,非政府组织

---

[17] 但是,问题实质性解决型法庭法官的作用仍然会因为与其他诉讼参加人的协作而受到限制,尽管这种限制与普通刑事法庭的情形有所不同。举例来说,社区法庭的法官可能要参与社区咨询小组,而小组的决策会影响法官的选择(Kundu 2005, 177)。波特兰一位首席法官将问题实质性解决型法庭法官的选任工作委托给一名地区检察官和公职律师负责(Berman 2000, 81)。

致力推动的是毒品法庭和环境法庭。

与此同时,设立问题实质性解决型法庭的整体思路也逐渐不再局限于刑事领域。"问题实质性解决"这个标签内涵丰富,因此它的基本理念很适合拓展到其他领域。一些改革者非常看好这种模式在处理刑事案件上的优势,并尝试用来处理新的问题(Winick 和 Wexler 2003;Berman 和 Feinblatt,以及 Glazer 2005)。当支持问题实质性解决型法庭的法官在其他领域践行自己的想法时,这一模式的应用也就在特定领域扩散开来。

问题实质性解决模式在更大范围的扩散,也得益于组织层面的支持。在纽约州,一名资深的州首席法官强烈支持并身体力行推动设立问题实质性解决型法庭(Kaye 2004;Eligon 2008)。纽约法院系统也参与协办了司法创新中心(Center for Court Innovation),该组织的宗旨就是帮助纽约州和其他地方设立不同类型的问题实质性解决型法庭。加利福尼亚州法院系统就通过与该中心的合作,成功设立了各类问题实质性解决型法庭(Wolf 2005)。俄亥俄州最高法院也专设了一个项目推动设立这类法庭。[18] 在联邦层面,司法部下设的司法援助局(Bureau of Justice Assistance)把"问题实质性解决导向的刑事司法"作为一种通行方式予以推广。[19] 全国州法院中心(Casey,Rottman 和 Bromage 2007)和美国律师协会(Garcia 2003)这两个全国性组织都支持推广问题实质性解决型法庭。与其他领域的专业组织类似(Balla 2001),这些团体在法庭推广上发挥了主要作用。

这些改革者的努力卓有成效,一个表现就是打着"问题实质性解决型"旗号的法庭广泛设立,虽然其中一部分并不符合这个特征。如

---

[18] 相关材料参见 http://www.sconet.state.oh.us/spec_dockets/default.asp。

[19] 司法援助局对《问题实质性解决刑事司法倡议书》的说明载于 http://www.ojp.usdoj.gov/BJA/grant/cb_problem_solving.html。

前所述,一些所谓的问题实质性解决型法庭更重视惩罚而非矫治。有一份报告甚至把枪支法庭纳入其中(Huddleston、Marlowe 和 Casebolt 2008,19)。总体而言,典型的问题实质性解决型法庭的特殊性主要体现在被告人身上,而不是所涉犯罪类型。

需要强调的是,有些问题实质性解决型法庭的支持者热情高涨。在他们看来,相对于传统刑事审判方式,这些法庭明显是卓有成效的颠覆性改革。法院创新中心的两位主任就给出了"一流法庭"的评价(Berman 和 Feinblatt,以及 Glazer 2005)。一位毒品法庭法官乐观地预测"最后,所有法庭都会成为问题实质性解决型"(Hora 2009,136)。

问题实质性解决模式投入运作后,会对法院职能以及对待被告人的方式产生重要影响。法官可能会花更多时间处理个案,对案情的考虑也会更加审慎。惩处方式也会改变,或是宽大处理,或是其他形式。问题实质性解决模式强调案件结果要体现当事各方合意,进一步削弱了在刑事审判中早已式微的对抗性审判模式。但是,推动形成法院日常审判模式的制度惯性力量仍然形成较强的路径依赖,妨碍了改革进一步发展。

对于特定类型法庭的产生原因和形式等问题,可以通过研究几种不同类型的问题实质性解决型法庭,获得相应论据。[20] 我将按照以下顺序展开。首先研究特别强调矫治的法庭,包括毒品法庭、流浪者与退伍军人法庭以及精神病患者法庭。然后转向惩罚与矫治并重,或者以惩罚为主的其他法庭,包括社区法庭、家事法庭以及环境法庭。

---

[20] 本部分将会讨论的问题实质性解决型法庭,包括在实践中已经相当普遍存在的,也包括一些相对小众的。有一些则不予讨论:如逃学法庭,这类法庭部分位于学校里,在罗得岛州较多(Weiner 1998;Tan 2000;Macris 2002);还有青少年法庭(youth court),这类法庭会吸收青年人参加审理以其他青年人为被告的案件(M. Fisher 2002;J. Schneider 2008)。

毒品法庭

就像进步时代的未成年人法庭,对于其他具有类似目的的问题实质性解决型法庭来说,毒品法庭发挥了典范作用,同时也是迄今为止这类法庭中最普遍的形式。据统计,截至2010年,毒品法庭共有2459个。[21] 这些法庭设立后受到的普遍认可,很大程度上促成了其他法庭广泛设立(Terry 1999;Nolan 2001;Goldkamp 2003;A. Fox 和 Wolf 2004)。

与旧式毒品法庭类似,当代毒品法庭之所以出现,是因为实践中因吸食毒品而被刑事控诉者与日俱增。他们当中,有些是毒品案件被告人,其他则是因毒瘾发作而犯下盗窃等罪行。在1989年,迈阿密临时组成了第一个新型毒品法庭。看起来,这么做的目标是更高效地处理毒瘾问题、清除其他刑事犯罪的潜在诱因,以此减轻因累犯导致的案件压力(Goldkamp 2003,197-98;参见 Finn 和 Newlyn 1993)。如果被告人是因为毒瘾发作而实施犯罪,且罪行较轻,就会被移送至毒品法庭,在法官的有效监督下接受深度矫治。法官会给予支持和鼓励,但如果犯罪人没有达到预期标准,就只能停止矫治,按传统方式判处刑罚。

迈阿密的制度创新吸引了其他地方的高度关注,有些毒品法庭模式的支持者主动为之宣传。私人关系的因素,加速了这一模式的推广。时任阿肯色州州长比尔·克林顿参观了迈阿密毒品法庭,在该法庭担任公设辩护人的休·罗德姆(Hugh Rodham,希拉里的弟弟、克林顿的小叔子)向他介绍了机构运行情况。珍尼特·雷诺(Janet Reno,后来被克林顿任命为司法部长)在戴德县担任州检察官时,是设

---

21 数据来源于全国毒品法庭专业协会(National Association of Drug Court Professionals)的官网 http://www.nadcp.org/learn/what-are-drug-courts/history。

立毒品法庭的主要推手(Isikoff 和 Booth 1993)。克林顿政府支持动用联邦财政经费在全国范围设立新式毒品法庭,这一主张在1994年获得立法授权。[2] 联邦财政的支持是毒品法庭得以在全国范围设立的主要(甚至可以说是决定性)因素(McCoy 2003, 1526)。设立毒品法庭也得到小布什政府的支持。到目前为止,毒品法庭仍然受到奥巴马政府的充分肯定,在政治层面还得到国会广泛支持;并因此获得更多联邦财政资助(C. Johnson 和 Goldstein 2009; Maron 2009)。

在20世纪90年代中期,法院开始为未成年被告人专设毒品法庭。随着毒品法庭运动日益深入人心,以及联邦财政的大力支持,未成年人毒品法庭也被各地广泛采纳(Butts 和 Roman 2004a; 2004b, 7; Roman, Butts 和 Rebeck 2004, 49)。[23] 根据2007年的一项统计,大约四分之一的毒品法庭是为未成年人设立的(Drug Court Clearinghouse 2007)。

在一些主要问题上,毒品法庭之间也有所不同。一大区别是移送被告人接受强制矫治的时间,部分法庭会为此推迟起诉,而有些法庭则会选择在宣判之后,通常是以被告人接受辩诉交易为条件。这两种形式都很常见,有的法庭还会一并使用。另一区别在于不适格转入毒品法庭审理的被告人范围,如指控犯有暴力犯罪的(大多数法庭都排除在外),以及曾经因毒品问题而接受强制矫治的(将近一半的法庭排除在外)(Bhati, Roman 和 Chalfin 2008, 30)。

如前所述,从政界对毒品法庭的浓厚兴趣可以看到,该法庭的特点得到自由派和保守派的赞赏。而从法院内部对毒品法庭的支持可

---

[2] 这个法案是1994年的《暴力犯罪控制与法律执行法》(Violent Crime Control and Law Enforcement Act)。
[23] 作为未成年人毒品法庭的变种,烟草法庭在佛罗里达和犹他州成立(Nii 998; Navarro 1998; Langer, Warheit 和 Alan 2000)。严格来说,烟草法庭并不是刑事法庭,因为在这些州,未成年人持有烟草只构成民事违法行为。

以看出,毒品法庭和其他问题实质性解决型法庭一样,对法官和法院工作人员是有利的。对一些毒品法庭法官来说,工作还能带来额外的满足感。正如一名毒品法庭的法官所言,"这种审判方式行得通,效果好,还划算。体验很好"(Nolan 2001, 110)。得益于这种满足感,一些毒品法庭法官在本职工作之外,还热情洋溢地为推动毒品法庭在其他地方设立而摇旗呐喊。

毒品法庭也提升了法官的地位。在庭审中,法官明显发挥了主导作用,他们和被告人的互动是庭审活动的核心。有学者指出,毒品法庭法官周围洋溢着"个人崇拜"(Bean 2002, 236),很多法官非常享受那种成为焦点以及掌控庭审的感觉。当迈阿密毒品法庭的一名被告人把目光投向公设辩护人求助时,法官直接说:"别看他,他帮不了你"(Finn 和 Newlyn 1993, 4)。

毒品法庭数量激增,不少法官被选调过来任职,法官群体对毒品法庭的参与度提升。据估计,截至2007年,超过4000名法官在毒品法庭审理过案件(Ca. Cooper 2007)。尽管毒品法庭获得普遍认同,但并非所有法官都是其拥趸。

由于法庭之间存在差异等原因,很难确定毒品法庭对案件结果产生了什么影响。以法官为中心的结果,就是新法官的履职可能会大大改变法庭的工作方式(M. Hoffman 2000, 1517; Satel 1998)。另外,综合比较被告人在普通刑事法庭和毒品法庭的遭遇,结果相当复杂。表面来看,强调惩罚的普通刑事法庭和强调矫治的毒品法庭应该存在根本性差异。但毒品法庭的"强制矫治"(Nolan 2001, 200)所具备的惩罚性质实际上并不亚于普通法庭的有罪判决,而且未能达到法官预期的被告人,最后仍可能入狱服刑。一名研究刑事司法的学者进一步指出,审理结果实际上并没有表面上那么大差别,"对毒品法庭移送接受矫治被告人进行监控,与集中监督保护观察制度之间并没有太大差别"(McCoy 2003,1528)。

毒品法庭对毒品问题的解决究竟发挥了多大作用,仍然是一个有待解答,而且充满争议的问题(Paik 2009,575;参见 R. King 和 Pasquarella 2009)。部分支持者试图援引一些传闻证据以及相关数据证明,毒品法庭在遏制毒瘾问题上取得了很大成功(Berman 和 Feinblatt,以及 Glazer 2005,155-58)。但其他评论者的解读却没那么乐观(Nolan 2001,127-32)。一定程度上,这种分歧体现了评估性研究无法避免的局限性(参见 National Institute of Justice 2006)。一位司法怀疑者认为,"毒品法庭最让人震惊的地方,可能是在缺乏可信的实证检验前提下,竟能如此迅速地在我国司法系统中固定下来"(M. Hoffman 2000,1479-80)。但这类情形在公共政策领域并不罕见,早期的未成年人法庭同样如此。

与未成年人法庭不同的是,只有少部分因毒品问题涉诉的被告人会被移送至毒品法庭受审。[24] 实际上,与一些问题实质性解决型法庭类似的是,毒品法庭被称为"小众法庭"(McCoy 2003,1528;W. Davis 2003,34)。无论成效如何显著,这类法庭只能解决少部分毒瘾问题。

截至 2007 年,大约有 300 个毒品法庭受理了醉驾案件。与此同时,独立的醉驾法庭有 100 多个,它们被称为 DWI 法庭(DWI 指在醉酒状态下驾驶)或 DUI 法庭(DUI 指在受酒精作用下驾驶)(Huddleston,Marlowe 和 Casebolt 2008,9;参见 Mays, Ryan 和 Bejarano 1997;Flango 2005)。醉驾法庭与毒品法庭的设立理念以及很多重要方面都很类似。但是,人们普遍把醉驾视为严重犯罪,而"反醉驾母亲协会"(Mothers Against Drunk Driving)也四处积极活动,让法官不敢轻易对醉驾被告人宽大处理。与毒品法庭不同,醉驾法庭更倾向于在定罪之

---

[24] 根据 2005 年的一次估算,只有 4%的"风险性被捕人"参与了毒品法庭的项目(Bhati, Roman 和 Chalfin 2008,33)。

后才把被告人移送矫治(National Drug Court Institute n.d.)。醉驾法庭专门为被确定为酒瘾者的被告人设立。这一工作重心反映出醉驾和滥用非法药品的相似性,但也反映出人们普遍认为对酒瘾者的处罚应该比其他醉驾司机轻。醉驾行为越受社会谴责,醉驾法庭发展越快,从中也可以看出问题实质性解决模式对初审法院法官和其他工作人员的吸引力。[25]

精神病患者法庭

长久以来,法院都会审理涉及将当事人移送精神病院接受民事监管*的案件。与此不同,精神病患者法庭处理的案件中,被告人精神状况被确诊存在问题。精神病患者法庭的创设者,明显受到了毒品法庭的启发。在问题实质性解决型法庭中,精神病患者法庭可能是最像毒品法庭的(Goldkamp 和 Irons-Guynn 2000;Watson et al. 2001;Griffin,Steadman 和 Petrila 2002;Bernstein 和 Seltzer 2003)。

总的来说,这两种法庭的设立目的相似。比起毒瘾犯罪者,人们更同情那些因精神疾病导致犯罪的人(Bernstein 和 Seltzer 2003,160)。而且,在刑事案件中,由精神疾病引起犯罪的情形占了很高比例,迫使政府采取改革措施予以回应,这和毒品法庭的改革背景非常相似。支持者主张,比起传统上以惩罚为主的做法,以矫治为主的审判方式更能预防犯罪,对法院和社区都有益。类似在劳德代尔堡(1997)以及西雅图(1999)等地的精神病患者法庭得以设立,都是因为某些事件凸显出普通刑事法庭未能有效预防精神疾病者的犯罪行为。

---

[25] 有趣的是,20世纪60年代一项对匿名城市某个"醉驾法庭"的研究将该法庭归为社会化法庭。这项研究描述的法庭与后来按照问题实质性解决模式设立的醉驾法庭有诸多相似之处(Wiseman 1979)。

* 民事监管(civil commitment):民事诉讼中对精神病人、无行为能力人、酗酒及吸毒者实行的监管或拘禁。——译者注

2000年出台的一项法规,授权用联邦财政支持设立精神病患者法庭,体现了矫治导向模式的吸引力。[26] 法规序言部分就提到前述在劳德代尔堡和西雅图的法庭。

与迈阿密毒品法庭类似,劳德代尔堡精神病患者法庭的设立得益于当地法院工作人员的倡议和努力(Siegel 1999; Lerner-Wren 2000)。一位主审法官在西雅图法庭的设立中发挥了核心作用(Barker 1999)。精神病患者法庭的推广也与毒品法庭类似。类似劳德代尔堡法庭这样的先行者起到很好的示范作用。早期的精神病患者法庭在全国和州层面都获得了广泛支持,根据2008年出版的一本专著中的统计,法庭数量已超过150个(Thompson, Osher 和 Tomasini-Joshi 2007, vii);到2009年,已经超过200个(Waters, Strickland 和 Gibson 2009, 34)。

精神病患者法庭有多种形式。"如果你看到一个精神病患者法庭,那对这类法庭的了解也就仅限于这家"(Council of State Governments Justice Center 2008, 7)。早在2001年就有评论指出,精神病患者法庭这一名称的外延过于宽泛,导致"这个概念变得毫无实际意义"(Steadman, Davidson 和 Brown 2001, 458),不同时期设立的法庭之间也存在一些差异(Redlich et al. 2005)。它们的共性在于强调矫治,这和传统刑事程序中有罪判决作出前后的处理方式不同。与毒品法庭类似,根据大多数精神病患者法庭的规定,未能在矫治项目中履行责任的犯罪人会被移送入狱。

迄今为止所研究的精神病患者法庭的工作都较为符合预期模式,把被告人视为亟待医治的病人,充分利用可得的资源提供矫治(Goldkamp 和 Irons-Guynn 2000)。这种工作重心的表现之一,就是实践中判处入狱的情况并不多(Griffin, Steadman 和 Petrila 2002, 1288)。

---

[26] 这部法规全名为《美国执法与精神健康规划》(America's Law Enforcement and Mental Health Project)。

有研究也强调了法官这种特有的同理心审判风格(Siegel 1999; Em. Schwartz 2008)。

精神病患者法庭和多数毒品法庭一样,都是小众法庭。它们只审理因精神问题而面临刑事控诉的少数被告人(参见 Mattingly 2004)。例如,旧金山行为健康法庭(San Francisco Behavioral Health Court)每年审理不到 150 名被告人(Waters, Strickland 和 Gibson 2008, 48)。

与毒品法庭类似,精神病患者法庭的影响力天生就有局限性。在这种限度内,尽管有相关研究指出,法庭对被告人会施以积极影响,但就整体而言,这一结论未必站得住脚(Lurigio 和 Snowden 2009, 207–10)。考虑到法庭之间存在的巨大差异,最多只能说有些法庭确实比同类其他法庭做得更好。

流浪者法庭与退伍军人处遇法庭

没有哪个群体能像退伍军人那样令人同情,而流浪者法庭的发展也反映了人们对该群体的关注。圣迭戈一名公职律师发现,无家可归的越战老兵经常因为在公共交通工具上逃票等违法行为收到轻罪传票,由于没钱支付罚款,他们的生活遭遇不少困境。这位律师推动设立了一个项目,允许退伍军人以辩诉交易为条件,参与一项旨在帮助退伍军人的项目,以此豁免相应责任。后来,这个项目的适用对象逐渐扩展到其他无家可归者。1999 年,隶属司法部的司法援助局授权圣迭戈流浪者法庭每月在两个流浪者庇护所轮流开庭(Perry 2000; Kerry 和 Pennell 2001; Binder 2003; Cl. Cooper 2003)。

得益于加利福尼亚州法院系统以及美国律师协会流浪者与贫困委员会的支持与推动,流浪者法庭的设立理念逐渐影响到其他城市。[27]

---

[27] 美国律师协会支持流浪者法庭的方案载于 http://www.abanet.org/crimjust/policy/am06108a.pdf。

据统计,2007年全美共有37个流浪者法庭,其中三分之二位于加利福尼亚州,其他都在西部地区,只有一所例外(Huddleston, Marlowe 和 Casebolt 2008,19)。与圣迭戈法庭类似,多数流浪者法庭只是偶尔开庭,法官集中程度并不高。圣迭戈和其他地方的相关新闻报道都持肯定态度(T. Wilson 2001；LeDuff 2004；Powell 2004)。尽管其他流浪者在需要帮助程度上并不如退伍军人,但助人脱困的做法受到广泛认可。

流浪者法庭的工作重心除了解决流浪者遭遇的法律问题,还协助他们处理非法律问题,这点与其他问题实质性解决型法庭不同,这是这种模式能够吸引法官和其他工作人员推动设立并在此履职的原因。对圣迭戈法庭的报道显示,流浪者法庭的司法工作人员"感到在这里工作获益良多,常常感到世上自有真情在"(Urry 2006,14)。

布法罗一名法官曾经在吸毒者处遇法庭(Drug Treatment Court)和精神病患者处遇法庭(Mental Health Treatment Court)任职,后来于2008年1月参与设立了第一个退伍军人处遇法庭(Michel 2008a,2008b；Daneman 2008；Eckley 2008)。这个法庭与圣迭戈流浪者法庭类似,主要以为犯罪的退伍军人提供帮助为目的,重点处理退伍军人的精神健康问题,并为出庭的退伍军人提供一系列帮助。只有受到轻罪和非暴力重罪指控的被告人才能在此出庭。

布法罗法庭备受称赞,由此推动退伍军人法庭在其他地方开枝散叶(Russell 2009)。截至2010年3月,全国共有21个这类法庭。[28] 退伍军人事务部提供的资金和人力,以及其他联邦机构的大力支持,都对法庭设立发挥了重要作用(Marek 2008)。至少有3个州通过立法推动增设退伍军人法庭,为这类法庭提供正式立法授权的建议稿也呈递

---

[28] 这一数据载于全国毒品法庭专业协会的官网：http://www.ndci.org/learn/veterans-treatment-court-clearinghouse。

国会审议。[29]

退伍军人法庭审理的案件不多。布法罗法庭成立 8 个月之后,只有 46 名被告人受审(A. Levin 2008)。即使如此,这些法庭仍然证明:同情心可以构成强大的改革动力,进而在司法上对部分刑事被告人给予特别处遇。在问题实质性解决型法庭中,退伍军人法庭和流浪者法庭最重视对被告人的帮助。

社区法庭

据统计,2010 年美国共有 36 个社区法庭。[30] 对于什么是社区法庭,很难给出精确定义,诸多使用这一名称的法庭既有很大差别(A. Thompson 2002;Rottman 2002;Lanni 2005),也有共同之处。大部分法庭的管辖权仅限于城市一部分区域当中相对轻微的刑事罪行以及违法行为,通常是类似街头游荡和公共场合酗酒这类公共滋扰型犯罪。倡导者们声称,设立社区法庭是为了打击那些影响社区生活的罪行,并为犯罪人提供帮助。大部分社区法庭要求被告人接受辩诉交易,并留在法庭接受矫治(而不是移送到普通刑事法庭)。

在惩罚和矫治两个目标之间,不同法庭各有侧重,但往往以惩罚为主。有评论者认为,在社区法庭,司法机关"不再是行使国家权力的居中裁判者,而是努力为受害社区提供修补服务"(Fagan 和 Malkin 2003,902)。更重要的是,设立社区法庭的目的是为了让社区更"宜居",针对一些警方、检方和法官不太重视的犯罪,强化相应执法力度。

实践中,许多城市一直靠刑事司法机制解决问题。法官经常参与

---

[29] 这一信息来自全国毒品法庭专业协会的官网:http://www.nadcp.org/learn/veterans-treatment-court-clearinghouse/veteranstreatment-court-legislation。

[30] 数据来源于法院创新中心的网站:http://www.courtinnovation.org/index.cfm?fuseaction=Document.viewDocument&documentID=669&document TopicID=17&documentTypeID=10。网站也介绍了每个法庭的特征。

其中,并按要求对特定犯罪严刑处置(参见 Caruso 2002)。实际上,社区法庭运动的目的就是把这一做法制度化,设置成法庭的基本职能之一。

社区法庭的倡导者可能来自社区的不同人群。为了设立有利于自己的法庭,商事主体或其他民间团体都有可能主动采取行动。

曼哈顿中城社区法庭(Midtown Community Court)是第一个社区法庭,为后来的社区法庭提供了范本。该法庭设立于1993年,作为改革示范工程,得到了来自纽约市、州法院系统以及非营利组织纽约市基金会的广泛支持(Sviridoff, Rottman, Ostrom 和 Curtis 2000;Wolf 2001;Quinn 2006, 696-710)。

人们对于打击诸如卖淫、商铺盗窃、在地铁站逃票以及妨害治安这类"影响生活质量"犯罪的日益重视,与社区法庭的出现密切相关。这也体现了鲁道夫·朱利安尼(Rudolph Giuliani)市长执政期间,作为刑事司法政策基础的"破窗理论"的影响,该理论认为对相对轻微的犯罪绝不姑息,会对震慑犯罪活动和强化社区安全产生广泛影响(A. Thompson 2002, 85)。但社区法庭的设立并不仅仅为了惩罚,而是以实践恢复性司法为工作重心,即判处犯罪人提供社区服务。法庭也会为犯罪人提供相应的机会。

中城部分居民之所以支持社区法庭,是因为对打击卖淫的法律执行不力的状况感到不满。但企业对推动改革更加积极,他们担心人们会因为轻微犯罪的存在,而不愿意来时代广场等地消费。法庭设立最初几年,时代广场各类企业提供了大量资金支持。有人批评这一做法让法庭沦为商业社区的工具(Quinn 2006, 698-701, 711-13)。曼哈顿地区检察官罗伯特·摩根索(Robert Morgenthau)说"那些有权有势的人可以用钱影响到属于自己的法庭,这让我很不安"(Gordon 1994, 55)。

至少在设立最初几年里,中城法庭的运行符合创始人预期,裁判结果以判处社区服务为主,而非入狱服刑。与按照传统方式审理类似案件的曼哈顿商业区法庭形成鲜明对比(Sviridoff et al. 2000, chap. 6; Weidner 2001,137)。法庭人事任命相对稳定,也保证了政策的连续性(Sviridoff et al. 2000, 101)。但是,对于法庭是否实现预期目标,尚存在较大争议(Berman 和 Feinblatt, 以及 Glazer 2005, 61-66; Quinn 2006, 703-10, 715-24)。

　　主要由商界推动设立的法庭,还包括奥斯汀商业区社区法庭(Davenport 1999; Quin 2001),费城社区法庭(Durkin et al. 2009, 3-5),以及圣路易斯商业区社区法庭(Walter 2002; Wittenauer 2003)。值得一提的是设立于 2002 年的圣路易斯法庭。与曼哈顿商业区的同行类似,圣路易斯的商家普遍希望通过加强对公共滋扰型犯罪的执法力度,以改善当地营商环境。一篇名为《新法庭旨在根除商业区内扰民行为》的新闻就明示了法庭的设立目的(Wittenauer 2003)。圣路易斯商会就通过对法庭工作的评估(集中于商事领域),向法庭投入大量资金。

　　圣路易斯法庭刚开始运行,就引发争议。2004 年,该庭法官判处一名在城市博览会犯下侵扰罪行(但尚未定罪)的被告人履行社区服务,这一做法备受批评(*St. Louis Post-Dispatch* 2004)。同一年,一名州初审法官裁定社区法庭的制度设计在州和联邦层面均构成违宪,理由是接受了私人资金资助。通过援引最高法院所作的涉及俄亥俄市政官法庭的判例,法官认为圣路易斯法庭对私人资金的依赖会诱导法官按照圣路易斯商业组织认可的方式作出不当裁判(*State v. Bonner* 2004)。可能是因为媒体持续曝光(Kohler 2004),圣路易斯叫停了这种私人资金赞助的做法。该法庭也就不复存在了。

　　与曼哈顿相比,商家的支持对于布鲁克林红钩社区(Berman 1998;

Fagan 和 Malkin 2003；Berman 和 Fox 2005)以及波特兰首家社区法庭(Berman 和 Feinblatt，以及 Glazer 2005，66–76)来说意义不太大。这两地的社区法庭支持者关注的是社区面临的普遍性问题，而非局限于商业问题。

经过长期规划，并深入征求周边社区居民的意见，红钩法庭(Red Hook Court)作为社区司法中心(Community Justice Center)的下设机构，于 2000 年设立(Berman 1998)。法庭的核心目标之一，是有效处理各类扰民罪行，并据此提升法庭公信力。这个法庭的特殊之处在于，尽管属于刑事法庭，但还管辖家事和不动产案件。法庭设立之初，就受理了大量毒品案件，在一定程度上更像毒品法庭(Fagan 和 Malkin 2003，925–29)。法庭第一位法官的表现如同预期，尽显能动司法的风格(参见 M. Wilson 2006)。尽管不确定法庭在多大程度上解决了社区的问题，但审判工作一直没有偏离设立宗旨(Meadows 2009)。

家暴法庭

许多法庭虽冠以家暴法庭(domestic violence court)之名，但职能差别很大，包括发布民事保护令、集中处理涉家暴公诉案件，以及把涉及被控家暴当事人的相关案件合并审理等。与其他问题实质性解决型法庭不同的是，家暴法庭会在刑事(而不是审查保护令申请)案件中作出有罪判决。

家暴法庭的设立目的非常明确(Tsai 2000；Kaye 和 Knipps 2000；Fritzler 和 Simon 2000；Keilitz 2000；Shelton 2007)。得益于女权团体的努力，人们日益认识到家暴是重要的社会问题，应当为此专设法庭，并审理相关案件。而人们普遍认为普通法院对家暴案件被告人处罚力度不够，是推动设立家暴法庭的根本原因。首要做法就是通过法院审判机构改革,确保家暴案件得到更多重视。

整体来说,家暴法庭与标准的问题实质性解决模式契合程度都不太高,不同的法庭差异程度也有所区别(但也有不同观点,参见 Petrucci 2002;Nolan 2009,14-16)。家暴法庭把工作重心放在被害人身上,而不是犯罪人身上(Shelton 2007,10-11),且"这些法庭不会让人'好受'"。[31] 但整体上还是被归为问题实质性解决型法庭。一是因为人们普遍认为家暴法庭与其他问题实质性解决型法庭旨在解决的社会问题具有相似性。二是因为家暴法庭的任务常常被冠以"问题实质性解决"和"恢复性司法"等特征。尽管恢复性工作主要以被害人为对象,一些法庭也会兼顾对犯罪人的矫治(Tsai 2000,1302-4)。可能最重要的原因是,"问题实质性解决"这个标签具有的积极内涵对家暴法庭支持者来说很有吸引力。

诸多家暴法庭中,并没有一个引人效仿的样板法庭,哪怕是备受关注的纽约市家暴法庭(Mazur 和 Aldrich 2003)。由于不存在统一定义等原因,家暴法庭的数量难以统计,但肯定不少。据统计,截至2007年全国共有185个(Huddleston,Marlowe 和 Casebolt 2008,19)。纽约市家暴法庭由州法院系统设立,有些法庭的设立得到联邦《对妇女暴力行为规制法》所授权的资金支持。[32]

现在看来,家暴法庭严格按照设立宗旨开展工作。例如,社会学家对盐湖城相关法庭的研究显示,法官们普遍热情高涨(Mirchandani

---

[31] 讽刺的是,一个早在1946设立但并没引起多大关注的家暴法庭——纽约市治安法院的"家事问题分部"(Home Term Part of the New York City Magistrates' Court),比起当代设立的众多家暴法庭,更符合问题实质性解决模式(Quinn 2008)。(这所法庭虽然记载不多,但非常独特,这所法庭是由一名极具创新精神的法官在院长的支持下设立的,主要处理非重罪的家暴案件,之所以说更符合问题实质性解决模式,是因为法官并没有把定罪量刑作为工作重心,而是充分利用社会科学的方法深度介入案件,尽力从根子上解决家庭面临的问题,挽救濒临破碎的家庭。——译者注)

[32] 《对妇女暴力行为规制法》(Violence Against Women Act)是1994年《暴力行为管制与法律执行法》的组成部分。

2005,2006)。另外,辩护律师对家暴法庭那种偏向控方的导向感到不满(Post 2004a,18;Newmark et al. 2001,44-45)。不少刑事法庭旨在从实质层面改变司法政策,而家暴法庭无疑是当中翘楚。

环境法庭

美国境内大约有24个环境法庭,稀疏分布在全国各地,但多数位于南方(Keep America Beautiful 2006)。[33] 在相关审判占据法官多大工作比重等问题上,这些法庭之间存在差异。但在以加强对特定犯罪的执法力度为目标这点上,与家暴法庭没有差别(Jester 1979;Karr 1997)。正如相关新闻报道所载,田纳西州环境法庭的设立仪式上,第一个环节就"强调了当地承诺要打击在公共场所乱扔垃圾者,尤其是那些非法倾倒垃圾的人以及楼宇过于肮脏的业主"(Igo 2006)。这种通过解决特定问题以提升本地生活水平的职能定位,比较接近社区法庭。

1978年,第一个环境法庭在印第安纳波利斯设立。但5年之后设立的孟菲斯法庭更具影响力,这也是导致环境法庭多数位于南方的原因之一(Keep America Beautiful 2006)。作为融合了环境保护论和财产价值保护论两大社会思潮的集合体,环境法庭没能广泛设立是个很有趣的现象。

在展示环境法庭工作目标方面,哥伦布环境法庭的表现最为典

---

[33] 有些房产法庭(housing courts)的管辖范围和职能与环境法庭有所重叠,如克利夫兰房产法庭(White 1981)。这些法庭和那些主要负责涉及驱逐租客案件的传统房产法庭不同。类似芝加哥的强行侵入并非法滞留法庭(Forcible Entry and Detainer Court)这样的传统房产法庭,被指控受利益集团影响,而不考虑房东的利益(Lawyers' Committee for Better Housing 2003;参见 Brill 1987)。另外,也发生过房东们以不当偏袒租客利益、侵犯自己宪法权利为由,集体起诉纽约房产法庭中负责审理驱逐房客等案件法官的情况(Miller v. Silbermann 1997)。F. White (1981, 43-44)对各种房产法庭作了分类。与本节所讨论的环境法庭相比,佛蒙特环境法庭主要审理针对行政机关就环境问题所作决定而提起的上诉案件(J. Anderson 1995)。

第四章 刑事案件

型,相关新闻报道也如实反映了法庭的工作成效(Edwards 1991a、1991b;Bebbington 1993;Gambini 1995)。1991年,俄亥俄州立法机关为哥伦布市法院内设的环境法庭专门增设一个法官席位,并赋予法庭对违反本地建筑、房地产、空气污染、健康相关法律的刑事和民事案件的管辖权。环境法庭的目标是优先和高效处理相关案件,确保法律有效实施。首任法官热情洋溢地接受了这一任务,在法庭宣传和环保执法上非常积极。例如,他会亲自调研自己所作裁决在辖区内的执行情况(Lyttle 2001)。地方官员对此也非常满意。[34]

小 结

整体而言,州法院系统在刑事领域的司法专业化蔚为大观。许多初审法院和少数上诉法院只管辖刑事案件。即使在行使普通管辖权的初审法院,特定时期内将刑事案件指派给一部分法官专职审理的做法也很普遍。

我适当限缩了刑事领域专业化的研究范围。许多州初审法院针对特定犯罪行为或刑事被告,分别采取了高度的法官集中或案件集中,也有综合适用这两种模式的。随着问题实质性解决型法庭在过去20年的深入发展,刑事领域的司法专业化整体水平有所提升。

在刑事领域,社会各界在打击犯罪的目标上存在广泛共识。专业化有助于实施司法政策这一优势,是它在刑事领域广受采纳的核心原因,也比其他司法领域更加明显。换言之,对司法的中立性,刑事领域的反对声最大,因而与之相反的制度改革自然显得合情合理。许多问

---

[34] 但是,在这位法官10年任期中,他也撤销了在公共场合禁烟的禁令和一份噪音控制规定,还禁止了消防条例在焚烧旗帜情形下的适用。这些做法以另一种形式体现出这名法官的魄力,也能看出他在履职上具有相当的独立性(*Cookie's Diner, Inc. v. Columbus Board of Health* 1994; Mayhood 2001; Ferenchik 和 Hoholik 2003)。

题实质性解决型法庭要求辩方律师不再按传统方式行使辩护人职能,并要求被告人接受辩诉交易以继续留在庭内接受审理,就是典型例证。

有些法庭明显是为改变案件结果而采取的专业化磋商。偏好重刑的政策制定者会探索设立对犯罪采取强硬立场的法庭。枪支法庭和家暴法庭就是如此。

在其他情况中,对政策的影响采取了相对复杂的模式。进步时代的社会化法庭和当代的问题实质性解决型法庭融合了对自由派和保守派都有吸引力的目标,因此受到政见相异者的共同支持。毒品法庭之所以受到保守派和自由派的普遍认同,说明问题实质性解决模式有效地实现了预期目标。更一般地说,这些法庭被各地广泛采纳,也体现出它们承载的目标具有多样性(McCoy 2003)。这可以用政策流程理论来解释,该理论认为特定政策的审议与采纳,可能是基于截然不同的目标。

在刑事领域,从专门法庭设立的时间段可以看出社会思潮的变化如何对制度变迁产生影响。从未成年人法庭、女性法庭和家事法庭身上,可以看到进步时代中,人们对于社会问题如何解决的态度。而问题实质性解决型法庭在过去20年内的发展,又体现出人们对于现行刑事司法系统未能有效根治犯罪的普遍担忧。在两个时代,为法院改革开出的药方都是修复性司法模式。

法院有权自行改革内设机构,也促进了刑事领域的司法专业化。法官可以各行其是,无须征得立法授权。而且,对于法院的内部架构,并没有统一规划设计,法院可以自行决定。法院可以根据本院法官是否赞成毒品法庭,决定是否设立毒品法庭。

法院有权设立专业法庭,因此专业化是否采纳,在一定程度上取决于法官们是否有动力这么做。问题实质性解决型法庭的出现与推广,很大程度上是因为法官以传统方式处理刑事案件遇到不少挫折。采取问题实质性解决模式可以提升工作的受认可度,法官在工作中会觉得自己有所作为,对裁判结果的影响力也增强了。法官还可以作为改革者,提升自身形象,获得外界认同。

司法系统之外的利益集团对刑事领域的专业化也发挥了重要作用。如一些社区法庭是商事主体为了自身利益而推动设立的。但更多情况下,推动设立专业法庭的团体所追求的政策目标,对它们来说只有象征意义,而非实质利益。认同进步时代价值观的团体,致力于推动设立未成年人法庭、家事法庭和女性法庭。希望减少家庭暴力和环境污染的团体也会为了理想的法庭四处游说。对于其他政府分支的政策制定者来说,他们设立或推动专门法庭,是为了追求自己的政策目标。例如联邦政府的财政支持就对推广问题实质性解决型法庭发挥了重要作用。

刑事领域的司法专业化,一定程度上是政府内外那些试图影响司法政策的人"绑架"了法院,但这个结论也不能绝对化。首先,专业化的推动很大程度上来自法院系统内部。其次,法院系统外的司法专业化倡导者对于案件的审理,并不是为了私人利益。严格意义上讲,推动社会化法庭和问题实质性解决型法庭的运动,更多基于理念,而非利益。

通过了解这些法庭的运作,可以看到法官个人的重要性。法院设立专门法庭后,往往由那些坚定承诺会在审判工作中贯彻法庭设立宗旨的法官赴任——有时,这些法官本身就是法庭设立的主要推手。他们一般都会激情洋溢地投入工作。在早期的未成年人法庭以及后来的毒品法庭、精神病患者法庭和流浪者法庭中,都能看到这种激情。

随着时间推移和人事变迁,法庭未必会一以贯之推进其目标。如果专门法庭是由法院系统或其他政府分支推动设立的,即便是早期任职的法官,也未必认同设立该法庭的目标,更别说在审判工作中落实。这种倾向在未成年人法庭的发展历史上都曾出现过。就此而言,尽管当代的问题实质性解决型法庭不按标准诉讼程序处理刑事案件,但最后也可能回归传统审理模式。

整体上,公众不太关注刑事领域的专门法庭。但由于这些法庭反映了社会精英阶层所广泛认同的价值观,因此容易得到了解情况的精英阶层的支持。最明显的就是,相关新闻报道总会褒奖这类法庭的工作(例如,Eckholm 2008; *Columbus Dispatch* 2009)。在很大程度上,这些肯定性的新闻报道,反映了参与或支持设立专门法庭者的热情。

在事实层面,很难确定这些法庭在多大程度上达成了预期目标。对部分问题实质性解决型法庭,已有不少评估报告,但结论较为含混,离定论还差得远。相关研究也难以提炼出明确的经验总结,评估工作难度较大是原因之一,但更可能的障碍在于现实情况的复杂。对于设立法庭所欲实现的目标,执行力度逐渐降低,因此法庭的长期工作成效引人怀疑。即使法庭不忘初心,法律专业出身的法官能否适应类似心理学家或社工角色的审判工作,也很难说。[35]

某种程度上,对于设立刑事专门法庭可能产生的后果,支持者们并没有深入思索。他们的行事方式,更多的是基于民间朴素理论,而非审慎分析。决策者在考虑是否设立问题实质性解决型法庭的时候,本来可以从未成年人法庭和进步时代其他专门法庭的历史中汲取经验,但并没有证据显示他们这么做过。

上述疏忽反映了专门刑事法庭设立过程中存在的象征性因素。

35　坎达丝·麦科伊提醒我注意这一点,在此致谢。

参与专门法庭建设,会让法官和其他人感到自己在帮助解决社会难题,且直觉上认为这种方式行之有效,而后来参与同类法庭建设的人,也会觉得改革先行者的工作卓有成效。因此,专门法庭的设立总能找到充分理由。

第五章 经济纠纷:政府诉讼

前两章讨论的司法政策均涉及政府基本职能。政府在经济领域的角色,诸如税收征管、财政分配、经济调控等,也被视为基本职能。但相比外交政策、国家安全和刑事司法等领域,经济政策的政治逻辑要复杂得多。因为在经济领域中,政府利益与有巨大政治影响力的私营部门集团(private-sector groups)的利益经常发生冲突。由于这种影响力的存在,公共政策制定者在政府与私人利益的冲突之中不一定偏向政府。国会议员经常站在纳税者一方争取公共福利,将商事主体作为规制对象,而不是他们在行政分支中的对手。

一定程度上,司法专业化可以为利益集团谋利,所以不同立场的利益集团都会推动有利于己的方案获得采用。但绝大部分处理政府经济政策的联邦专门法院(庭),都是由行政分支推动设立的。尽管原因有待探究,但可能原因之一在于:行政分支具有说服立法分支的天然优势,它们的提案总能得到慎重对待,一旦提出反对意见,也经常可以成功挫败其他提案。

考虑到公众对通才型法院的偏好,将限制专门化作为塑造司法政策的手段,能够对政府和私营部门的利益都产生强烈影响。假如设立专门法庭的提案显得偏袒某一方,预计利益受损的一方就会利用对司法专门化的质疑,强调维持现状的好处。这种利益冲突,有助于解释为何无论在联邦还是各州层面,通才型法院在政府经济政策领域都处于持续主导地位。

这一主导局面存在一个重要例外。大量经济纠纷由行政机关作为初审法院的专业化替代机构判决。在联邦和各州层面,行政裁判所

(administrative tribunals)负责处理有关政府福利项目(如社保和退伍军人津贴)以及私营部门规制(如劳资关系)的纠纷。本章和下一章中,除了少部分后期转型为法院的行政裁判所,我将不再讨论行政裁判所。值得注意的是,如果从政府整体,而非司法领域来看,经济领域裁判的专业化程度会更高。

与刑事司法类似,经济政策领域的法官对专门法院的发展也有贡献,但方式有所不同。联邦法官对审理经济纠纷的专门法院的设立贡献甚微。但设立之后,对任职于这些法院的法官来说,其法官地位与法院地位息息相关,也包括在这些法院出庭的律师地位。这成为改革的动力,推动扩大特定裁判机构的管辖范围,推动它们从行政裁判所转为宪法第一条法院,进而实现到宪法第三条法院的转型。而特定领域中专门法庭的存在,也为管辖权扩张提供了便利。这些作用力都有助于增加专门法院对政府经济政策的影响。

如前所述,针对政府经济政策纠纷的司法专门化,更多发生在联邦层面。一些州有审理这类纠纷的专门法庭,但整体上州专门法院在这一领域的分量,比起联邦法院相去甚远。当然,州法院的专门法庭(院)也值得深入研究,只是这些法庭(院)的起源和运行鲜为人知,因此本章只研究联邦法院的司法专门化。本章围绕政府的三项主要经济职能展开:税收征管、财政支出和经济规制。

税收征管

19世纪,进口关税是联邦政府税收的最大单一来源。进入20世纪后,所得税成为主要税源(S. Carter et al. 2006, vol. 5, 82-84)。颇为引人注目的是,国会为这两类税务纠纷均设立了专门法院,并且这些法院几经改组,长期运行。

关税

时至今日,由国际贸易问题引起的政府与私人主体之间的纠纷,初审由国际贸易法院集中管辖、第二审由联邦巡回上诉法院(CAFC)统一审理(参见 Unah 1998)。这一制度安排是一个多世纪以来的发展结晶,具体参见表5.1的归纳。无论初审还是上诉审,历史起点都是先设立一所专门审理关税案件的裁判机构(tribunal);随着时间的推移,裁判机构的地位逐渐提升,管辖范围也相应扩大。现今这两家法院都以案件高度集中为特征,因为它们垄断了国际贸易领域的绝大多数纠纷;同时国际贸易法院的法官集中度也相当高。[1]

表 5.1 处理国际贸易纠纷的法院重要事件编年

法院层级与事件日期		事　　件
初审法院	1890	综合评估委员会(Board of General Appraisers)成立
	1926	综合评估委员会更名为美国关税法院(U.S. Customs Court)
	1956	关税法院获得宪法第三条地位,改革管辖权和诉讼程序
	1980	关税法院更名为美国国际贸易法院,管辖范围和权力进一步扩大
上诉法院	1909	关税上诉法院(Court of Customs Appeals)成立
	1929	关税上诉法院获得专利案件的上诉管辖权,并更名为关税与专利上诉法院
	1958	法院获得宪法第三条的地位
	1982	法院并入联邦巡回上诉法院(CAFC)

1890年前,对政府关税负担决定的异议程序相当复杂(Lombardi 1976,11-19)。入境口岸的联邦官员根据对进口货物的商品归类(不同种类的货物税负不同)以及估价决定征收额。进口商对商品归类决

---

[1] 本章对国际贸易法院及后文对联邦索赔法院、退伍军人索赔上诉法院的研究,均得益于西斯克(Sisk)对这些法院所作的综述(2003b)。

定的不服，可向财政部长提起上诉，但后者的审查"纯属走过场"（Levett 1923，94）。此后，进口商可以向有管辖权的巡回法院起诉，并有权由陪审团审理。

对商品价格评估的不服（一般被称为"估价"［appraisement］），可以向一个两人小组提起上诉，该小组由一名担任评估人的商人和一名政府官员组成，后者被称为综合评估师（general appraiser）。如果两人之间存在异议，则由另一名联邦官员即关税征收员（collector of customs）解决。只有存在欺诈或明显违法的行为，才允许向法院提起上诉。

1890年《海关管理法》（Customs Administrative Act）改革了上述程序（Lombardi 1976，25-31）。综合评估师从四人增加至九人，不久后，他们被任命共同组成综合评估委员会（Board of General Appraisers），负责进口货物分类以及估价。综合评估师由总统提名，参议院任命；总统仅有权在他们"工作拖沓、失职、渎职"时解除其职务（1890年《海关管理法》第12条），基本算得上终身任职。在海关估价方面，由一名综合评估师取代了之前的二人小组。不服一名综合评估师的决定，可以向三名综合评估师组成的复议小组上诉。更重要的变化在商品归类上，对归类决定的上诉也由三名综合评估师负责审理，而不是巡回法院。

巡回法院依然有权审理不服针对综合评估师们商品分类决定的上诉，但预计进入法院的案件会大幅减少。因为在海关官员的原始决定进入司法程序之前，需要先由综合评估委员会审查，巡回法院仅限于行使上诉复核权。由此可见，1890年《海关管理法》倾向于以财政部内设专门行政机构取代联邦初审法院，判决进口货物的商品归类纠纷。

设立综合评估委员会的支持者，引用了现行制度在处理关税纠纷上的诸多不足作为论据。例如，商人之间互有竞争，在商品估价时存在利益冲突,纽约巡回法院的关税案件堆积如山,不同港口的商品归类缺乏统一标准等。但实际上,设立综合评估委员会的主要动机是维护政府的关税利益,这在1890年《海关管理法》其他条款中也有所体现。

支持者们还批评现行制度下,商品估价和归类中还存在欺诈政府等罪行。[2] 人们似乎一致认为,综合评估委员会的设立有利于遏制这类普遍欺诈(U.S. Congress 1890a,826,830-34)。但更严重的问题在于,现行制度使得商品归类的诉讼有利可图而诱发了诉讼。进口商先将在港口缴纳的税款转嫁给消费者,然后在法院提起税收负担之诉。一旦胜诉获准较低税率,就把差额中饱私囊(U.S. Senate 1882,2;U.S. Congress 1890b,4005)。支持者还指出,进口商在法庭上挑战商品归类法时,对政府具有不公平优势,有些还涉及不诚信行为(U.S. Senate 1882,11;U.S. Congress 1890a,834)。在初审阶段,用专业委员会取代巡回法院能够减少这些问题。

国会里也不乏委员会提案的反对者,针对设立委员会条款的反对票,与整部提案的反对票很接近。该提案的效果之一,是排除陪审团参与审理商品归类案件,反对者批评这项改革毫无必要,甚至可能违宪。归根结底还是反对者认为这么做会赋予政府不正当的优势地位。一名参议员指责,委员会不是"一个法定法院",而是"一家职能狭窄、立场偏私的税收裁判所"(U.S. Congress 1890b,4006)。

最终,1890年《海关管理法》中规定了允许当事人在巡回法院递

---

[2] 另一个问题是纽约海关的腐败,纽约海关的税收占联邦海关税收的四分之三(U.S. House of Representatives 1877;Reeves 1975,61-96,111-48;Vowell 2005,126-32,168-69)。内战之后数年中,海关处于参议员罗斯科·康克林(Roscoe Conkling)执掌的共和党政治机器控制下。海关职位主要作为政治恩惠分配,而工作人员整体工作能力偏弱、人数过多,招致诸多批评质疑。对海关雇员的考核给康克林的政治机器带来可观收入。在1871年至1879年间,海关负责人由康克林的盟友切斯特·艾伦·阿瑟(Chester Alan Arthur)担任。从1881年开始,詹姆斯·加菲尔德(James A. Garfield)总统和继任者阿瑟开始逐步整治海关腐败问题。

交新证据的条款,相当于鼓励进口商在委员会面前保留证据并自行提交法院,使得综合评估委员会支持者的目标落空。1908年的立法纠正了这一缺陷,将法院程序转化为正式上诉审(Frankfurter 和 Landis 1928,149-50)。当时也有人主张设立一家新的专门法院来概括代替通才型联邦法院行使剩余的关税管辖权,但未被1908年立法接受。不过一年后,作为1909年《佩恩—奥尔德里奇关税法》(Payne-Aldrich Tariff Act 1909)的一部分,国会采纳了这个提议,规定针对综合评估委员会裁定的上诉,由关税上诉法院(Court of Customs Appeals)受理,并享有终局判决权。就算最高法院也无权审查这家新法院的判决,不过这一规定到1914年就被废止了(Rich 1980,7)。

尽管不乏反对意见,但就像当初设立综合评估委员会一样,国会还是通过了设立关税上诉法院的提案。参议院对设立新法院的赞成票与反对票为50票对26票,反对意见主要来自民主党人和共和党异见派(U.S. Congress 1909, 4225)。在参议院的辩论中,议员们还特别讨论了司法专门化作为法院组织属性的一般和特别问题(U.S. Congress 1909, 4185-220;参见 Rightmire 1918-19, 28-33;Frankfurter 和 Landis 1928, 148-52)。

支持设立关税上诉法院者认为,新法院能从专业化的中性优势中获益。它的法官会比通才型联邦法官更精通关税法律,处理案件更迅速,适用法律更统一。参议员们还进一步援引进步时代的措辞来佐证司法专门化的价值:"为这类案件设立专门裁判机构,立法委员会将完美体现与时俱进……毫无疑问,时代趋势就是专业主义"(U.S. Congress 1909, 4219)。

参议院的部分支持者还列举了专门法院的其他优点,如法院审判效率的提高有助于维护政府税收利益,还可以遏制进口商利用诉讼不当获利。由参议员提到,立法委员会接受新设法院提案的主要考虑是,通才型法院倾向于支持进口商,"裁判结果总是对政府不利"(U.S. Congress 1909,4189)。

反对者抓住增进政府利益这一目标,质疑设立新法院的正当性。参议员威廉·博拉(William Borah)认为,提案的"宗旨和目标"就是"新设一家法院,以便利政府征税为目的解释法律",这一用意"路人皆知"(U.S. Congress 1909,4191)。一些参议员的反对意见更宏观,认为这类专门法院天生就会受制于政府。

> 基于两个理由,我反对设立关税上诉法院。首先,作为专门法院,它的设立目的就是在所有情况下都得作出对政府有利的判决,无论法律规定或者事实证据如何……[法官]会成为专家,他们的审判工作被局限于进口税收纠纷,很快就会跟其他类似法院一样,成为政府征税的工具;因为不可能逃离周遭环境的影响,他们也无法保持公开和公正的态度。
> (U.S. Congress 1909,4185)

另一名参议员预测"这一做法会导致跟风设立具有相似企图的裁判机构"(U.S. Congress 1909,4188)。

绝大多数参议员并没有因反对者的担心改变立场。主流观点似乎认为,即使新法院的设立有利于政府,也是能接受的。首先,政府关税收入的利益举足轻重。其次,即使政府取得了不公平的优势,关税上诉法院也会在反对者的压力下矫正调整政策。

国会提高关税法院地位的一系列举措,在20世纪50年代赋予两家法院的法官宪法第三条地位时,达到了顶峰。奇怪的是,国会并没有明确关税上诉法院法官的任期。为解决该法院地位模糊的问题,最高法院曾在1929年的"贝克利特公司单方诉讼案"(*Ex parte Bakelite*

Corporation)中判定它属于宪法第一条法院。

在改革进程中,关键的一步是将综合评估委员会从行政裁判所转为法院。早在1912年,委员会成员就开始寻求转变,并自发地让综合评估委员会更贴近法院。1922年关税法一些条款也按照这个方向修改,推动综合评估委员会的改革。1926年,国会在常规立法中将"法院"地位赋予综合委员会,也没有引起争议。这是为了实践方便,比如向外国取证时,"法院"的名号当然比"委员会"更有公信力(U. S. Congress 1926b,4796-97;U. S. House of Representatives 1925c;Reed 1997,93-109;Lombardi 1976,52-60)。1930年,法官们获得了终身任期保障(Lombardi 1976,60-61)。

另一项重要改革是,1980年《关税法院法》正式将关税法院更名为国际贸易法院(Court of International Trade,CIT),并扩大了法院权力(Reed 1997,170-75)。更重要的是,法院管辖范围也随之扩大。随着时间推移,不涉及关税问题的国际贸易诉讼比重越来越大。结果地区法院也处理大量这类诉讼,有时它们与关税法院之间的管辖分工界限变得模糊。1980年的立法厘清了二者的管辖范围,并将地区法院的部分管辖权移交给国际贸易法院。国际贸易法院获得了部分贸易纠纷的专属管辖权(地区法院仍然保留了部分原来由上诉法院审理的案件以及新类型案件的管辖权)。除了调整管辖,本次立法还赋予国际贸易法院与地区法院同等的权力。

《关税法院法》的倡导者们,包括关税法院首席法官,纷纷指明专业化的中性优势。[3] 首先,把案件从负担过重的地区法院移交给未充分利用的关税法院,减少有管辖权争议的案件,能够提高司法效率。其次,由国际贸易法院整合管辖权,可以促进法律统一适用,能够克服

---

3 与《关税法院法》相关的信息来自U.S. Senate (1978, 1979a, 1979b);U.S. House of Representatives (1980a, 1980b);Stafford (1981-82);以及Unah(1998, 17-19)。

现有司法体系的缺陷(Unah 1998, 18-19)。最后,具备专业能力的法官施展空间更宽广。在支持该法案的证言中,司法部一名官员寥寥两句就把这三个优点悉数点破(U.S. House of Representatives 1980a, 53)。尽管支持者可能心口不一,但证据表明:中性优势是他们的核心考量。无论如何,支持者的理由起到了说服作用:尽管听证会上一些证人对法案持反对意见,但参众两院都口头表决通过了。

无论是1929年关税上诉法院转变为关税与专利上诉法院(Court of Customs and Patent Appeals, CCPA),还是后者于1982年被并入联邦巡回上诉法院(CAFC),都降低了国际贸易案件在中间上诉审级的法官集中度(这两步改革会在第六章讨论)。国际贸易纠纷只占联邦巡回上诉法院(CAFC)受理案件的很少一部分(参见Reed 1997, 179)。2009财政年度,这类案件只占该院受理案件的3.5%,而基于案件实体争议的相关判决只占全部判决的5.2%。[4] 但是,国际贸易法院的设立在初审层级维持了法官的高集中度。[5] 单一初审法院和单一中间上诉法院的贸易案件的集中度,曾一度因地区法院审理更多有关国际贸易的非关税案件而有所降低,但1980年立法发布后又提升了案件集中度。

更重要的是,综合评估委员会和关税上诉法院侧重服务政府利益,以实现最大限度的征税。它们的设立实现了这一目的,阻挡了进口商对关税决定的上诉。理论上更值得追问的是,在这一领域,专门法院的立场是否比通才型法院更偏向政府。这个问题很难回答,目前也缺乏针对专门法院在国际贸易方面政策立场的系统研究。

---

4 相关数据来源网址是:http://www.cafc.uscourts.gov/pdf/TableAppealsFiledTerminated09.pdf。
5 国际贸易法院的法官集中度甚至超出了本院管辖的集中度,因为至少在特定时期某类贸易案件的审理上,个别法官实现了事实上的专业化(Unah 1998, 20, 94)。

有三项针对贸易诉讼的研究反映了这一时期法院的运作情况。斯科特·亨德里克森(Scott Hendrickson 2006, 164-77)发现,关税法院获得宪法第三条地位后,相关保障并没有增加法院在商品分类案件中作出不利于政府判决的可能性。然而,宪法第三条的地位或许使法院更加独立于总统的政策偏好。艾萨克·尤纳(Isaac Unah 1998, chap. 7)认为有证据显示,比起通才型联邦法院,国际贸易法院没那么顾虑行政机关的决定,而且,在审查行政决定时,国际贸易法院多少表现出贸易保护主义者的倾向。最后,朱塞利诺·科拉雷斯(Juscelino Colares 2008)的研究发现,比起依照《北美自由贸易协定》审理同类案件的美国—加拿大专家组(U.S.—Canadian panels),国际贸易法院和联邦巡回法院对行政决定更漠然,这个差别很有意思,但不太容易解读。[6]

但也能从两家法院的早期历史中发现一些间接证据。1913年,财政部一名官员在国会作证时,对新设不久的关税上诉法院表示满意,但同时也表达了对综合评估委员会的诸多失望(U.S. House of Representatives 1913, 6307, 6134)。正如一位评论者后来指出的:"看起来,财政部对综合评估委员会独立性的提升不太满意"(Lombardi 1976, 50)。

关税法院法官的背景有助于我们理解政府任命他们的目的,他们的背景的确可能影响法院的判决倾向。[7] 在综合评估委员会最初的九位成员中,大部分曾经有政府相关工作经验(Harper's Weekly 1890)。但综合评估委员会与之后法院成员的职业背景并不都是同样

---

[6] 美国劳工联合会(American Federation of Labor)和产业工业联合会(Congress of Industrial Organizations)在《关税法院法》(1980)的听证会上,主张影响当地社区的贸易纠纷应当由地区法院审理。他们假设,如果法院与受影响的社区有直接联系,同时在视野上比贸易导向的法院更开阔,会更注重保护当地经济利益(U.S. Senate 1979a, 68-69)。

[7] 法官背景主要来自国会名录汇编(*Congressional Directory*),以及 Rich (1980) 和 Unah (1998, 28-29)的研究。

模式。许多法官曾经在海关和相关行政机关任职,但也有很多人曾从事私人律师执业,或服务于国会和其他公共机关。

关税上诉法院最早任命的五名成员中,两人曾在海关部门任职,还有一位从综合评估委员会擢升而来。随后被任命到该法院和关税与专利上诉法院的法官中,只有两人曾在海关任职。在20世纪20年代,获得任命的五人全是政客,其中有四人在获得任命时,是前任或现任国会议员。1929年一篇新闻报道的标题甚至是"关税上诉法院沦为跛脚鸭天堂"*(Rich 1980,138)。关税与专利上诉法院的法官任命遵循了这一模式。1929年至1955年间,在该法院任职的十名法官里,有七人曾在国会工作,有观察者甚至称该院为"退休之家"(Baum 1977,840)。20世纪50年代起,一些有专业经验的法官陆续获得任命,但仅限于专利法领域。

与此类似,联邦地区法院任命的法官也均没有国际贸易领域工作的经验。里根总统曾经在1988年提名了一位具有国际贸易工作经验的律师到联邦地区法院任职。讽刺的是,她曾任国际贸易委员会主席的经历招来反对意见,以致提名未获通过(Unah 1998,32)。

由于缺乏有关国际贸易法院行为模式的证据,预测法院的发展趋势就必须特别慎重。从民间关税律师协会对法院没什么实质反对意见来看,就算这些法院最初有些偏袒政府,也没有一偏到底。[8] 值得一提的是,1980年,关税律师和进口商都支持扩大关税法院的管辖范围(财政部和司法部也持同一立场)。[9] 也是从那时起,关税律师协会

---

* "跛脚鸭"一般指即将卸任的官员。新闻标题的意思是,关税上诉法院被用来安排那些已经或即将卸任的立法、行政分支官员。——译者注

[8] 但是,对律师来说,由于长期共事的法官都是同行专家,彼此熟悉且工作更有成效,容易对现有法院产生偏好。

[9] 在关于1980年立法的一次听证会上,对于将国际贸易纠纷的管辖权统一交由关税法院,美国进口商协会的一名代表曾提出质疑(U.S. Senate 1978, 99, 105)。但整体来说,进口商还是支持扩大关税法院在这一领域的管辖范围(例如, U.S. Senate 1979a, 73)。

开始呼吁扩大国际贸易法院的管辖范围(Reed 2001)。

所得税

所得税领域的司法专业化发展历程,与进口税领域截然相反。首先,在这一税收领域设立专门上诉法院的一系列提案都未成功。其次,税收法院(Tax Court)作为专门初审法院,与其他有权审理税收案件的初审法院并行不悖。[10] 最后,设立税收法院的动机,要比关税法院复杂得多。

税收法院的前身,是1924年设立的税收上诉委员会(Board of Tax Appeals),后者是隶属于政府的独立机构。1926年的一部立法实质确认了1924年的制度安排。1942年,国会赋予该委员会"法院"称号,但仍保留其行政机关地位。1969年,税收法院获得了宪法第一条法院的地位,并更名为美国税收法院(United States Tax Court)。

纳税人如对美国国税局的征税核定不满,有三种选择(参见 R. Howard 2009, 21-27)。纳税人可以直接向税收法院起诉,暂不支付争议税额。不服税收法院的判决,可以上诉至相应的上诉法院。所以税收法院的特殊之处,在于裁判可能受到12家上诉法院复核。纳税人也可向地区法院或联邦索赔法院(Court of Federal Claims)提起诉讼,但必须先缴纳争议税款,然后起诉要求返还。实践中,大多数案件在税收法院起诉。[11] 该法院位于华盛顿特区,但会在全国范围开庭审理,因此便利度也不亚于地区法院。从1969年起,税收法院推行流程化的小额税收诉讼程序,适用于5万美元以下(包括本数)的案件(Da-

---

[10] 税收法院审理的案件还包括国税局征收的其他税种,如不动产税和遗产税,但以所得税为主。

[11] 在2009财政年度,地区法院受理税收案件约1300件,联邦索赔法院约70件(Administrative Office of the United States Courts 2010, 143, 298)。国税局报告显示,税收法院受理案件约30000件(Internal Revenue Service 2009, 61)。在1994年到2000年之间,税收法院和地区法院受理案件量比例从11:1提高到19:1(R. Howard 2007, 113)。

vidson 1973)。

实际上,1924年设立的税收上诉委员会属于典型的失控立法。[12] 该委员会为原财政部国税局下属的上诉与复审委员会的继承者(Committee on Appeals and Review)。在1924年转型之前,上诉与复审委员会作为国税局局长的代表,审理与所得税核定相关的申诉。该委员会有利于纳税人的裁定具有终局性。也正因为如此,该委员会倾向于维持税收核定的结论。只有在缴纳核定的税款后,纳税人才能在联邦法院起诉请求返还,但基本是无用功。

于是财政部提议将该上诉委员会改建成内设的行政裁判所。裁判所的裁定可以由行政相对人向法院提起上诉,以遏制裁判所偏护政府的冲动。在财政部官员看来,这项有益的改革"能保护政府和纳税人双方的利益"。新的组织形式还有助于减少未决的申诉积案(Holcomb 1925, 271-72; quotation at 272; U.S. House of Representatives 1924b, 7-8)。

国会最后的立法方案对现行制度的改革幅度更大。委员会的审理程序正式化,更重要的是委员会从财政部剥离,不再受财政部长的行政控制。委员会成员由总统任命,而非财政部长。时任财政部长安德鲁·梅隆(Andrew Mellon)反对这些改革,柯立芝总统在签署法案时也颇为踌躇(Dubroff 1979, 80)。国会对财政部提案的调整,体现出对纳税人的同情和保护,组建独立委员会的方案最初由商事团体提出,并最终被国会采纳(U.S. House of Representatives 1924a, 459-62)。

为解决积案,委员会设立之初直接任命了二十八名成员,但这些初始成员的任期只有两年,其中有七人获得留任。有些人认为所得税很快会被取消,委员会也就没有存在必要(Dubroff 1979, 67-68)。无

---

[12] 对税收法院起源和发展的研究,很大程度上得益于Harold Dubroff(1979)对税收法院史的权威记录。

论如何,委员会迅速得到一些早就对 1924 年立法不满的行政官员的支持(U.S. House of Representatives 1925b, 9-10)。到国会 1926 年重新考虑委员会地位时,几乎没人质疑它存续的价值。[13]

1924 年,国会在改组上诉与复审委员会时,本来可以直接新设一家法院,而不是行政分支的委员会,但这一方案并没有得到重视。研究表明可能有几个原因(Dubroff 1979, 171-72;Ash 1955, 206),其中有三个特别重要。首先,一般认为法院是常设机构,但当时考虑到所得税可能会被废除,行政委员会看来更合适。其次,新设机构的工作效果有待确定,而撤销行政委员会相对容易。最后,行政分支更倾向于设立独立的行政机关而非法院,它关于行政委员会的提案也框定了国会讨论的范围。

委员会地位稳固后,转型为法院的提议接踵而至。与综合评估委员会类似,这些提案的推动者主要是税收上诉委员会。这场旨在争取完整法院地位的运动,过程漫长,并经历了数次失败,最终在 1969 年获得成功(参见 U.S. House of Representatives 1967, 96-100)。除新设法院的踌躇外,管辖权之争也拖延了整个进度。在委员会处理的大部分案件中,财政部代表政府出席,国会税收委员会(congressional tax committees)负责监督税收上诉委员会,而会计师有权代表客户出席。[14] 在政府各部门之间、国会委员会之间和律师、会计师之间的各种冲突,都延缓了争取法院地位的进程(Dubroff 1979, 194-98)。

一个主要疑问是,为何税收法院从未垄断初审层级的税收案件。众议院在 1926 年通过了一项法案,赋予委员近乎垄断的地位(U.S. House of Representatives 1925a, 13-14),但参议院没有批准。

---

[13] 40 多年后,司法部建议撤销税收法院,但未得到响应(Dubroff 1979, 209-10)。

[14] 这些条款一直存在,在委员会转型为税收法院之后依旧如此。

之后国会就再没研究过撤销地区法院和联邦索赔法院在税收领域的管辖权。这一事实让人惊讶，因为众所周知的是，绝大部分税收案件已由税收法院受理，由非专业法官处理税法案件难度极大。固守现状似乎是基于现行制度自身的优势，而律师更偏向多个有管辖权的法院可供选择。但最终却造就了同一法律领域的案件，由一家高度专业化的法院、一家相对专业化的法院和数家通才型法院共同行使管辖权的怪象。

这就让税法领域成为分析专业化对法官行为影响的沃土。实际上，税收专家已经研究了税收法院的裁判倾向，并在税收法院之间、税收法院与其他法院之间进行了对比。这些研究在很大程度上源于一场关于税收法院是否不当偏向联邦政府的争论（Kroll 1996；Maule 1999；An. Smith 2005，378-85；参见 Billings，Crumbley，以及 Smith 1992）。关于偏好的认识，反映在两个方面：一方面，政府在税收法院胜诉率很高；另一方面，多位税收法院法官曾在财政部和司法部任职，有观察者认为这导致这些法官更偏向国税局一方。

基于上述认识，通过法官任命模式观察法院的决策倾向，其实是很好的切入点。税收法院与其他联邦专门法院的不同之处在于，具备相关专业知识是法官获得任命的前提。绝大部分税收法院法官具有税法从业经验，一般都是该领域的专家，2010年活跃于税收法院的全部27位资深法官皆是如此。[15] 许多税收法院法官在被任命之前，就已功成名就。

任命税收法院法官时，专业经验的重要性并没有排除政治恩惠的

15　税收法院法官的履历信息参见该院官网（http://www.ustaxcourt.gov/judges.htm）以及 U.S. Senate 1997（48，52，53）。税收法院大部分的审判工作由该院首席法官指定的专业初审法官完成，2010年有5位专业法官在职，均有丰富的税法经验。

考量。* 1925年任命的4位法官就显示出国会裙带关系的举足轻重：第一名法官的父亲是众议院筹款委员会主席，第二名法官曾是众议院筹款委员会中一个民主党高级议员的前律所合伙人，第三名法官是参议院财政委员会主席的前任秘书，第四名法官由财政委员会一名委员举荐（New York Times 1925）。1926年，一位参议员提及委员会成员时，指出"他们中不少人都和政要有关系"（U.S. Congress 1926a, 3752）。

从那时起，政治关系就一直影响着法官选任。举例来说，2010年任命的部分法官曾经是国会税收委员会工作人员。即使政府中的公职律师被任命为法官，也更可能出于政治恩惠的考虑，而不是为了让法院偏向政府利益。

法院设立之初，财政部对法官任命拥有最大话语权时，具备政府税务工作经历的法官数量引起了关注（Dubroff 1979, 85-86）。但即使在当时，法官的来源也具有一定多元性。一项针对20世纪70年代到90年代税收法院法官的研究，就证实了多元性的存在。有些法官之前一直在政府工作，有些只是私人执业，也有不少在公私领域都有任职经历。汇总之后会发现，这一群体的法官在私营部门的任职时长稍微长于政府机关（Maule 1999, 407-16）。后来的任命也证实了这一研究（参见R. Howard 2009, 58）。

至少在当代，法官职业经历的轨迹对其履职的影响不大。有研究发现，直接从政府机关到税收法院的法官比其他同僚更可能判决支持政府，但偏差在合理范围内（整体约10%，排除党派影响的话，只有9%）（Altieri et al. 2001, 313）。而另一项研究则指出，有国税局工作经历的税收法院法官与其他同僚相比，没有明显差异（R. Howard

---

* 政治恩惠式任命，是指总统为了报答参议员或其他支持者而将他们任命为法官。——译者注

2005)。

最后的问题是,税收法院与其他初审法院审理税收案件的对比如何。有几项研究提供了纳税人在税收法院和其他地区法院的胜诉率数据(Geier 1991,998;Caron 1994,577-81;Caron 1996,668;R. Howard 2005,144)。这些研究一致认为,纳税人在地区法院的胜诉率明显更高。比如,一项研究分析了1968年至1992年的25年间,一方当事人全面胜诉的所有案件,发现纳税人在地区法院和联邦索赔法院的胜诉率(分别是31%和33%)比在税收法院16%的胜诉率高出约两倍(Caron 1994,578)。但是,这项研究也发现,在此期间处理的所有案件中(包括庭外和解案件),税收法院的当事人胜诉所得金额占争议总额的比例(68%)远高于地区法院(39%)和联邦索赔法院(41%)(Caron 1994,579-80;也参见Caron 1996,668)。研究者也指出,两种测算差异显著的原因之一,是用以分析的案件类型不同(Caron 1994,580;Geier 1991,998)。

虽然纳入胜诉金额增加了分析的复杂性,但判决结果的数据也多少可以证明,税收法院相对偏向政府。但对这些数据的解读要慎重。与其他法律领域一样,初审已决案件在全部立案中属于偏性样本(biased sample)——至少在地区法院层面,只是非常小的取样(Administrative Office of the U.S. Courts 2010,165)。更重要的是,三类法院审理案件的平均特征可能存在很大区别。部分由于纳税人和律师会根据特定案件胜诉的可能性来选择法院,部分由于法院之间存在管辖权和程序差异(参见Laro 1995,24-29)。

基于类似理由,仅根据当事人对起诉法院的选择,无法推测法院的裁判倾向。但当事人和律师压倒性地选择税收法院,似乎是税收法院比联邦索赔法院和地区法院对纳税人更有利的证据。但实际上这种偏好可能主要源于程序性考虑——纳税人可以不支付有争议的税款,直接到税收法院起诉,并且还能使用小额税收案件程序(U.S. Senate 1968, 118-20)。这些特征也会导致税收法院受理的案件中,理据不足的案件比例较高,这一差异也能够解释为何纳税人在税收法院的胜诉率低。实务工作者在文章中分析选择哪家法院时,一般强调的是不同因素的影响,而不是法院整体的裁判倾向(例如,Bickford 1956, 292-93; Beaman 1957; Gannet 1964; Hamburger 1974)。[16]

在税法领域比较法院之间裁判趋势的难度很大,但也能够通过分析不同法院的判决记录并考虑案件构成差异,或者通过分析法院的政策立场来降低比较难度。在选定案件类型的前提下,一些法学学者和政治学者研究了税收法院和地区法院的判决记录(Schneider 2002; R. Howard 2005; Hendrickson 2006, chap. 4; 参见 Schneider 2001)。研究重点关注法院判决的决定性因素,而不是判决结果偏向纳税人还是政府。研究发现,法官个人的意识形态立场以及所处的政治环境,会对判决产生影响(R. Howard 2005; Hendrickson 2006, chap. 4)。[17] 有研究提出了一些间接证据,但把分析限定于有可比性的案件上,税收法院和地区法院的判决趋势相似(Hendrickson 2006, 136)。但迄今为止,在税法领域仍无法证明专业化对法官对纳税人和政府的支持力度有影响。

基于税法水平以及法官的专业知识,税收法院很有可能产生孤岛效应。尤其是,法官们可能拒绝接受通才型上诉法院的业务指导。数

---

[16] 有一项研究确实通过证据证明,税收法院的意识形态构成(ideological composition)会影响当事人在税收法院和地区法院之间的选择起诉,相对保守的税收法院更受当事人青睐。这也证明法院的判决倾向会影响当事人的诉讼选择(R. Howard 2007)。

[17] 对税收法院法官意识形态立场与他们所支持的双方之间的关系分析,众多研究的结论并不一致(Altieri et al. 2001; C. King and Lazarus 2003; R. Howard 2005; Hendrickson 2006, 114-18)。由于法官针对不同当事人有不一样的反映,使得意识形态和决策行为的关系更加复杂。比如,自由派更偏向低收入群体,而不是高收入群体以及大公司(R. Howard 和 Nixon 2003)。Robert Howard(2009, 68-69)的研究也提供了一些间接证据。

十年来,当与上诉法院的裁判发生冲突时,税收法院都坚守"自身诚信"原则,因为多个上诉法院都有权复核它的判决(*Lawrence v. Commissioner* 1957, 716)。按理说,这一政策是为了尽量减少通才型人士的干预。但是,税收法院又在1970年颠覆了自身立场(*Golsen v. Commissioner*)。

除孤岛效应外,税收法院法官的专业也有利于在税法领域形成高质量的判决。判决质量的标准之一是上诉审的结果。一项研究发现,在1967年到1970年之间,上诉法院撤销的税法案件中,地区法院远多于税收法院:全部撤销的分别是23%和13%,而其他类型案件被撤销的比率分别是38%和27%(Worthy 1971, 253)。即便研究的时间跨度有限,结果足以说明问题,尤其考虑到负责上诉审的是通才型法院。当然,判决质量之外的因素也可能决定上诉审的结果。

财政支出

除了少数例外,立法机关有权许可或禁止人们向政府提出金钱给付之诉。国会分别在一宽一窄两个领域,同时设立了专门法院,赋予人们起诉联邦政府的权利。在其中一个领域,维护国家财政利益是国会的重要出发点。

对政府提出的索赔请求

建国之初,向联邦政府提出的金钱索赔请求,由国会而非法院受理,议员根据特别立法决定是否偿付。1855年,国会设立求偿法院(Court of Claims)作为咨询机构(advisory body),随后在1863年将索赔请求的判决权移交该院。求偿法院的管辖范围和地位与日俱增(Cowen, Nichols和Bennett 1978)。1887年通过的《塔克法》(Tucker

Act of 1887)*特别重要,它通过大幅压缩政府主权豁免的范围,扩大了求偿法院的管辖范围。《塔克法》还规定,通才型初审法院与求偿法院一样,对新增的诉讼标的额不超过1万美元的案件享有共同管辖权。直到今天,联邦索赔法院的管辖与地区法院或行政机关还有不少重合之处。

1925年,国会任命求偿法院的委员在案件中主持听证。随后数年,委员们的地位不断提高,使得求偿法院实质上成为一个双层决策机构,委员们决定初审,法官们负责上诉审。1953年,求偿法院法官克服重重争议,获得宪法第三条法官地位。

1982年,国会把求偿法院一分为二。部分求偿法院的法官加入新设立的联邦巡回上诉法院(CAFC),该法院上诉审管辖范围包括对政府的索赔请求。求偿法院的委员则加入新设的索赔法院(Claims Court),作为宪法第一条确立的初审法院。1992年,索赔法院更名为联邦索赔法院(Court of Federal Claims)。为了方便叙述,我有时候会将改制和更名前后的法院作为同一个法院,并统称为"索赔法院"(Claims Court)。**

联邦索赔法院的案件集中程度处于中等水平。在小额金钱索赔案件和退税案件上,它与地区法院行使共同管辖权(concurrent jurisdiction)。另外,有一些合同纠纷可以选择向索赔法院或(合同)申

---

　　* 《塔克法》:全称是《扩大索赔法院管辖权法》,主旨在于扩大索赔法院的管辖权。根据该法规定,索赔法院的管辖权在原来的基础上,扩大至公民根据宪法、法律、行政规章以及非由于侵权行为而提起的损害赔偿之诉。——译者注
　　** 严格来说,Court of Claims、Claims Court 以及 Court of Federal Claims 都可以译为索赔法院,为体现三者的区别,考虑到 Court of Claims 被拆分,而 Court of Federal Claims 是从 Claims Court 直接改制而来,译者将早期的 Court of Claims 译为求偿法院,而将后两者译为索赔法院。——译者注

诉委员会*提出。索赔法院的法官专业程度也处于中等水平,因为针对政府的索赔请求所涉及的诉讼标的,比税收领域和国际贸易领域更为多样化。因此,索赔法院也被称为"准专门法院"(Schooner 2003,720)。除后面将讨论的疫苗案件之外,2009财政年度法院受理案件中,有40%的合同纠纷、15%的公众和军人的薪酬支付纠纷、14%的税收和12%的征收赔偿,剩下的案件则散见于其余类型(Administrative Office of the U.S. Courts 2010,298)。

但是,索赔法院里还有一个又精又专的领域(Schooner 2003,732-36)。依据1986年的《全国儿童疫苗损害法》(National Childhood Vaccine Injury Act of 1986),国会在索赔法院里设立了一个项目组,根据无过错责任原则为那些因强制接种疫苗而受到伤害或死亡的儿童进行补偿,补偿金由联邦政府用疫苗税收入设立的基金提供。[18] 第二年,国会在索赔法院内部设立了特别主事官**小组,特别主事官被分派到每个上诉案件中,协助法官开展审理工作。相关法律条款是预算调节法案的一部分,当中并没有明确将这类案件交由索赔法院审理的原因。但从逻辑上看,索赔法院确实是审理当事人对政府的赔偿金请求的合适平台。"疫苗法庭"从此开始运作,审理的争议性案件包括一些疫苗中的某种成分是否诱发儿童自闭症(A. Allen 1998; M. Levin 2004;参见 A. Johnson 2009)。2009年,3名特别主事官在一起测试性案件

---

* 申诉委员会(Agency Board of Contract Appeals,简称 Agency Board):在美国政府采购活动中,采购机关和供应商之间如果产生纠纷,根据1978年《合同争议法》,应当先由合同官作出初步裁决,如果供应商不服,或认为合同官逾期未裁决,就可以在法定期间内向缔约机关公共合同申诉委员会进行申诉,或向联邦索赔法院提起诉讼。——译者注

[18] 如果原告对索赔法院的工作不满,有权向地区法院提起诉讼,但有一定限制条件。

** 特别主事官(special master):受法院委托,对某事项进行审理并报告其对事实的认定和法律结论的人。在美国,特别主事官早期主要见于复杂侵权案件中,这类案件由于受损害当事人的不确定性、损害因果关系的复杂性以及赔偿规模巨大等原因,需要聘请专业人士来辅助法官工作。——译者注

中,逐一否定了疫苗与自闭症之间的理论关联。[19] 在 2009 财政年度里,法院受理的一半案件,以及截至年底时四分之三的未结案件,都涉及疫苗损害赔偿(Administrative Office of the U.S. Courts 2019, 298)。

纵观索赔法院漫长而复杂的发展史,关键决定都是在最初阶段作出的,也就是求偿法院历经多年审议后设立并获得最终判决权时(Wiecek 1968; Currie 2005, 194-203)。之所以授权司法机关审查民众对政府的索赔请求,原因很简单:这项工作成了国会议员不能承受之重。亟须解决的是由哪家法院接手。除了军事法院,当时在联邦层面并没有专门法院。但国会最后选择了设立专门的求偿法院,而不是把这些针对政府的索赔交给联邦地区法院或巡回上诉法院。

在一定意义上,这一制度安排不足为奇。如果 1855 年国会选择由通才型法院审理索偿案件,就必须将终审权交给法院,因为宪法第三条实际上不允许法院行使咨询功能。更稳妥的办法,是让司法机构从提供咨询开始介入索赔案件。而在国会赋予法院索赔案件完整审判权之前,求偿法院已在运行中,继续沿用顺理成章。当林肯总统提出,国会没有足够时间处理这些案件,需要授权给一家法院审理时,他所指的就是既有的求偿法院(U.S. Congress 1861-62, 2)。

但国会的确考虑过用地区法院替代求偿法院。1860 年,众议院司法委员会提出的一项立法草案建议撤销求偿法院,并将其管辖权移交给地区法院(U.S. House of Representatives 1860)。但最终出于便利政府、便利听证等多种考虑,设立的是求偿法院,而非通才型法院。

另一个重要认识是,案件集中化和专业化的法院会比分散各地的

---

[19] 这三起案件分别为 *Cedillo v. Secretary of Health and Human Services* (2009); *Hazlehurst v. Secretary of the Department of Health and Human Services* (2009); *Snyder v. Secretary of the Department of Health and Human Services* (2009)。

通才型法院更有利于政府。1824 年,国会考虑把索赔案件管辖权交给巡回法院和地区法院时,一位议员争辩道:"地方法院和陪审团总会倾向于个人而非政府",另一名议员也附和指出,陪审团"总会偏向原告,尤其是原告可能就是他们的左邻右舍"(U.S. Congress 1824,476-78)。

1862 年,众议院一份报告表达了合理担忧,即南方对联邦政府的仇恨可能会影响当地法院的判决。相比之下,报告还指出:"求偿法院的审判记录证明,把政府利益托付给它是可靠的。由政府设立并维持运作的核心裁判机构,不太会损害政府利益"(U.S. House of Representatives 1862, 2)。同年,向国会递交求偿法院法案的议员也提到,"存在地方势力干预司法、损害联邦政府利益的危险"。他补充道,求偿法院的工作会"在国会的直接监督下开展",因此"一旦国会将管辖权转交该法院后产生任何不良后果",国会可以直接纠正甚至撤销该法院(U.S. Congress 1861-62, 124)。由于议员们普遍担心将政府索赔诉讼交由地方法院,在华盛顿设立一所专门法院的方案就相当有吸引力,即使发生最坏情况,也可以尽在掌握之中。

从那时起,向政府提出的索赔请求就主要由求偿法院受理。1887 年,当立法将不少新类型索赔请求的管辖权从国会移交给求偿法院时,人们也觉得这些案件理所当然该由求偿法院负责——尽管巡回法院和地区法院也有部分共同管辖权(U.S. House of Representatives 1886)。

当有提案建议单列求偿法院的上诉职能,并新设立一个联邦上诉法院时,国会获得推动该法院初审层级的改革机会:决定到底求偿法院的初审层级应当独立成为一家法院,还是应当撤销,将管辖权移交给地区法院。但国会并没有把握这一机会。应该说,选择设立求偿法院多少有点条件反射的感觉,因为这是所有方案中最能维持现状的

(J. Baker 1983, 96)。正如一位评论者所说,该法院的设立"几乎是巧合"(Schooner 2003, 715)。委员会报告没怎么关注索赔法院,只是简单提及将委员转为有裁判权的法官并不麻烦(U.S. Senate 1979d, 15; U.S. House of Representatives 1981b, 25–26)。

从索赔法院的发展史来看,很难说它是审慎设计的产物。正如一些法学学者指出的,现在的联邦索赔法院"是一个各类稀奇古怪案件炖在一起的大杂烩"(Resnik 2003, 802)。进一步说,索赔法院与其他法院的管辖权重叠,表明立法者没有系统思考过制度的可替代性。从那时开始,索赔法院的发展就和设立初衷南辕北辙了。实际上,现在也有呼声要求撤销联邦索赔法院。北达科他州参议员拜伦·多根(Byron Dorgan)就以案件类型"大杂烩"和案件总量少为由,主张撤销该法院(U.S. Congress 2007, S1857; 参见 Washington Post 2003a; Margasak 2004b)。

索赔法院的法官们对法院地位也有所担忧。尤其他们在1992年开始呼吁把索赔法院更名为联邦索赔法院。如一位学者所言,"传达的微妙信息在于,这不是所谓的小额索赔法院,而是一所真正的大额索赔法院"(Schooner 2003, 767; 着重号为原文所加)。法官们也试图为法院赢得更多尊重(Billard 1984; T. Carter 1987, 1992)。[20]

无论索赔法院如何定位,试图撤销它的努力收效颇微,也注定前景黯淡。联邦索赔法院的存续表明,只要在法律上有一席之地,相关法院就能持续存在;除非出现异常情形,基本不会被撤销。

索赔法院的漫长发展历史和宽泛管辖范围,使得它的政策倾向很难描绘。值得注意的是,在19世纪50年代到60年代,任命到该院的

---

[20] 联邦索赔法院宣传册附录中有关历史发展的部分提供了法院2006年的工作数据,另外也强调了法院案件量的规模和重要性。手册下载地址为 http://www.uscfc.uscourts.gov/sites/default/fles/court_info/Court_History_Brochure.pdf。

法官主要来自各州律师和州法院法官,这表明联邦政府并不打算在索赔法院全部安排有利于己的法官(Richardson 1882, 793-95)。纵观法院整个发展历程,直接来自政府部门的法官占多数,其中不少人曾在索赔案件和其他法律事务中代表政府出庭。但也有不少私人执业律师,其他则来自立法或司法机关。在整个索赔法院历史上,在国会做过议员的法官都表现不俗。[21]

从国会愿意维持索赔法院,并逐步扩大其管辖范围来看,法院并没有公然损害政府利益,但推论也仅限于此。[22] 与税法领域相似,索赔法院和地区法院管辖权的重叠领域也很适合作比较分析,但没多少研究者关注。审计总署(General Accounting Office)2000年的一份研究(参见 L. Smith 2003, 781)分析了索赔法院和地区法院的招投标纠纷,也就是联邦政府合同的投标人对招投标程序或中标结果的异议案件。结果发现大多数案件都在联邦索赔法院起诉,而投标方在该院的诉讼效果更好。然而,报告中关于律师们总结的选择起诉法院的理由,并未显示受到法院判决倾向的影响。一位学者指出,在行政裁判所和联邦索赔法院都有管辖权的案件中,多数当事人都会选择前者。他还援引传闻证据暗示:裁判所明显更偏向私方当事人(Schooner 2003, 756-57)。

除了招投标纠纷的研究,索赔法院在另外两个审判领域的工作,也推翻了关于联邦索赔法院具有天生亲政府立场的假设。首先是

---

[21] 法官的背景信息来源于 Bennett (1978),历年的国会名录以及联邦索赔法院官网:http://www.uscfc.uscourts.gov/judges-biographies。

[22] 有评论者认为,缺失终身制的保障,会让法官在判决中更倾向于讨好政府(参见 Zappia 1998)。但值得注意的是,联邦索赔法院法官和税收法院法官一样,根据法律规定(分别为《美国法典》第28章第178条[联邦索赔法院]和第26章第7447条[税收法院]),如果法官任期届满之后未能连任(reappointment),可以拿相当于全职薪水的退休金退休。因此,尽管联邦索赔法院的法官很少获得连任,也未必全是坏事(Margasak 2004a)。但就像签订长期合同的足球教练一样,联邦索赔法院的法官可能会因解雇而提前去职。

基于宪法第五修正案"征收条款"的案件。[23] 索赔法院对争议金额超过 10000 美元的案件行使专属管辖权,因此,根据"征收条款"对联邦政府提起的大额索赔案件都集中于此。

数十年来,保守派致力于根据宪法"征收条款"对抗政府规制,加强财产权的保护力度。在联邦索赔法院多数席位出现缺额时(1982 年从求偿法院到索赔法院任职的委员们,在 1986 年结束任期),里根和布什政府任命了多名保守派法官履职(W. Moore 1992,1406)。洛伦·史密斯(Loren Smith)于 1985 年获得任命,并于 1986 年至 2000 年担任首席法官,他支持对"征收条款"作扩大解释,并在多份判决书中表达立场(例如,*Whitney Benefits*, *Inc. v. United States* 1989;*Lovelad ies Harbor*,*Inc. v. United States* 1990)。通过这些努力,他和联邦巡回上诉法院以及最高法院共同推动了这一法律转变(L. Smith 1996,1998;Castleton 1992;Kendall 和 Lord 1998,535-38)。[24] 最近,该院一名法官还在一起案件中判定,政府以卫生和安全为目的规制商业,要对造成的利润损失承担责任;这一判决最终被联邦巡回上诉法院(CAFC)撤销(*Rose Acre Farms v. United States* 2007,2009;参见 Coyle 2008b)。

另一个关于索赔法院并未持亲政府立场的证明,是该院在 20 世

---

[23] 美国宪法第五修正案规定:"……不能在未经合理补偿的情况下,为公共目的征收私人财产。"

[24] 在征收案件中,联邦索赔法院有权判处救济金,但无权判定相关法律法规违宪。1998 年,众议院通过了一项法案赋予该法院违宪审查的权力,但参议院没有响应。这项法案的支持者主要是偏向对宪法征收条款作广义解释的保守派(包括首席法官史密斯),自由派持反对意见。很明显,法案的支持者认为,联邦索赔法院更支持征收索赔请求(Coyle 1997;U. S. House of Representatives 1998)。

纪80年代清理储蓄与贷款危机债务时的表现。* 在首席法官史密斯主笔的一系列判决中,法院认为国会在1989年收紧银行业规制措施,损害了接管已破产储蓄与贷款组织的机构与其之间的合同权利(例如,*Winstar v. United States* 1992;*Glendale Federal Bank v. United States* 1999)。这些判决影响深远,因为涉及数十亿美元的利益(Labaton 1998)。在这个问题上,联邦索赔法院得到联邦巡回上诉法院(CAFC)的大力支持。[25]

退伍军人福利

1988年之前,退伍军人不得就有关自身福利的行政决定向法院起诉。[26] 根据1933年设立退伍军人署*的立法规定[27],退伍军人署的决定

---

* 在美国,储蓄与贷款协会是一种在政府支持和监管下专门从事储蓄业务和住房抵押贷款的非银行金融机构。但为了实现"居者有其房"的美国梦,政府大力扶持储蓄与贷款协会,导致这些产生于民间的非银行金融机构,从居民手中收取零碎存款,再发放给参加储蓄的会员用于住房按揭贷款,并向参加储蓄的会员发放定息的住房按揭贷款。但随着20世纪70年代末期战后美国经济状况的恶化以及通货膨胀率的提高,政府逐渐放开了对市场利率的规制,导致实际利率不断升高。储蓄与贷款协会面对会员流失的问题,通过代理人开始向国会施压。1980年,国会提高了储蓄与贷款协会支付存款利息的上限,但并没有放开贷款利率的上限,在1982年通过了一项彻底放松针对储蓄与贷款协会规制的法律,允许它们向住房之外的投资项目提供贷款。于是储蓄与贷款协会开始四处放款。但协会既缺乏专业人才,又不具备银行的风控体系,加上政府监管乏力、内部管理混乱,最后导致大量的坏账、投资亏损和欺诈行为,酿成巨大的金融危机。——译者注

25 在 *United States v. Winstar Corp.* (1996)一案中,最高法院维持了联邦巡回上诉法院的判决,间接支持了联邦索赔法院。
26 针对退伍军人福利行政决定的司法审查,本节内容参考了Light(1992)和Helfer(1992)。
* 退伍军人署(Veterans Administration):负责退伍军人及退伍军人扶养的家属福利项目的独立联邦机构。这些福利指与服役相关的残疾或死亡赔偿金、退休金、教育和为恢复独立生活能力的康复训练,家庭贷款担保计划,涉及广泛的私人疗养院、诊所和医院的综合性医疗项目,包括管理公墓等在内的丧葬事务。1989年被退伍军人事务部(Department of Veterans Affairs)取代,地位升至内阁级。——译者注
27 尽管不符合语法规则,这个领域负责机构命名的人由于某种原因总是避免使用缩写符。退伍军人署(Veterans Administration)是一个有争议的非所有格名词,所以并无不妥,但不能类推到退伍军人事务部(Department of Veterans Affairs)、退伍军人上诉法院(Court of Veterans Appeals)或退伍军人索赔上诉法院(Court of Appeals for Veterans Claims)。不能忽略的是,作为退伍军人事务部内设的上诉机关,退伍军人的上诉委员会(Board of Veterans' Appeals)用了所有格。

是终局性的,联邦法院只在少数情况下有权审查其决定(Kramer 1990)。根据另一项从内战时期沿用至今的荒谬规定,代理退伍军人诉讼的律师只能收取10美元(已经比1924年规定的5美元有所提高)。诸如美国退伍军人协会(American Legion)和美国伤残老兵组织(Disabled American Veterans)之类的退伍军人服务团体,在退伍军人署审理的案件中提供免费代理服务,填补了前述规则漏洞。这种制度安排有利于这些团体招募成员,而退伍军人署也乐意为他们委派的代理人提供办公场所。

这种合作也是退伍军人服务团体与退伍军人署之间委托关系的一部分。国会相关委员会对退伍军人团体的强力支持巩固了这层关系,并促使退伍军人署主动与这些团体合作。利益集团、行政官员以及国会相关委员会之间的关系被誉为"硬核铁三角"(Shipan 1997, 136;参见 Light 1992, 5)。但是,寻求财政救济的退伍军人和需要控制支出的行政官员之间,存在一定利益冲突。

退伍军人署当然希望自己作出的决定能够免受司法审查。退伍军人服务团体的动机相对隐蔽,但立场也同样强硬。允许向法院上诉,会破坏服务团体代理退伍军人的垄断地位。进一步说,退伍军人团体的领导者相信,现有制度能够维护退伍军人的利益。他们认为,各团体与退伍军人署之间的友好关系会给申诉人带来有利结果,这种良好局面反而可能被司法审查引发的对抗关系破坏(参见 U.S.House of Representatives 1986)。

早在1952年,国会就对禁止司法审查的规定提出异议。从1979年开始,连续四届国会任期内,参议院都通过了准予司法审查的法案,但都因众议院退伍军人事务委员会主席桑尼·蒙哥马利(Sonny Montgomery)的坚决抵制而被众议院否决。由于情势变化,到1988年,蒙哥马利终于撤回反对意见,司法审查法案得以通过。最重要的因素有三个:一是将司法审查与设立一个内阁级退伍军人部门作为绑定条件;二是退伍军人社群内部存在分歧,以及退伍军人服务机构立场软化;三是选择由专门法院负责审查,而不是通才型法院。1988年,国会通过《退伍军人司法审查法》(Veterans' Judicial Review Act)设立了退伍军人上诉法院,审理对军人福利相关行政决定提起的上诉,不服该法院判决的上诉,则由联邦巡回上诉法院(CAFC)审理。

到底由谁审理退伍军人上诉案件,国会明确而直接地在专门法院和通才型法院之间作出了选择。参议院一直更青睐由通才型法院,特别是地区法院进行司法审查(参见 U.S. Senate 1979e, 43-45)。但众议院相关委员会在 1988 年批准了设立专门法院的法案,并获得通过。经过两院之间非正式磋商,一家与众不同的专门法院诞生了。

联邦司法会议(Judicial Conference)的立场也左右了设立退伍军人上诉法院的最终决定。自 1962 年起,他们就一直反对将这些案件交给地区法院(U.S. House of Representatives 1962, 1853; 1980d, 70-71),主要是因为地区法官不想接手大量无趣又没影响力的新案件(U.S. House of Representatives 1988, 24-25)。有些联邦法官甚至四处游说,反对地区法院受理这些案件(Light 1992, 177)。

"铁三角"成员的立场也起到重要作用,尤其是退伍军人团体。比起通才型法院的介入,一家仅仅服务退伍军人的专门法院对现行制度的冲击较小。最重要的是,这所专门法院会由国会退伍军人委员会管辖。立法中最具吸引力的条款是允许退伍军人团体继续代理退伍军人。[28] 为了退伍军人团体的代理人,退伍军人上诉法院将允许非律师出庭,通才型法院是不可能容许这种特权的。进一步说,虽然律师代

---

[28] 美国越战退伍军人团体,作为退伍军人团体里唯一不代理退伍军人的机构,强烈支持由地区法院而非专门法院审理相关案件(U.S. House of Representatives 1986, 57, 267-72)。据说,越战退伍军人团体的支持对司法审查法的通过起到重要作用(Helfer 1992, 161-64)。

理费的10美元限制被撤销,但在退伍军人上诉委员会作出初次决定前,他们不得收取任何服务费用;同时退伍军人上诉法院的律师收费也受到限制。由于这所司法审查的法院位于华盛顿,对其他地区的退伍军人来说,找服务团体的代理人比雇佣律师更简便(Helfer 1992,169-70)。这一系列考虑使得专门法院对众议院退伍军人事务委员会独具吸引力,可能也是立法机关唯一能通过的司法审查形式。

根据1988年立法,退伍军人索赔上诉法院(Court of Appeals for Veterans Claims,1999年更名为联邦退伍军人索赔上诉法院)本质上是一所上诉裁判机构,无权重新审查退伍军人署已经认定的事实。审判工作由独任法官或3位法官组成的合议庭(较为少见)作出,依赖独任法官审判的做法,反映该法院案件负担较重(参见 Haley 2004)。如预期一样,法院规则允许非律师代理退伍军人,但同时规定这位非律师代理人必须(只有一种例外情形)受雇于"退伍军人事务部的部长授权代理索赔请求"的退伍军人团体。[29] 尽管大部分退伍军人在起诉时没有诉讼代理人,但在案件终结时大多有了代理人。[30]

从诉讼两造的利益权衡来看,法院有可能会强烈偏向其中一方。成员构成或许能够推测法院的政策倾向,然而并不明显。有些法官曾从事过退伍军人事务,但这些经历并未集中在特定一方:法官们来自退伍军人团体、行政机关以及国会委员会。[31] 当然,履职背景并不一定决定法官的立场。有一位曾在退伍军人署担任总法律顾问,还因反对司法审查开展过游说的法官,在任职期间主笔了一系列颇得退伍军人团体欢心的判决书(Wildhaber et al. 1991,7-23 to 7-24)。

对于退伍军人上诉法院的工作,已有大量研究和评论(Cragin

---

[29] 参见美国退伍军人索赔上诉法院2008年庭审规则第46条。
[30] 当事人的诉讼代理人相关数据可参见该院年报,载于http://www.uscourts.cavc.gov/annual_report/。
[31] 该院历任法官的履历载于官网(http://www.uscourts.cavc.gov/about/judges/)。

1994；Hagel 和 Horan 1994；Lowenstein 和 Guggenheim 2006；M. Allen 2007, 2009；Kornhauser 1991）。这些研究和其他渠道的证据显示，法院对退伍军人的索赔持保守态度。也有评论认为，该院事实上受制于行政机关（O'Reilly 2001）。在一些重要议题上，跟联邦巡回上诉法院（CAFC）相比，该院对退伍军人的支持力度偏弱（参见 M. Allen 2007, 496-512）。2002 年，国会修订了法院适用的审查标准，反映出国会多少认为法院对行政决定的审查过于宽容（参见 U.S. Congress 2002, 22917；Sisk 2003b, 262-63）。[32]

法院发回重审的实践，也反映出对行政决定的遵从。法院秉承的立场是："只有证据的唯一可采信角度与委员会决定截然相反的案件"，才会撤销退伍军人上诉委员会的决定（*Washington v. Nicholson* 2005, 371）。这导致 2005 年至 2009 年之间，法院基于案情实质所作的为数不多的判决中，大部分只是简单地以法律规定变化、委员会适用法律错误或者出现程序瑕疵等理由发回重审。[33] 发回重审增加了案件的不确定性以及原告的等待时间（O'Reilly 2001, 232-33；M. Allen 2007, 528-29；U.S. Senate 2006a, 93-94）。

也存在相反的证据。在 2000 年到 2009 年之间，法院确实全部或者部分改判或者撤销了委员会大量决定，超过基于案情实质类判决的四分之一。而且，法官如果发现退伍军人事务部不服从法院判决，会予以严厉批评（*Jones v. Derwinski* 1991；*Third Annual Judicial Conference* 1994, xxxii-xxxiv；*Ribaudo v. Nicholson* 2007）。尽管不能仅就这一证据下定论，但至少表明法院在审查行政决定时，并不是简单的橡皮图章。[34]

---

[32] 但法院也提出理由，认为自己遵循的是立法授权（*Wensch v. Principi* 2001）。
[33] 该院 2000—2009 年的相关数据载于 2009 年年报，http://www.uscourts.cavc.gov/annual_report/。
[34] 近些年来，法院工作面临的重要问题之一在于案件急剧增长而给法官带来的沉重压力（U.S. Senate 2006a）。国会的对策是临时将法官员额增加至九人，随后法院开始大量返聘退休法官。

经济规制

如果将行政机关处理的案件一并考虑,以裁决方式解决政府经济规制纠纷的专业化程度相当高。若仅限于法院,该领域的专业化就比较有限。在联邦法院层面,这一领域的专业化体现在哥伦比亚特区上诉法院依法享有专属管辖权,或与其他巡回上诉法院共同行使对部分经济规制裁判的上诉管辖权。另外,还有一些法院专门审查特定类型的政府规制措施。这些法院的发展历程,凸显了司法专业化决策背后的多种利益博弈。[35]

商贸法院

国会于1910年设立商贸法院(Commerce Court),又于1913年将其撤销。作为一家仅运行了短短3年的实体机构,商贸法院备受研究者关注。[36] 除去学者对该院确立的裁判规则的评注,学界对商贸法院的关注度,也要远高于其他历史更悠久、影响更大的专门法院。对许多政策制定者和评论者来说,商贸法院的短命历史对司法专业化具有警示意义。

商贸法院获得的关注,部分源于它稍纵即逝的命运。作为常设机构设立的政府机关中,几乎没有比它更短命的了。围绕19世纪晚期

---

[35] 本书将不讨论铁路重整法庭(Rail Reorganization Court)或者"特别法庭",该法庭负责审理美国东北货物运输铁路线运营失败后导致的重整纠纷。1973年,该特别法庭依据重整的有关立法设立,由三名专门选派的地区法院法官组成,它的设立可能参照了审理价格管控措施的法院(本章后面会讨论)以及多地域诉讼司法协调小组。国会没有特别留意立法中的司法审查条款,但有些议员主张有必要减少对重组的司法干预(U.S. Congress 1973a, 36379—81; 1973b, 43091)。对这一重组的研究,也涉及特别法庭,具体参见 Albright(1974), Hilton(1975)和 Harr(1978)。

[36] 相关研究包括 Rightmire(1918—19, 97—120); Frankfurter 和 Landis(1928, 153—64); Cushman(1941, 85—105); Dix(1964); Kolko(1965, 183—202); 以及 Skowronek(1982, 251—67)。

与20世纪早期影响政府经济规制措施的各种博弈而展开的学术争论,也与该法院息息相关。

作为上诉法院,商贸法院对几类针对州际贸易委员会(Interstate Commerce Commission,ICC)*的上诉案件享有排他性管辖权,此前这些案件由通才型法院审理。商贸法院的第一批法官是总统新任命的巡回法官,他们将在该院任期结束后前往巡回上诉法院工作,审判工作由轮值巡回法官接手。这些法官从各巡回法院借调,直接由联邦最高法院首席大法官任命。借调法官和首席大法官任命权这一制度,最初是专门为商贸法院设计的,后来也被多个法院沿用。讽刺的是,商贸法院还没等到这一制度正式启动,就退出历史舞台了。

1887年州际贸易委员会成立,不到5年就有人提议设立一家乃至多家专门法院审查该委员会的决定(Rightmire 1918-19, 97-99; Frankfurter 和 Landis 1928, 155; Cushman 1941, 85)。尽管船运商最早提议,但铁路公司是支持司法专业化的主要利益集团。铁路公司未必对州际贸易委员会的政策心有不满,但专门法院可以成为它们防御不利政策的掩体(Kolko 1965, 198)。不过,设立商贸法院似乎不是铁路公司的优先选择。

实际上,设立商贸法院的主要推手是塔夫脱总统。1910年,他致信国会,酝酿设立商贸法院,并于同年落地(*A Compilation of the Messages and Papers of the Presidents* 1917, 7441-43)。与商贸法院其他支持者一样,塔夫脱总统援引了一系列中性优势,诸如减少案件拖延、确保法律适用统一、提高该领域专业水平。这些论证看起来非常诚恳,而不是为了掩饰规制铁路产业政策实质内容的目标(Skowronek

---

* 州际贸易委员会:1887年根据《州际商事法》设立的联邦行政机构,主要负责管理州际商事交易、陆路或水路运输,包括火车、卡车、公共汽车、水上客货轮等运输及运输经纪等。它有权依据不同类型的运输而制定不同的行政法规,颁发从事州际陆路运输的执照,监督其收费标准、服务的充分性、相互兼并等,确保其管理的运营者向公众提供的服务和收费是公平合理的。——译者注

1982，262-63）。塔夫脱总统对专门法院的主张和他秉承的政府管理科学化理念一脉相承（Withers 1956，86-92，156-58）。塔夫脱总统对商贸法院的推动，与进步主义时代对未成年人法庭等社会化法庭的推动有所不同，但同样考虑的是专业技术和有效管理。

设立商贸法院的提案，属于1910年《曼恩—埃尔金斯法》（Mann-Elkins Act of 1910）*的条款之一，该法全面规范了商业规制。如果单独立法，商贸法院很可能胎死腹中（Frankfurter 和 Landis 1928，159）。1913年，众议院一名议员就声称，商贸法院之所以能设立，"是因为我们一些同事去观看棒球比赛而缺席"，导致投票表决中同意和反对意见持平（U.S. Congress 1913，4541；援引自 Geyh 2006，81）。实际上，国会对商贸法院并不太感兴趣，反对之声更占上风。

国会内的反对阵营也由民主党人和共和党异见派构成，所提的反对意见也都和一年前针对海关上诉法院的差不多。反对意见既有整体反对专门法院的，也有特别针对商贸法院的。他们认为，铁路公司拥有的权力和高频出庭，能更容易说服法官采纳其观点。但实际效果更像是因为司法部律师与州际贸易委员会政策的利益纠葛较少，所以立法机关将替州际贸易委员会的裁决申辩的职责，由该委员会移交至司法部（U.S. Senate 1910a，1-2；U.S. Congress 1910a，3348；1910b，5159，5162）。有参议员进一步提出：如果"审查委员会决定"是法院"唯一职能"，那法院存续的唯一希望就是"欢迎针对委员会的诉讼以维持足够的工作量"，相关法院未来将越来越倚重这些诉讼（U.S. Senate 1910b，1）。

从反对者罗列的意见来看，对关税上诉法院和商贸法院的反对有非常有趣的共通之处。一方面，他们指责拟设立的法院可能会偏袒政

---

* 该法的目标是用扩大州际贸易委员会权力和包揽通讯系统的方式，修正州际商事的管理法令。——译者注

府;另一方面,他们又指责这种偏见可能会针对政府。共同隐忧在于司法专门化可能导致政策偏向,影响法院正当履行审判职责。

1910年,当民主党人控制了参众两院时,商贸法院的命运就注定了——更准确地说,要不是塔夫脱总统连续否决了两项撤销该法院的法案,它早就退出历史舞台了。法院勉强坚持到1912年塔夫脱总统落选。虽然威尔逊总统任命的司法部长支持该法院[37],但他的支持力度有限,不足以在1913年国会再次通过撤销该法院的法案时,说服总统行使否决权。

商贸法院的表现,也更坚定了反对者的决心。商贸法院对州际贸易委员会的规制措施充满敌意,但它的一系列判决又被最高法院撤销,更让人确信法院走了歧路。就连铁路公司也深感不满,因为法院断送了一套铁路公司已经习以为常的规制体系(Cushman 1941, 94-95, 103; Rightmire 1918-19, 116-18)。在成立的第一年,"商贸法院几乎成功疏远了所有与其事业利益攸关的人"(Geyh 2006, 78)。一名法官因腐败而被定罪更是雪上加霜(Dix 1964, 256; 参见 Bushnell 1992, chap. 10)。但这些对该院命运都没什么实质影响。面对国会大多数议员从1911年就开始抱持的强烈质疑,商贸法院可能早已回天无力。

评论者从商贸法院的生死存亡中提炼了不少经验教训(例如,Dix 1964, 239; Friendly 1973, 153-54; Bruff 1991, 341)。但最好不要过度解读有一定特殊性的系列事件。商贸法院命运的非同寻常,在于汇集了两方面的不利条件:法院在强烈的异议中设立,而由于职能如此重要,反对意见并没有因为已经设立就偃旗息鼓。一般情况下,只会

---

[37] 这位司法部长即詹姆斯·麦克雷诺兹(James McReynolds),后来被任命到最高法院——有人认为总统这么做是为了摆脱他(Abraham 2008, 139)。在最高法院的研究者看来,此人既顽固又讨厌,还是最高法院内部对"新政"立法的最大反对者之一(参见 Hutchinson 和 Garrow 2002)。当然,这些并没有给商贸法院带来消极影响。

出现一方面的不利条件。一家新设立的专门法院,要么得到设立者的一致支持,要么成立之后靠自身工作让反对者哑口无言。

价格管控与相关规制

紧急上诉法院(Emergency Court of Appeals, ECA)是战时产物。1941年,富兰克林·罗斯福(Franklin Roosevelt)政府首次提出建立价格管控体系时,战争已迫在眉睫;1942年,国会颁布价格管控法时,战争已经开始。紧迫感促使价格管控法及其司法审查制度得以通过。[38]

罗斯福政府的制度主张是,对价格管理局(Office of Price Administration)的价格管控措施合法性的异议,应当由专门上诉法院审理。借鉴商贸法院的模式,紧急上诉法院的法官由联邦最高法院首席大法官从地区法院和上诉法院选任。法庭设立初期有三名法官;随着案件增长,1944年和1945年又先后增加两名法官。1958年,两名法官去世之后,剩下的三名法官继续任职至法院终结。

设立紧急上诉法院的目的很明确:政府希望尽可能降低对价格管控措施的司法干预(参见 Hyman 和 Nathanson 1947, 584-85; W. Wilson 1947, 99-103)。因为政策制定者发现法院已经干预其他领域的经济规制,在价格管控领域必须防患于未然(Mansfield et al. 1947, 274)。政府援引的理由包括需要迅速结案、避免不同法院之间的判决冲突,以及培养司法专业人士等。同时主张由联邦最高法院首席大法官任命法官,以确保司法公正(U.S. House of Representatives 1941, 334; U.S. Senate 1941, 218, 250-52)。

无法确认行政官员是否真心期望法院保持不偏不倚。但很明显,他们希望由一家法院集中受理针对规制措施提起的异议,以降低

---

[38] 这一立法是1942年《紧急价格管控法》(Emergency Price Control Act)。

法官或合议庭判决支持异议的概率。而且涉及专门法院的立法条款还附带了其他对政府有利的规定。当上诉处于未决状态时，紧急上诉法院不得中止诉讼或签发诉前禁令。紧急上诉法院行使对经济规制异议案件的专属管辖权，意味着被指控违反规制命令的人不得将规制措施无效作为抗辩理由。因为在价格管控施行后，允许提出异议的时间很短，被告人不可能同时在紧急上诉法院挑战规制的合法性。

国会对政府的提案有一些反对意见。实际上，让政府措手不及的是，众议院通过了一个即席修正案，规定案件按照常规程序由上诉法院审理，而不是由专门法院审理（U.S. Senate 1941, 146-47）。但国会最终通过的立法中包含紧急上诉法院条款，也采纳了政府建议稿中关于司法审查的规定。

在 1944 年"亚库斯诉美国案"（*Yakus v. United States*）判决中，最高法院强调争议焦点在于，司法审查程序是否违反了宪法第五修正案的"正当程序条款"。最高法院最终以 6 票对 3 票的投票肯定了程序的合宪性（参见 Ely 1996）。在欧文·罗伯茨（Owen Roberts）大法官的异议意见书中，他抗议道："说实话，法院审查是一场看似庄重的闹剧"（*Yakus v. United States* 1944, 458）。本案宣判时，国会正在考虑修订价格管控法，判决的异议意见书促使立法修订放宽了对规制措施提出异议的时间限制，这就赋予被控违反规制的人一些异议空间（Hyman 和 Nathanson 1947, 592-93）。[39]

世人本以为紧急上诉法院会在第二次世界大战结束后退出历史舞台，但国会在战后授权该院管辖租金规制案件，在朝鲜战争期间又授权它管辖部分价格管控纠纷。法院一直运行到 1961 年审结所有案件（*Transcript of Proceedings* 1961）。最初任职的三名法官中，有两名在

---

[39] 这一法律是 1944 年的《稳定延期法》（Stabilization Extension Act）。

法院工作了19年,直到法院被撤销,第三名则在1945年至1961年间任职。这三名元老级法官以及在法院任职过的全部六名法官中的五位,都由罗斯福总统任命(Transcript of Proceedings 1961,15-16)。这种任命模式或许证明,联邦最高法院首席大法官哈伦·菲斯克·斯通(Harlan Fiske Stone)更希望该院由支持和理解价格管控的法官坐堂问案。

整体来看,紧急上诉法院的法官确实不愿干预政府政策(Mansfeld et al. 1947, 279)。但如果没设立这个法院,通才型法官或许也会延续同样的政策思路。实际上,1944年的立法赋予通才型法官部分价格管控审查权后,他们确实也是这么做的。曾经任职于价格管理局的两名学者颇为感激地提及"地区法院所展现的克制"(Hyman 和 Nathanson 1947, 632)。但至少,把案件集中在一家法院,最大程度降低了法院干预导致价格管控措施脱离正轨的可能性。

紧急上诉法庭退出历史舞台9年之后,尼克松总统和国会建立了一套工资与价格管控制度。一年后的1971年,国会通过立法创设了相应的司法审查规则。国会根据行政分支的提案,设立临时紧急上诉法院(Temporary Emergency Court of Appeals, TECA),审理工资与价格管控法的相关案件。与紧急上诉法院类似,临时紧急上诉法院的法官也是由联邦最高法院首席大法官从其他法院选调而来。尽管尼克松总统的计划只持续了4年,1973、1975和1977年的相关立法还是建立了一套关于燃料供应分配和价格的联邦管理制度,并把上诉管辖权交给临时紧急上诉法院。随着工资与价格管控的终结,这一立法将临时紧急上诉法院转化为一个能源法庭(energy court)。[40]

20世纪70年代立法确立的司法审查制度与40年代的制度框架

---

[40] 紧急临时上诉法院和普通上诉法院之间的管辖范围分界有一定的模糊地带,这导致实践中当事人起诉选择面临一定困难,法庭反对者对此多有批评(Minnesota Law Review 1980)。

有所不同。最重要的是,临时紧急上诉法院审理的上诉案件,是针对地区法院的初审判决,而不是行政机关的决定。但很明显,紧急上诉法院是临时紧急上诉法院的原型,两者设立的目的和绝大部分特征都很相似(U.S. House of Representatives 1971,73,314;U.S. Senate 1971b,10-12;Nathanson 1972)。临时紧急上诉法院之所以取代上诉法院,主要是为了提高司法审查的效率,与它设立相关的其他条款则旨在限制对工资和价格管控的司法干预。地区法院无权审查规制规则的合宪性,即使临时紧急上诉法院也无权对规制措施的施行签发临时禁令。

在参议院的听证会上,对于是否采用专门法院和程序来审查工资与价格管控,存在一些分歧(U.S. Senate 1971a,33,164)。拉尔夫·纳德(Ralph Nader)对首席大法官有权更换临时紧急上诉法院法官表达了担忧(U.S. House of Representative 1971,512)。但总的说来,用临时紧急上诉法院替代上诉法院并没有遇到阻力。两年后,当国会以立法形式赋予总统石油供给分配权的时候,几乎没人注意到临时紧急上诉法院的管辖权也延伸到这一领域。由于立法时形势紧急,因此国会"大量借鉴"工资与价格法——包括司法审查的条款(Aman 1980,527-28,536,564;quotation from 528)。很少有国会议员注意到,1975和1977年转型后的法院在能源领域扩张了管辖。

临时紧急上诉法院的工作日渐萎缩,但仍然持续运行,越来越显得名不副实。在20世纪90年代初期,有报道称,法院工作人员戏谑地称他们供职于"永久临时紧急上诉法院"(Sturgess 1991)。1992年,国会最终立法终结了该法院。临时紧急上诉法院于次年停止运作,未审结的案件移交给联邦巡回上诉法院。

20世纪70年代后期,关于临时紧急上诉法院的一项最全面的研究认为,该院高度服从行政决定。就算承认国会设立法院的目的在于减少对联邦计划的司法干预,作者也认为该院走得太远了:"就像政府机构可能受制于其规制的行业,临时紧急上诉法院这类专门法院也可能被动配合其审查的政府机关"(Elkins 1978,151)。作者对临时紧急上诉法院倾向的归纳是公允的。无论临时紧急上诉法院对行政决定的遵从程度是否超出国会议员预期,这种做法多数都在国会或明或暗的要求之内。[41]

小　结

在经济政策领域,联邦政府是常规的一方诉讼当事人,所以我们能够预计国会试图通过设立专门法院(庭)以维护政府利益。在本章研究的专门法院(庭)中,不少法院大部分或者完全符合这一预期。国会之所以设立索赔法院,部分是因为议员们相信一家集中化、专门化的法院比通才型法院更支持政府利益。国会设立两家审理关税案件的法院,是为了维护政府的主要财政来源。从20世纪40年代和70年代负责审查价格管控的法院来看,政府希望限制对这些计划的司法干预。

另外,受到政府经济政策影响的私人利益集团,也可能尝试通过司法专业化获得诉讼优势。这些利益集团也是这一领域某些专门法院(庭)设立的重要推手,但其实每个例子中涉及的不同情况,远比简单试图获得诉讼优势复杂得多。铁路公司的偏好有助于商贸法院的设立,但塔夫脱总统对专业法院的向往发挥的作用更重要。退伍军人

---

[41] 临时紧急上诉法院最著名的判决是在1985年的一起案件中维持了地区法院有利于联邦政府的裁判。由于埃克森公司在售卖政府允许其开采的石油时,对卖家要价过高,法院判定埃克森公司支付联邦政府19亿美元(*United States v. Exxon Corporation* 1985;参见Hershey 1985)。

沃伦首席大法官指派到临时紧急上诉法院的39名法官中,23名由民主党总统任命(Ruger 2004, 393)。尽管临时紧急上诉法院审查的行政决定所涉及的项目是由一位共和党总统发起的,对比共和党法官,民主党法官或许整体上更支持工资、价格和能源的规制措施。

上诉法院有利于退伍军人团体的利益,但主要因为它维护了这些团体在退伍军人政策方面的优势,而不是法院预期政策。税收上诉委员会之所以能够独立于财政部,商业团体的影响发挥了一定作用,但最初提议让委员会独立的并不是私营部门而是政府。

索赔法院、关税法院和税收法院历经转型,但它们以及继承者的运转时间都超过了四分之三个世纪。在此期间,法院的地位和职能也不断加强。[42] 扩大管辖范围主要因为这些法院已经存在,一旦其管辖领域中出现新类型纠纷,最简单的办法就是直接纳入法院的管辖范围。之所以提高法院地位,主要是由于法官希望提高职业声望以及保障。尽管国会并不乐意接受提高法院地位的诉求,但法官和盟友的持续努力也总能有所斩获。

紧急上诉法院和临时紧急上诉法院的法官对提高法院地位没兴趣,因为他们本就是宪法第三条法院的法官。但两家法院在设立之后都扩大了管辖范围,因此存续的时间超出所有人的预期。同理,已经存在于特定领域的法院,也促使国会将与它们原有工作相关的新案件交其审理。

作为一方诉讼当事人,联邦政府有权任命独立专门法院(庭)的法官,享有巨大的诉讼优势。因为担心政府滥用权力,一些人反对设立专门法院(庭)。但是从法官的任命记录来看,政府并没有把这个权力用到极致。法院设立之后,行政长官没必要去选择那些偏向政府的法官。有时候在决策边界,政治恩惠的作用比政策考量更大。设立专门法院所追求的目标并不一定会对法官任命产生影响,就算有,也不见得能持久。

在本章讨论的领域中,涉及一些专门法院实际工作成效的证据较

---

[42] 税收法院的有效管辖权大幅扩张,是由于所得税适用主体不断增多。

为繁杂。许多法院的长期存在或许可以证明它们完成了使命,无论该使命是明示还是默示。但国会委托给法院的职能逐渐式微。此外,商贸法院的稍纵即逝显得异常:如果法院是作为常设机关而设立,一般很难撤销。实际上,政府和私人团体双方的律师一般都更倾向维持现有的法院,即使这些法院并不特别对他们有利。就任职法官而言,专门法院(庭)的存续以及权力地位的提升则利益攸关。

当国会为了政府利益而设立专门法院(庭),总会一并颁布对政府有利的实体和程序规则。在经济规制领域的紧急上诉法院和临时紧急上诉法院,以及税法领域的综合评估委员会和关税上诉法院都是如此。就这些法院(庭)维护政府利益的程度而言,服务政府利益的规则或许比司法专业化本身更重要,紧急上诉法院和临时紧急上诉法院就是典型例子。这种情况下,从专门法院(庭)的判决记录中,很难单独看出司法专业化究竟产生了什么影响。

第六章 经济纠纷:私人诉讼

在所有法律领域,政府都可能成为当事人。但某些领域则以私人之间的诉讼为主。尤其在经济领域,法律规范与诉讼结果对相关利益群体至关重要。

所有利益群体中,占主导地位的是商业界。私人经济诉讼的所有领域,都有商事主体的身影,或是一方当事人(如债务催收和侵权法领域),或是当事双方(如专利法和商标法领域)。当商业团体意识到司法专门化有利可图,就会像联邦政府一样大力倡议推动。凭借在政治界的广泛影响力,特别是它们一般不会直接与政府唱反调,商业团体可能在某些领域大获成功。

在私人经济诉讼中,专门法院(庭)主导了专利、公司治理和破产三个领域,同时也有推动综合专业商事诉讼的趋势。这四个领域的当事人都以商事主体为主。值得深入探究的是,这些领域的司法专业化在多大程度上与他们的努力相关。

专　利

在联邦法院层面,税收与专利是专业化呼声最高的两大领域。税法相当复杂,缺乏专业税法知识的绝大部分法官对案件中的涉税问题束手无策(参见 Hand 1947, 169)。专利法相对简单,但专利案件总涉及化学等科技领域的复杂的事实认定。一般来说,初审法院偏重事实认定,上诉法院偏重法律适用,但如今的实践与预期刚好相反。大多数联邦税收案件由专门法院初审,上诉至通才型法院。反之,专利案件在地区法院初审,上诉至联邦巡回上诉法院(CAFC)。这很大程度上是历史发展所致。

法院审理的专利案件主要有两种。其一是针对专利商标局(Patent and Trademark Office,1975 年之前是专利局[Patent Office])决定的上诉,包括是否授予专利以及授予谁专利。其二是针对现有专利的诉讼,以专利侵权为主。

专利法中,最重要也是最具争议的问题是可专利性标准(standard of patentability),也就是获得专利授权要求的严格程度。无论是不服行政机关拒绝授予专利决定的上诉,还是专利侵权案件,该标准总是争议焦点。在这些案件中,被告经常挑战涉诉专利的效力,主张专利商标局的授予决定不当,一旦他们成功证明专利无效,专利是否侵权的问题也就失去意义了。

总体上,专利律师喜欢宽松的可专利性标准。虽然在专利侵权案中,他们既可能代表原告,也可能代表被告,但代理专利申请人时能直接从宽松的可专利性标准中受益(参见 Rao 2003, 1075)。归根结底,他们还是希望获得授权的专利越多越好。[1] 专利商标局的审查员也持同样立场。宽松标准下的专利授予省时省力,更容易案结事了,审查员无需因拒绝授予而面对专利申请人反反复复地游说(Rao 2003, 1075-76; Burk 和 Lemley 2009, 23-25)。

相比之下,很多业外人士更青睐严格标准,他们一方面认为专利跟垄断密切相关,另一方面认为专利商标局不当放宽了专利授权标准。20 世纪 30 年代以来,大多数通才型联邦法官也持同样观点,因此与专业人士的关系长期紧张,这也反映在专利律师对通才型联邦法官

---

[1] 就像商业领域一样,不同工业领域的律师对专利的看法也不一致(Coyle 2009)。信息科技领域的律师与公司管理层对专利的看法较为消极(Burk and Lemley 2009, 4)。整体来看,大公司的律师与管理层更支持宽松标准。

乃至最高法院大法官的抱怨中(Chisum 1999)。

现在,两类专利案件的二审上诉均由联邦巡回上诉法院(CAFC)审理,但半个世纪之前,这些案件只是交给通才型法院内的专业法官审理。先讨论针对专利局决定的上诉。

根据1927年修订的法律,不服专利局决定的上诉由联邦地区法院或哥伦比亚特区上诉法院受理(参见 U.S. Senate 1926, 7–8, 31)。[2] 与此同时,由关税上诉法院代替哥伦比亚特区上诉法院审理专利案件的想法开始萌芽,并在1929年得到国会正式立法确认。这项改革广受支持,包括受改革影响的两家法院的法官、首席大法官威廉·霍华德·塔夫脱、司法部长、专利局局长、美国律师协会以及主要的专利律师协会等(U.S. Senate 1926, 26–27; U.S. House of Representatives 1928a, 4, 6, 14)。

改革的主要动因是司法效率。哥伦比亚特区上诉法院3名法官工作负荷太重,他们的积案主要是专利案件,而关税上诉法院5位法官没有足够案件审理。实际上,关税上诉法院部分法官早已到特区上诉法院协助办案(U.S. House of Representatives 1928a, 13; U.S. House of Representatives 1928b, 2; Federico 1940, 946–47)。没有证据显示这项管辖权变动是为了落实专利政策。有份国会报告提到许多专利律师倾向设立一家专门法院(U.S. House of Representatives 1927, 1),但看起来没有影响到顶层决策。国会也不认为管辖权变动是什么大事。

2　在此对相关术语区分说明。1936年以前,哥伦比亚特区的地区法院名为哥伦比亚特区最高法院(Supreme Court of the District of Columbia),但我在书中提及1936年以前时,仍称其为地区法院。上诉法院最早名为哥伦比亚特区上诉法院(Court of Appeals for the District of Columbia),在经过两次更名之后,于1948年成为哥伦比亚特区巡回区联邦上诉法院(Court of Appeals for the D.C. Circuit),我将该法院的早期形式统称为"哥伦比亚特区上诉法院"。当前的哥伦比亚特区上诉法院(D.C. Court of Appeals)实为特区最高法院,设立于1970年。对于哥伦比亚特区法院名称和组织变迁的讨论,参见 Banks(1999, 7–10, 26–32)和联邦司法中心的概述,载于 https://www.fjc.gov/public/home.nsf/hisc。

1929 年通过的立法调整了地区法院管辖范围（*Canon v. Robertson* 1929），重命名后的关税与专利上诉法院和哥伦比亚特区地区法院均可受理不服专利局决定的上诉。在 20 世纪前 25 年，关税与专利上诉法院在专利法领域的表现相当消极，绝大部分案件中都维持了拒绝授予专利的决定。[3] 这一立场在一定程度上反映出法官的背景。正如本书第五章提到的，该院法官的任命主要是基于政治恩惠，只有一名 1952 年任命的法官具有专利工作经验（参见 Rich 1980, 125-26）。所以，法院最简单的做法就是在判决中维持专利局决定。尽管具有专业化地位，但与多数通才型法官一样，一些关税与专利上诉法院的法官还是倾向相对严格的可专利性标准。

即便如此，该法院的立场还是相对偏狭。正如本书第二章提到的，证明专业人士偏狭性的证据之一，就是对上级法院的通才型人士始终抱持怀疑态度。比起其他上诉法院，关税与专利上诉法院的判决很少被最高法院判决援引，相反，它的判决多援引本院先例（Baum 1994）。因此，早期的关税与专利上诉法院证明，专门化能让法院一定程度上隔绝于主流司法界。[4]

艾森豪威尔总统执政期间，专利律师协会的领导者努力推动专利律师到关税与专利上诉法院任职，并先后于 1956 年和 1959 年获得成功。1956 年上任的法官贾尔斯·里奇（Giles Rich）之前一直活跃在专利法领域的政治活动中（Rich 1963）。这两名法官的理念与专利律师协会的主流观点一致。任命后效果显著，法院撤销拒绝授予专利权决定的比例迅速翻倍，之后也一直维持在高位。虽然有同事抵制，转任法官的专利律师仍努力推动可专利性标准的审查从严格转向宽松。

3　对关税与专利上诉法院（CCPA）的研究以 Baum(1977, 833-46) 的研究为基础。

4　毫不意外的是，随着关税与专利上诉法院新一轮的法官任命，与最高法院的政策立场分歧越来越大，因此其判决援引率低的情况并没有改变（Baum 1994）。

随着越来越多的专利律师转任法官,新立场逐渐成为新常态。与此同时,哥伦比亚特区上诉法院对专利局决定的审查却更为严格(Dunner 1972)。

专利律师协会通过人事更替,逐步控制关税与专利上诉法院看似无可避免,但无法解释这一过程为何旷日持久。要不是艾森豪威尔政府同情专利律师界,转型或许根本不会发生。关税与专利上诉法院存续的前后半段司法政策差异很大,可见司法专业化也有一定偶然性。

虽然专利律师和商业团体成功让关税与专利上诉法院转向,但在专利侵权案件中,仍然要面对不太友好的通才型法官。实际上,哪怕专利律师协会成功推动1952年《专利法》修订了可专利性标准的关键内容,最高法院对非显著性标准的解释,仍然认可了审判中一贯采用的严格标准(*Graham v. John Deere Co.* 1966)。由于通才型法院秉持严格标准,司法实践中被认定无效的专利不在少数。

支持放宽可专利性标准的人寄希望于将专利侵权案件交由关税与专利上诉法院或专门法院审理。但设立专利上诉法院的一系列努力多以失败告终,最终在20世纪40年代偃旗息鼓(U.S. Senate 1959; Janicke 2001)。转机出现在20世纪70年代,国会和行政分支开始考虑将关税与专利上诉法院和求偿法院合并,并管辖不服地区法院判决的专利上诉案件。1982年国会采纳了这一方案,设立了联邦巡回上诉法院(CAFC)。

联邦巡回上诉法院(CAFC)的设立过程,印证了第二章谈到的金登关于政策制定的流程理论,即公共政策制定中的问题与潜在解决方案像两条独立的小溪,会在改革者推动下适时合流为解决方案(Kingdon 1984, 2003)。联邦巡回上诉法院(CAFC)的设立,就成功从不同角度解决了两大类问题(参见 Newman 1992, 513-15)。

第一类问题是联邦上诉法院系统的运作。20世纪70年代,人们对案件压力及各巡回区之间法律解释的冲突的担忧与日俱增。两个联邦特别委员会反思和公布了它们的担忧,尽管不赞成将设立专门法院作为解决方案(Study Group on the Case Load of the Supreme Court 1972, 10–17; Commission on Revision of the Federal Court Appellate System 1975, 63–68),但都指出了不同巡回上诉法院之间的法律适用冲突问题。

与此同时,弗吉尼亚大学法学教授丹尼尔·米多尔(Daniel Meador)正在研究撰写解决联邦上诉法院面临问题的可行方案。他在与两名同事的合作研究中主张,应当在特定时期内指定某巡回区内的部分法官专职审理一类案件(Carrington, Meador 和 Rosenberg 1976, 167–84)。1977 年,新任司法部长格里芬·贝尔(Griffin Bell)与米多尔合作设立了司法管理改良局(Office for Improvements in the Administration of Justice, OIAJ),并任命米多尔为局长(Meador 1992)。米多尔和他的团队致力于设计一家全国性法院,审理对法律统一适用有重要意义领域的案件。因为只管辖几类案件,这家法院既有案件集中的优势,也能避免法官集中的劣势。

上述观点最终形成的提案,是将关税与专利上诉法院和求偿法院的上诉部门合并为一家新的法院,并增加新设法院的管辖权。提议新设法院管辖的专门领域时增时减,一些内容甚至因反对意见而被删除。美国律师协会有人批评司法管理改良局的方案"与其说是解决问题,不如说是揽事上身",并讽刺"司法管理改良局似乎正疲于奔命地搜罗各类上诉案件,确保新法院有案可审"(U.S. House of Representatives 1980c, 767)。

促进设立联邦巡回上诉法院(CAFC)的第二类问题是经济形势。对国内经济问题的担忧,促使卡特总统发起了一场以培育创新为重点的国内政策审查。对创新的重视导致专利制度受到重点审查,政策审查小组最终建议单独设立一家专利上诉法院(Newman 1992, 515-16; Abramson 2007, 6-8)。

一定程度上,这项提案也反映了米多尔教授对法律适用统一性的追求。一直以来,凡是论证设立专利上诉法院的提案,言必谈及各联邦上诉法院裁判标准不一致导致的不确定性(U.S. House of Representatives 1908, 2; 1909, 2-3)。而专利效力的不确定性,被视为妨碍工业创新,损害国家经济健康。放宽可专利性标准的支持者认为,联邦法官适用严格标准的危害性,并不亚于标准不统一。一位以产业代表身份参与国内政策审查的专利律师干脆同时向二者开火:"很明显,当专利的命运在法庭上充满未知,而司法的整体态度又饱含敌意,那专利就永远无法成为激励投资的可靠手段"(Newman 2002, 542)。

审查小组的提议有效凝聚了大公司对单独设置专利上诉法院的共识。司法部的倾向性意见也是由联邦巡回上诉法院(CAFC)管辖专利上诉案件。无论方案中的管辖范围如何调整,专利案件始终是核心构成要素。企业界的支持为司法部的方案增加了分量,对推动联邦巡回上诉法院(CAFC)在1982年正式设立起到关键作用(Cihlar 1982)。

对宽松的可专利性标准的支持者来说,由关税与专利上诉法院和求偿法院合并成新法院来管辖专利上诉案件相当有吸引力。关税与专利上诉法院是司法系统内宽松标准的主要支持者,人们自然希望该院法官(尤其是担任过专利律师的)能够继续影响联邦上诉法院的专利判决。更何况,在审理以政府为被告的专利案件中,求偿法院也支持类似的宽松标准(J. Davis and Frei 1982)。可以轻松预见,合并后的法院在专利上诉案件中秉持的标准会更放宽一步。

国会从1979年开始考虑设立联邦巡回上诉法院(CAFC)。参议院和众议院分别于1979年和1980年各自通过了不同版本的法案,但两个法案未能协调一致。1981年两院再次分别通过了法案,并在1982年早些时候达成一致,出台了 1982 年《联邦法院改革法》(Federal Courts Improvement Act of 1982)。国会议员对该法的立法目标并没有太多质疑。

在国会召开的关于设立联邦巡回上诉法院(CAFC)的听证会上,争议焦点集中在专利上诉案件的管辖权方面,这也被视为新设法院最重要的特色。听证会上关于专利管辖权条款的分歧很大,就算专利律师协会内部也无法形成统一意见(U.S. House of Representatives 1981a, 71-86)。企业法律顾问们普遍支持这一条款,但很多诉讼律师反对(Meador 1992, 610; Abramson 2007, 16)。

尽管存在异议,卡特和里根政府以及商界的合力支持,已足以保证提案通过。支持者的成功,在于他们集中论证了两方面特点,将设立联邦巡回上诉法院(CAFC)的负面影响降到最低(U.S. Senate 1979c, 32-34; U.S. House of Representatives 1981b, 18-19, 23)。首先,他们强调该法院并不是典型的专门法院,因为审理的案件类型并不单一。其次,强调提案不会扩大联邦司法系统规模以及预算,只是合并两家现有法院。同时,支持者也着重指出现行专利法律制度的诸多不足,以彰显改革的迫切性。

国会听证会并未全面反映真实争议。设立联邦巡回上诉法院(CAFC)最重要也最直接的作用就是落实专利法,但支持者们也意识到这一议题容易引起争议,所以闭口不提,把重点放在毫无争议的各巡回区法律适用冲突上:

> 在国会听证会上,改革方案以正面形象亮相,不仅能为混乱的专利诉讼世界带来法律适用统一,还能让有效专利权的执行更具可预见性。但从一开始就很明显,支持加强专利保护的人希望这家新设法院坚定不移地和专利权利人站在同一立场。(Jaffe 和 Lerner 2004, 10)

其实，国会和政府里的支持者们对这项司法改革可能产生的政策影响几乎一无所知，少数几个反对者有所提及，但关注者寥寥（U.S. Senate 1979c，515-18；U.S. House of Representatives 1980c，226-27；1981a，149，253）。[5] 可以说，投赞成票的国会议员没几个搞懂这一票的全部意义（参见 Hellman 1980，355-59；参见 U.S. House of Representatives 1980c，253）。

国会把关税与专利上诉法院的管辖权，以及求偿法院的上诉管辖权全部移交给了新设立的法院。除了不服地区法院初审判决的专利上诉案件，法院还有权管辖其他类型的案件，包括不服功绩制保护委员会（Merit Systems Protection Board）*对联邦雇员问题裁定的上诉，以及不服地区法院对联邦政府索赔案件判决的上诉。预计国会还可能继续扩大上诉法院的管辖范围；国会一名反对者认为该法院可能会成为新类型案件的"垃圾填埋场"（U.S. Congress 1981，27794）。实际上，法院确实被授权审理几类案件，除了1988年设立之初审理对退伍军人上诉法院初审判决不服提起的上诉，1992年还接手了临时紧急上诉法院被撤销后未审结的案件。但是如表6.1显示，专利案件一直是法院的主要业务。[6] 因此，联邦巡回上诉法院（CAFC）的特色在于专利

---

  5 少数反对者隐晦地指出，关税与专利上诉法院在可专利性标准认定上，与其他联邦法院没什么差别（U.S. Senate 1979c，114；U.S. House 1981a，181）。
  * 功绩制保护委员会：根据1978年《文官制改革法》设立，与人事管理局一起取代1883年设立的美国文官委员会。对联邦政府雇员因受雇、停职或降级等行政处分而申诉的案件进行听证、裁决；处理涉及重新就业权、指控违反功绩制等的申诉案件。雇员或就业申请者可以就功绩制保护委员会的裁决向平等就业机会委员会申请复议，也可以向联邦巡回上诉法院（CAFC）提起上诉。——译者注
  6 这一部分我只讨论联邦巡回上诉法院（CAFC）的专利审判工作，国际贸易审判工作的分析参见 Unah（2001；1998，chap.8），对联邦巡回上诉法院（CAFC）审判工作的全面分析参见 Abramson（2007）。基于对联邦政府人事问题的管辖权，联邦巡回上诉法院（CAFC）负责审理"吹哨人"案件，有批评意见认为法院对吹哨人的诉求并不友好（Coyle 2008a，Eisler 2010）。（吹哨人，也就是举报人，是揭露某组织内部非法或不当的行为的人。由于"吹哨"行为涉及当事人忠实义务、第三人权益以及社会公共利益等平衡，法律规制比较困难。——译者注）

案件高度集中,而法官集中度则为中等。

表 6.1 联邦巡回上诉法院(CAFC)受理案件情况(2009 年)

案 由	百分比
专利	35.9
联邦雇员	31.5
退伍军人救济金	11.7
联邦政府合同	4.8
国际贸易	3.5
商标	3.0
税收	1.9
其他	7.8

来源:联邦巡回上诉法院(CAFC)官网

联邦巡回上诉法院(CAFC)各方面的设置都与其他上诉法院一样,但该院法官也承认,由于管辖权有限,也总有人另眼相看。有些法官在公开场合辩称,本院审理案件范围很广,不能算专门法院(Markey 1989, 179-80; Plager 1990, 857-63; Rader 1991, 1004-9)。这反映了法官对自身地位的关注,他们也察觉到有人认为专门法院法官的地位低于通才型法官。

一旦开始运行,联邦巡回上诉法院(CAFC)就迅速明确会继续沿用关税与专利上诉法院和索赔法院建立的规则体系,支持宽松的可专利性标准(South Corp. v. United States 1982)。随后的判决也确立了一系列宽松标准的适用情形(O'Hearn 1984; Sobel 1988, 1092-105; Federal Trade Commission 2003, chap. 4, 8-19)。例如,该院解释认为,已授权专利的有效性可以基于"强有力的推定"判定,并且只有"清晰确凿的证据"才能推翻这种推定(Al-Site Corporation v. VIS International, Inc. 1999, 1323;参见 Burk 和 Lemley 2009, 133-34)。

关于专利有效性的判决模式也类似。联邦巡回上诉法院（CAFC）支持涉诉专利有效的比例要远高于其他联邦上诉法院（Allison 和 Lemley 1998，205-6；Landes 和 Posner 2003，337-38）。有研究指出，1982年至1994年间，地区法院初审认定专利有效的判决，87%在联邦巡回上诉法院（CAFC）被维持；初审认定专利无效的判决中，有58%被改判（Dunner, Jakes 和 Karceski 1995；另参见 Coolley 1989；Harmon 2009，1469-87）。[7]

新设法院的表现与预期完全一致。与此同时，越来越多的专利律师获得法官任命[8]，有助于巩固相对宽松的可专利性标准，虽然在专利效力的投票记录上，专利律师转任的法官与同事之间并没有显著差异（Allison 和 Lemley 2000；另参见 Jaffe and Lerner 2004，101-2）。[9] 或许比法官背景差异更重要的是，法律人的共识占据了主流（参见 Rao 2003，1114）。

联邦巡回上诉法院（CAFC）设立20多年来，尽管已经颇具争议地偏离了最高法院的立场，最高法院也仅仅审理了极少量专利案件，而且并未介入联邦巡回上诉法院（CAFC）的政策（Desmond 1993），但从2002年开始，最高法院的干预逐渐加强。一段时间以来，最高法院几乎以全票形式撤销了联邦巡回上诉法院（CAFC）的多个判决。当中最重要的判决是"KSR 国际诉泰利福公司案"（*KSR International Co. v. Teleflex Inc.*，2007）判决，最高法院的多数方意见书明确指出，联邦巡

---

[7] 此处数据转引自 Dunner et al.(1995)的图表。该研究综合梳理了依据专利法其中三节条款所作的判决，基本涵盖了涉及专利效力的绝大部分判决。

[8] 在联邦巡回上诉法院（CAFC）设立后获得任命的16名法官中，5位有丰富的专利工作经验。有几位法官从事过其他领域的审判工作；还有一些曾经与参议员或总统行政分支共事。法官的背景资料载于该院官网（http://www.cafc.uscourts.gov/judgbios.html）以及联邦司法中心官网（http://www.fjc.gov/public/home.nsf/hisj）。

[9] 有研究发现，对于获任前具有专利法从业经历的法官来说，任命该法官的总统的立场与其对显著性标准的投票之间的关系更为密切（B. Miller 和 Curry 2009）。

第六章 经济纠纷：私人诉讼

回上诉法院(CAFC)未将最高法院关于"非显著性"的立场纳入可专利性标准。

有评论指出,最高法院在判决中"针对联邦巡回上诉法院(CAFC)的措辞越来越不屑"(Sween 2008, S4),也不考虑撤销判决导致的不确定性。然而,最高法院对联邦巡回上诉法院(CAFC)的一致批评意见,也隐约源于对专门法院的不信任。实际上,有两位大法官在判决中委婉表达了对联邦巡回上诉法院(CAFC)专业化的担忧。[10] 最高法院的介入或许也反映出,外界越来越担心在诸如商业模式和生物科技等领域,能获得专利保护的客体范围太广了(Jaffe 和 Lerner 2004)。

联邦巡回上诉法院(CAFC)也并不是方方面面都支持专利权人,他们提升了专利侵权的证明难度。最高法院在一起案件中对是否构成侵权的关键解释,比联邦巡回上诉法院(CAFC)的解释对专利权人更有利(*Festo Corp. v. Shoketsu Kinzoku Kogyo Kabushiki Co.* 2000, 2002; 参见 Abramson 2007, 80)。在 1982 年到 1994 年间,联邦巡回上诉法院(CAFC)维持不构成专利侵权与认定专利侵权的初审判决概率差不多,特别在最后 5 年,二者比例几乎一样(Dunner, Jakes 和 Karceski 1995, 155)。所以有学者认为,专利权人在上诉审的处境并没有比 1982 年之前改善多少。尽管专利被认定无效的情形减少了,但不构成专利侵权的情形却增加了,两者互为消长(Lunney 2004; Henry 和 Turner 2006; 参见 Federal Trade Commission 2003, chap. 5, 25–26)。

就算在可专利性标准问题上,联邦巡回上诉法院(CAFC)的审判

---

10 分别参见约翰·保罗·史蒂文斯(John Paul Stevens)大法官以及斯蒂芬·布雷耶(Stephen Breyer)大法官在 *Holmes Group v. Vornado Air Circulation Systems* (2002, 839) 以及 *Laboratory Corporation of America v. Metabolite Laboratories* (2006, 138) 两起案件的意见书。

立场也并不是一直支持专利权人与申请人,这一趋势日益明显。最引人瞩目的是,2008年一个满席审理*作出的判决提高了商业模式获得专利的难度,且裁判要旨与该院1995年的判决相去甚远。[11] 在2010年"比尔斯基诉卡波斯案"(*Bilski v. Kappos*)判决中,最高法院维持了联邦巡回上诉法院(CAFC)的裁决,但判决理由对专利申请人更有利。

但总体来看,联邦巡回上诉法院(CAFC)在专利法领域的发展路径还是符合专利律师协会预期的。专利律师协会也没有达成对专利侵权标准的共识,尤其是在设立初期,联邦巡回上诉法院(CAFC)还是支持了大多数专利律师主张的宽松可专利性标准。

联邦巡回上诉法院(CAFC)在专利审判上表现强势,不仅反映在法院的司法规则创新意识上,也体现在对地区法院法官和陪审团判决的严格审查方面(Rooklidge和Weil 2000;参见 *Control Resources, Inc. v. Delta Electronics, Inc.* 2001)。很明显,在专利法领域的长期深入钻研,让联邦巡回上诉法院(CAFC)的法官们在案件裁决和规则创设上产生了强烈的机构自信。

把专利案件集中到一家上诉法院,无疑提高了专利法适用的统一性,这也是设立联邦巡回上诉法院(CAFC)的初衷。但法律统一适用的效果还远未达成,法官之间的见解分歧在不同合议庭组合下,又形成了新的变量。一项针对联邦上诉法院系统出庭律师的调查显示,在被告代理律师眼里,"因先例冲突而难以明确该法院的法律规则"方面,联邦上诉法院(CAFC)名列第二,而"除非明确合议庭组成,否则难以预测裁判结果"的难度则为"最高难度"(Tobias 2000, 58, 58n92)。

---

* 满席审理(En banc):联邦各巡回上诉法院的案件通常由3名法官组成的合议庭审理。案情重大时,也可由全院法官集体审理,即"满席审理"。——译者注

11 早期的判例是 *State Street Bank & Trust Co. v. Signature Financial Group* (1998)。对于"比尔斯基案"判决的重要性,参见 Kusmer 和 Shelton (2008)。

这一问题在确定专利权利要求的保护范围时特别明显,即解释专利权利如何确定其保护范围。在 1995 年的一项判决中,联邦巡回上诉法院(CAFC)判定确定专利权利要求的保护范围属于法律问题,而非事实问题,强化了对专利权保护范围的决定权。[12] 但由于法官在确定权利要求范围的方法上各有不同,并没有发展出统一的法律适用标准(Wagner 和 Petherbridge 2004;Bessen 和 Meurer 2008,58-61;参见 K. Moore 2005)。在 2005 年的"菲利普斯诉 AWH 公司案"(*Phillips v. AWH Corporation*)中,某位法官的异议意见书充分体现出法院未能就此标准达成统一。此外,该案中的 35 份"法庭之友"意见书也反映了案件集中对于单一法院的影响。

公司治理:特拉华州法院

美国的商业活动遍布国内外,但公司治理的公共政策多由州法规定(Hamilton 2000,72)。因为公司登记机关在州一级而非联邦政府,公司基本组织形式由州法规定。[13] 因此,州法院对公司法规则形成的作用,要大于联邦法院。

根据特拉华州政府统计,美国超过一半的上市公司以及《财富》杂志排行榜前 500 名中 63% 的公司,都在该州注册成立。[14] 特拉华州之所以能够雄踞公司注册首选地近一个世纪,得益于两部立法。1898 年,新泽西州还是公司注册首选地时,特拉华州立法机关就紧追其后,采取宽松的公司法规则,吸引更多企业前来注册。1915 年,新泽西州立法机关收紧规则,导致众多公司转投特拉华州(D. Sullivan 和

---

[12] 即 Markman v. Westview Instruments, Inc.(1995)。联邦巡回上诉法院(CAFC)的判决于第二年被最高法院维持,即 Markman v. Westview Instruments, Inc.(1996)。

[13] 主要例外是联邦政府在证券管制领域发挥主导作用(参见 Romano 1993, chap. 1)。

[14] 信息来源于特拉华州企业管理厅官网(http://corp.delaware.gov/)。

Conlon 1997, 724)。从那时起,特拉华州就一直是公司注册的首选地,并从中受益良多,州政府税收中有20%直接来源于公司注册事项。[15]

特拉华州成为大公司注册地的首选,作为公司法解释者的州法院自然举足轻重。在初审层级,衡平法院(Court of Chancery,有时简称Chancery Court)审理所有公司诉讼。因为特拉华州没有中间层级的上诉法院,所以针对衡平法院的上诉案件由州最高法院直接审理。

衡平法院非常特殊;除特拉华州外,只在另外两个州设有衡平法院。最初,特拉华州初审法院同时承担普通法院和衡平法院职能。1792年,该州修正宪法,设立了衡平大法官(Chancellor)一职,负责审理所有衡平法案件。在席卷全国的整合普通法和衡平法的改革中,有衡平大法官坐镇的衡平法院得以幸免。1939年,衡平法院增加了第二位法官,到今天共有5名法官在任(Hartnett 1992;Quillen 和 Hanrahan 1993)。在职务上,首席法官享有衡平大法官头衔,其他法官则被称为副衡平大法官(Vice Chancellors)。

衡平法院的管辖范围非常广泛,包括信托财产、不动产、商事与合同纠纷以及公司诉讼等。衡平法院历史上最重要的判决是1952年的"贝尔顿诉格布哈特案"(*Belton v. Gebhart*)。在该案中,衡平大法官柯林斯·塞茨(Collins Seitz)判令特拉华州学校废除种族隔离,比著名的"布朗诉教育委员会案"(*Brown v. Board of Education*)还要早两年。在1898年州立法机关吸引公司注册的立法之前,衡平法院就已经管辖部分公司治理诉讼,1898年的立法出台后,法院管辖权也随之扩张(Quillen 和 Hanrahan 1993, 834)。

1951年起,特拉华州最高法院开始独立运行(Dolan n.d.; Horsey

---

15 信息来源于自特拉华州州长的预算方案(https://budget.delaware.gov/fy2010/operating/10opfinsumcharts.pdf)。

和Duffy n.d.）。在那之前，上诉案件都是抽调没参审过原审案件的下级法院法官组成"特别最高法庭"审理。这主要是因为特拉华州比较小，司法机关规模不大，上诉案件数量有限。从20世纪30年代起，由于公司诉讼的兴起，设立最高法院并配备专职大法官的需求日增。"已经反复论证的是，旧法院无法游刃有余地处理持续增长的公司诉讼；如果想让公司继续选择本州作为公司总部，设立高等级的上诉法院尤为重要"（Dolan n.d.）。

公司治理案件只占衡平法院审判工作的少部分。2009年，特拉华州最高法院受理的上诉案件只有7%来自衡平法院。[16] 但公司治理始终是这两家法院审判工作最受重视的部分。衡平法院的官网集中展示了该院在公司诉讼领域的成就。[17] 特拉华州法院的判决对公司法有深远影响。有学者认为，特拉华州"书写了整个国家的公司法理论，在很多领域影响了全世界"（Gruson 1986）。由于在受理案件方面"重质不重量"，特拉华州初审法院、上诉法院的案件集中度以及衡平法院的法官集中度都相当高（参见Stempel 1995, 78）。

特拉华州法院在公司法上的地位，应当纳入整个州的政策背景考虑。如前所述，特拉华州最初获得大公司优选注册地的地位，是靠在被最高法院大法官路易斯·布兰代斯称作"放松管制的竞赛"中获胜（*Louis K. Liggett Co. v. Lee* 1933, 559）。但也从那时起，特拉华州在公司政策领域的角色就一直存在争议。

法学教授威廉·凯里（William Cary）就代表了某种典型立场。他认为，特拉华州之所以能够维持让人羡慕的地位，是因为政策制定者给公司管理层的优待远胜于股东和其他公司利益相关者，因为相较于

---

[16] 这两家法院的数据选自特拉华州司法系统的2009年年报（https://courts.delaware.gov/AOC/Annual 20Reports/FY09/? index.htm）。

[17] 参见 https://courts.delaware.gov/chancery/。

股东,经理人和董事对公司注册等重大决策的控制更有效。[18] 在凯里眼中,特拉华州一直是"逆向淘汰"的赢家(Cary 1974, 666)。

但也有学者针锋相对地指出,特拉华州政策制定者实际上赢得的是一场"正向竞争"(R. Winter 1977; Easterbrook 和 Fischel 1991, chap. 8; Romano 1993)。他们结合经济理论和实证研究证明,如果特拉华州过度把管理层置于股东之上,最终会降低该州对公司注册的吸引力。因此让特拉华州获益的是,制定了有利于股东的优质公司法。从20世纪80年代开始,尽管有学者持反对意见(Hamilton 2000, 63-68),这一观念还是成为公司法的理论通说(Macey 和 Miller 1987; M. Eisenberg 1989, 1506-14; Bebchuk 和 Cohen 2003)。

这场争论也涉及特拉华州法院的工作。衡平法院和最高法院的判例,都大大增强了特拉华州大公司注册优选地的地位,学者和观察者对此都没有异议,但对如何产生影响的解释则莫衷一是(Sciulli 2001, 215-21)。

凯里教授(1974)认为,司法政策是特拉华州在"逆向淘汰"中胜出的要素之一。在他看来,法官确立的法律规则对公司经理和董事很具吸引力。例如,在公司收购中,特拉华州法院更支持公司管理层。为什么法官会在没有直接利益时这么做?凯里认为(1974, 688-92),法官尽力避免破坏特拉华州支持公司管理层的官方立场,也很清楚必要时立法机关会撤销有潜在威胁的判决。而且,个人与其他分支机构之间的关联,使法官对本州在公司设立领域的利益更加敏感。

在始于20世纪80年代的公司并购浪潮中,一些对特拉华州法院的批评也基于类似观点(Monks 和 Minow 1996, 31-32, 201-4)。在他们看来,州法官总是支持公司管理层维持控制权的努力,而无视股东

18　让管理人优位于股东并不必然等同于放松管制;反并购法可能会让管理人得利。

利益。一位商业作家指出,衡平法院在数个判决中偏离支持管理层的立场后,一位反收购资深律师马丁·利普顿(Martin Lipton)在数份备忘录中"怒斥法院",还说"或许到了该搬离特拉华州的时候了"。这位作家评论道:

> 对特拉华州法官席上那些杰出人才(其中包括一位女士)来说,利普顿的备忘录有什么用吗?当然没有!就算衡平法院两个月前就开始撰写的判决正中马丁·利普顿下怀,也纯粹只是巧合而已。他们从来都是这么干的。(Nocera 1990,48,着重号为原文所加)

关于特拉华州最高法院安德鲁·穆尔(Andrew Moore)大法官在1994年未能成功连任的原因,有个坊间广为流传的趣闻(Schmitt 1994; Donovan 1994; Henriques 1995)。提名委员会只向州长提名了一个候选人,即衡平大法官卡罗琳·伯杰(Carolyn Berger),州长对一人名单毫无意见,直接就任命了伯杰。一种猜测认为,穆尔被免职是因为在一些判决中竭力维护股东权利,这是"逆向淘汰"理论的叙事。但穆尔去职的实际原因是他行为不端,与某一律所存在利益勾兑。

支持正向竞争假设的学者也有他们的理论,并且得到了其他法院分析人士的支持(Winter 1977; Romano 1987; Dreyfuss 1995, 5–23; Sciulli 2001)。这种观点认为,特拉华州对公司的吸引力源于该州法院高水平的判决,也归功于法官在公司法领域丰富的审判经验。由此形成的优势就是,州公司法适用的确定性和稳定性吸引了公司及其代理律师。

这一阵营的学者用"政策制定者冲动"来分析特拉华州法官,认为如果法官采取一边倒的立场支持管理层,就不可能有效维护本州利益(Winter 1977, 256-57; Dreyfuss 1995, 22-23)。他们还列举了特拉华州法院有利于股东而非管理层的一系列判决(Sciulli 2001, 216;参见 Meyers 1989)。

两种理论都有相应的证据支持,说明它们都未能准确概括衡平法院与州最高法院的判决模式。首先,不同时期案件裁判的主旨差异很大(Meyers 1989; D. Sullivan 和 Conlon 1997)。"法院受制于公司管理层"的假设与特拉华州法院的很多裁判情况不一致。同样,从法院记录上,也无法得出两家法院总是更代表股东而非管理层利益的结论。

不管这两个相互矛盾的演绎哪个更接近实际,公司诉讼案件的集中和法官的集中明显推动了法律发展。特拉华州法官们一方面对公司法问题的研究日益精深,另一方面也注意到州利益对判决的影响。结果就是,特拉华州立法与司法政策取向逐渐趋于一致。

如果说特拉华州法院组织架构契合了该州在公司设立领域的利益,这种利益又在多大程度上改变了法院呢?如前所述,1951年之所以设立独立的州最高法院,肯定是因为受到服务公司利益的驱动,但临时最高法庭本来就不可能长久存续。衡平法院审理公司诉讼的历史悠久,当它进一步扩大了公司法领域的管辖权时,公司决策层对其整体工作的满意度,也能够确保衡平法院垂范久远。[19] 然而,仅凭传统和惯性的强大也可能产生同样结果,所以目前还不清楚衡平法院在多大程度上受益于它为州利益付出的努力。

商事法院(庭)

过去20年来,各州一直致力于推动设立专门的初审法院或者法

---

[19] 立法机关扩大法院对公司诉讼的管辖权,就是对审判工作某种程度的认可。

庭,以集中审理某些涉商事主体的案件。这些法院(庭)被统称为商事法院或商事法庭(Business Court),目前已在超过 12 个州获得授权设立。[20] 密歇根州和俄克拉何马州的商事法院(庭)是立法设立的。更常见的是,司法机关通过发布行政性命令和规则的方式设立商事法院(庭)。也有一些州的商事法院(庭)是由州政府其他机关推动设立的。

像北卡罗来纳州那样设置覆盖全州的商事法院的情况并不多见。大部分州的商事法院(庭)设立在特定区域,一般为一个或几个大城市。在伊利诺伊州,库克县巡回法院集中管辖商事案件。在内华达州,里诺市(Reno)和拉斯维加斯市(Las Vegas)的商事法院也有权审理本州其他地方的案件。纽约州最高法院(实为初审法院)设置的商事法庭分布甚广,办公地点遍布 24 个县。

商事法院(庭)的管辖权范围因州而异,在有些州的管辖边界模糊不清。较常见的是,商事法院(庭)有权审理广义的公司治理案件和商事主体之间的诉讼案件。有些商事法院(庭)只审理复杂商事案件。亚利桑那州、加利福尼亚州和康涅狄格州设立了专门审理复杂诉讼但不限于商事案件的法院(庭),还有些法院(庭)有权审理某些商事主体与非商事主体之间的案件。

商事法院(庭)反映出各州政策制定者在招商引资方面的利益角逐。除非特拉华州政策发生根本改变,其他州很难有机会弯道超车,成为大公司优选注册地。不过很多州的政策制定者相信,通过打造良好营商环境,能够繁荣商业活动,增加经济收益。的确,各州及地方政府也出台了一系列税收和规制政策以招商引资。

---

[20] 除特拉华州衡平法院之外,2007 年的一篇文章列举了 13 个州的商事法院(庭),以及 3 个州的审理以商事案件为主的复杂诉讼的法院(Nees 2007, 503;参见 Drahozal 2009, 494-95)。对商事法院(庭)的讨论部分来自于 Bach 和 Applebaum(2004)的全面研究以及 Nees(2007)的法院调查。

营商环境的利益角逐也会波及法院。最明显的是,商业团体认为人身损害赔偿法中有利原告的规则妨碍了商业活动,就利用各种机制强化这一论调,比如以侵权责任为重要指标,对各州"法律环境"进行评估排名(U.S. Chamber Institute for Legal Reform 2010)。[21] 于是,在处理人身损害赔偿法时,各州政策制定者就会更加谨慎。商事法院(庭)的设立虽然没那么明显,但也宣示了各州在营商环境方面的利益衡量,但与人身损害赔偿法相反,驱动力主要来自州政策制定者,而非商业团体。

商事法院(庭)的设立以及纷至沓来的在其他州设立类似法院(法庭)的提案,源于各州相信这些专门法院对商业有吸引力,特拉华州的成功更是这类想法的有力论据(Gibson 1990;Wayne 1990;Dreyfuss 1995,2)。在争取设立密歇根州互联网法院(Cyber Court)振兴经济时,州长约翰·恩格勒(John Engler)就以特拉华州为例,指出"我们这是在筑巢引凤"(Belluck 2001)。[22] 俄亥俄州一名参与商事法院设立的法官阐述得更详细,"我们相信好事传千里,当企业意识到俄亥俄州法院理解他们的需求,就会来俄亥俄州做生意。俄亥俄州也会被视为营商环境友好之地"(Cadwallader 2008,C7)。新泽西州一名商事律师还援引布鲁斯·斯普林斯汀(Bruce Springsteen)的歌词来抒发自己对商事法院振兴本州经济的期待(Muccifori 2004)。

商事法院(庭)反映出竞争机制有助于扩散制度创新(Simmons, Dobbin 和 Garrett 2006,792-95;Shipan 和 Volden 2008,842-43)。设立专门法院(庭)是为了留住商家,并与已有商事法院(庭)的州竞争。

---

[21] 2010年全美营商环境排名是基于一份对大公司里"精通诉讼事务"的"法务总监、高级诉讼律师或诉讼代理人以及其他高级管理人员"的调查(U.S. Chamber Institute for Legal Reform 2010,2)。特拉华州依然被列为"最佳法律环境"的榜首。可见,公司治理并不是特拉华州政策制定者吸引商业的唯一优势法律领域。

[22] 2001年,恩格勒州长的提案在州参议两院通过,都获得了三分之二以上赞成票。但由于州的资金保障未能到位,互联网法院最终没有成立(Ankeny 2005)。

但为什么会认为这些法院(庭)能够吸引商业呢?支持者将此归功于专业化的中立性。集中审理特定类型的商事案件能提高审判效率,实现法律适用统一;正如一名支持者所言,"如果一直由同一位法官审理,案件结果更容易预测"(W. Davis 2003, 35)。通过遴选能力高超、专业精深的法官集中审理某一类案件,商事法院(庭)的审判质效当然会有效提高。

支持者一般不会提及的是,商事法院(庭)有可能会按商业社会标准,调整司法政策实质内容。然而,对实体政策的利益期待,也确实给商事法院(庭)带来支持。例如,一位支持新泽西州设立商事法院的律师明确表示,希望该法院能够改变不太注重保护商业利益的审理模式(*Metropolitan Corporate Counsel* 2002)。

也有不少人反对设立商事法院(庭),主要有两方面意见(DeVries 1994; E. Friedman 1996; Junge 1998, 318; Post 2004b)。首先,有些反对者和评论家认为这类法院(庭)会偏向商事主体。就算审理非商事主体的案件,法院支持商业发展的组织使命,也会影响司法政策,对其他利益群体造成不利影响(Rivkin 2001, 41)。法学学者罗谢尔·德雷弗斯(Rochelle Dreyfuss 1995, 39)注意到:"像宾夕法尼亚州商事法庭这样的法庭,有个令人不安的瑕疵,就是在审理商事和公司案件时,庭上见不到那些权利可能受判决影响的消费者和雇员的身影。"

反对者也会援引中性优势作为论据,认为商事法院(庭)获得特别资源是以牺牲其他诉讼当事人利益为代价的。加快审理商事案件,意味着放缓其他案件的进度。支持者们主张为商事法院(庭)配备最好的法官,其他领域的诉讼当事人则认为这会对他们不利。

当前,关于商事法院(庭)实际运作及影响的论据还很有限(Nees 2007, 524-32; Drahozal 2009, 501-7),所以正反两方孰是孰非,尚无定论。商事法院(庭)的审判效率确实得到提高。考虑到创设目的,商事法院(庭)也有发展出重商倾向的现实可能性。至于商事法院(庭)改善一州经济环境的期望,商事审判专业化只在特定条件下才能产生实质影响。就算条件特别优越的特拉华州,衡平法院和最高法院的工作也仅是整个州吸引公司战略的一部分(Dreyfuss 1995)。

破产法院

2008年和2009年,联邦法院受理的破产案件连续突破一百万件(Administrative Offce of the United States Courts 2010, 288)。个人破产案件的审理对个人生活有着根本影响。大企业破产的影响更广,除企业外,还涉及雇员、股东以及其他主体。2008年起,全国性经济危机引发的公司破产浪潮,更凸显这一现实。破产法官的裁决左右了诸如通用汽车这类企业的命运,直接影响到国家政策和经济(Glater 2009; de la Merced 2009; *Boston Globe* 2009)。所以每个司法区都由专业破产法官审理破产案件,而非地区法官,也就顺理成章。

当代破产法院的形成经历了漫长而曲折的过程,详见表6.2。在此过程中,政策最关键的实质性进展是联邦破产法的制定。在破产法院演进过程中,中性优势相对隐蔽地发挥了重要作用,但改革的主要驱动力还是破产法官的利益。

总体说来,联邦地区法官不想审理破产案件。他们认为这类案件没意义又不重要,还耗时耗力(参见 U.S. House of Representatives 1983b, 7, 9),最好都委托他人办理。与此同时,他们也不希望地位"被稀释",不想与人数众多、已超过300人的破产法官分享自己的法律地位。破产法官则试图提升自身地位,由于法官地位提高也有利于专业人士,所以得到业内普遍支持(Skeel 2001, 136)。20世纪70年代以来,两个序列的法官围绕自身地位的交锋,构成了破产审判发展的主线。尽管破产法官取得一些胜利,但由于通才型联邦法官的强烈抵制,成效始终有限。

在宪法通过后的第一个世纪内,联邦破产法律只在三个时期生效,加起来也就 11 年。这些法律中的最后一批在 1878 年被废止。在联邦法律缺位的情况下,各州通过破产法律来处理无力偿债问题(C. Warren 1935; U.S. House of Representatives 1890, 1-2; 1896, 2-3)。

表 6.2 破产审判制度的演进

年份	事件
1898	《破产法》重构了联邦破产法律,设立了新的审判制度,即由地区法院任命破产公断人(referees)*作为本院附设职位(adjuncts),任期两年。破产公断人的报酬根据处理案件提取费用,而不是固定薪酬,主要职能是行政性的,如果处理的事项属于审判职能,那么他们的决定将由地区法官审查。
1938	《钱德勒法》(Chandler Act)把破产公断人的大部分行政职责转交给了破产托管人(trustees)或书记官(clerks)。
1946	1946 年《破产公断人薪酬法》(Referees' Salary Act of 1946)对仲裁人采取授薪制,撤销了原来的报酬提取制度,且把任期延长至 6 年。
1973	最高法院颁布的《破产诉讼规则》(Rules of Bankruptcy Procedure)把"破产公断人"的头衔转为"破产法官"。破产法官的管辖权有效扩张,更多行政职责转交其他职员。地区法官负责审理对破产法官裁决的上诉。
1978	1978 年《破产法》设立了隶属于地区法院的破产法院体系。破产法官管辖权扩大到破产债务人的其他诉讼案件。法官任命方式也从原来地区法院任命变更为总统提名加参议院确认。法官任期延长至 14 年。巡回区司法委员会(circuit council)可以组建破产合议庭审理破产上诉案件;否则,上诉案件一般由地区法官审理。

---

* 破产公断人;负责破产程序的联邦司法官员,也被称为破产注册人。该职位由 1898 年《破产法》设立,享有"准司法权",职责是"协助迅速处理破产事务"。1978 年被《破产法》废除,由破产法官取代。——译者注

(续表)

年份	事件
1982	最高法院在"北方管道建设公司诉马拉松管道公司案"(*Northern Pipeline Construction Co. v. Marathon Pipeline Co.*)判决中推翻了1978年《破产法》的规定。最高法院判定《破产法》给予破产法官仅联邦宪法第三条可赋予的法官权力,因此构成违宪。在本案中最高法院并没有形成多数方意见,有两位法官虽然赞成构成违宪,但在"违宪程度"的判断上与其他大法官意见相左。
1984	在一些临时措施之后,1984年《破产修正与联邦法官地位法》(Bankruptcy Amendments and Federal Judgeship Act of 1984)对最高法院的判决作出了正式制度回应。上诉法院负责破产法官的任命,任期14年,同时也负责现任破产法官的续职。破产法官获得了破产法案件以及与破产"核心程序"衍生案件的完整司法权。在非核心程序的案件中,破产法官会将事实认定和法律适用的结论呈递给地区法官,由后者最终决定;如果取得当事各方同意,破产法官也可以直接裁决。上诉程序与1978年的法律规定类似。
1994	1994年《破产改革法》(Bankruptcy Reform Act of 1994)允许破产法官在征得当事人同意时引入陪审团。每个巡回区应当依法成立破产法官上诉庭,除非发生两种法定例外情形之一。对破产案件的上诉由破产上诉庭(如果有的话)负责,除非一方当事人要求由地区法官审理。

资料来源:1973年之前的历史主要参考 U.S. House of Representatives (1977b, 8-9;1977c, 2-3);1973年之后的历史根据相关法律、法院判决和二手资料整理。

19世纪90年代,国会在颁布1898年《破产法》之前,已讨论多年。商业团体非常支持制定一部联邦破产法,只要该法允许非自愿和自愿破产。[23]他们认为由联邦法院而非各州审理破产案件更有利于己(U.S. Senate 1896, iii-xiii, 263-73)。他们的支持对联邦立法的通过非常重要。

---

23 1894年众议院司法委员会通过了一项只允许自愿申请破产的法案。一份少数派报告措辞激烈地予以抨击,其中一段批评法案部分支持者"极度自私"以及"愚蠢无知"。报告还分析了人们的动机,"大部分人是诚实的,因此希望法律制度也能符合诚信原则。就算是流氓也希望别人诚实"(U.S. House of Representatives 1894, 32, 30)。
至少在当代,非自愿破产也并不多见——2008年法院受理的破产案件中,100万起中仅占600件(U.S. Census Bureau 2009, table 752)。这是因为破产总体上对债权人不利(Sullivan, Warren 和 Westbrook 1994, 812-13)。

破产管辖权由地区法院行使。国会专设了破产公断人这一职位,处理大部分破产工作。这一举动并没有引起什么关注,但一份委员会报告提到,该职位主要"是用来确保程序效率"(U.S. House of Representatives 1893, 14)。否则,现在的地区法官就要承担大量新工作,或者要靠增设法官员额,这两个方案都没什么吸引力。尽管设立破产公断人的方案没有征求地区法官意见,但毫无疑问他们会支持国会。

有一建议方案是将破产公断人作为"助理法官"(assistant judges),由巡回法院选任,以全职付酬雇员的身份参与工作。但国会最后没有采纳。破产公断人由地区法院选任,他们的报酬来自案件受理费以及从破产财产中提取的劳务费,而不是法院支付的固定薪酬。众议院司法委员会解释说,这么做是为了节省政府开支(U.S. House of Representatives 1892, 13)。

最初,破产公断人主要负责破产案件的事务性工作,大部分裁判性工作仍保留在法官手中。但在这一职位被立法确认后,地区法官和整个联邦司法系统就逐步把大部分的裁判性工作委托给他们。1938年,国会将破产公断人的大部分行政工作转交给其他工作人员,他们的地位更接近法官。所以,尽管国会可能并没有考虑过1898年改革的长远影响,但破产案件由专业人士审理的制度就此奠定。当然,即使国会在1898年把破产案件全权交给地区法官,他们的排斥可能也会催生出类似破产公断人的制度。

1940年的一份报告提出(Attorney General's Committee 1941),1898年的制度在某些方面实施效果不佳。在破产仲裁人的选任上,地区法官更看重私人关系,而不是执业经验。大多数破产公断人都是兼职工作,报酬提取制度是他们拉案源以及寻找破产财产的动力。有证据显示,法官很少监督破产公断人,导致实践中很多操作不规范。1946年,国会着手处理这些问题,用固定薪酬制取代原先的报酬提取制度。

大部分破产公断人成为政府全职雇员。

25年后,布鲁金斯学会的一份报告(Stanley和Girth 1971)分析了破产制度长期存在的问题。破产公断人的选任仍然依赖私人关系和政治恩惠。案件缺乏管理。通过对法官的访谈可知,多数法官"把破产法院的工作交给破产公断人,只有在涉及复杂法律问题,或者价值判断、案件管理层面的争议性问题时,才会有所作为"(Stanley和Girth 1971, 148)。[24]

布鲁金斯学会的报告和两年后联邦破产委员会的报告(U.S. House of Representatives 1973)促使国会在1977年至1978年间考虑改革现行制度。纳入审议的数个方案改革力度各异,小至破产法院的微调,大至考虑赋予破产法官完整的宪法第三条地位。

国会听证会明确了破产法官与通才型联邦法官之间的分歧所在,各方皆有支持者(U.S. House of Representatives 1977a; U.S. Senate 1978; Seron 1978, 1982; Barnes 1997)。1973年,通才型法院已经提高了破产公断人的地位,不仅授予其"法官"名分,还扩大了他们的管辖权,并减少行政职责。但破产法官想要的显然更多:宪法第三条的法官地位,并独立于地区法院(参见Cyr 1978)。正式地位的提高以及终身制的保障,对他们意义重大,附属于地区法院则让他们非常不满(U.S. House of Representatives 1977c, 10–12)。通才型法官与司法会议对此表示反对——司法会议成员中没有破产法官,甚至连它内设的破产委员会(Bankruptcy Committee)中也没有。某个出庭律师团体的代表提出,新设过多宪法第三条法官职位,"会减损地区法官的职位尊荣与威望",这才是通才型法官真正担心的(Rifkind 1978, 189)。

24　法官们总会把对破产公断人裁决的上诉作为工作衡量指标。但上诉率并不高,审查标准也很宽松。上诉较少的原因之一,在于律师们并不希望得罪破产公断人,毕竟后者还负责审批费用和指定托管人(Stanley和Girth 1971, 155)。

司法会议反对新设立专门法院。支持设立独立破产法院的一方回应，破产专业化已是既成事实（U.S. House of Representatives 1977c, 13-16）。至少所有通才型法官都闭口不提的方案是撤销破产法官，把破产案件交给地区法官审理。

1978年，众议院通过了一项旨在赋予破产法官宪法第三条和独立于地区法院的地位的法案（U.S. House of Representatives 1977b），但参议院在审议时附加了更多限制条件（*Congressional Quarterly Almanac* 1978a）。随后，众议院通过了一个折中的版本，首席大法官沃伦·伯格（Warren Burger）认为过度提高了破产法官的地位，全力阻止该法案在参议院通过，四处游说到投票表决前最后一刻。他的游说方式非常激进；一位参议员提及接到过伯格大法官的游说电话，首席大法官在电话里"大喊大叫"，"非常暴怒而无礼"（Greenhouse 1978）。伯格的努力最终让通过的法案有所调整，但他仍不满意。一名学者指出，改革中最引人瞩目的是关于破产法官的规定，尽管他们仍未获得理想的宪法地位。她认为，对破产法官而言，改革成效与其利益攸关，因此比对手们更有韧性（Seron 1982, 96）。

1978年的立法创制了破产法院体系，但它们仍附属于地区法院。破产法官管辖权和审判权都得到扩张。他们的任期延长到14年，由总统而不是地区法院来任命，并经参议院确认。

根据1978年《破产法》，由每个巡回区司法委员会决定是否设立由破产法官组成的破产上诉合议庭（Bankruptcy Appellate Panel, BAP），审理对独任破产法官裁决的上诉。一旦设立，本巡回区的破产上诉案件就由该合议庭负责，否则仍由地区法院审理。各巡回区一直保留设立破产上诉合议庭的决定权,只在1994年做了些修订。[25] 因为仅有部分巡回区设立破产上诉合议庭,正好能够对比地区法院破产上诉案件的审理模式。纳什和帕多(Nash 和 Pardo 2008)研究了联邦上诉法院(负责对破产案件进行第二次上诉审查)的引用率和维持率,认为破产合议庭的破产上诉审查质量高于地区法院。

1982年"北方管道建设公司诉马拉松管道公司案"中,最高法院判定1978年《破产法》违宪,明确表示在没有取得宪法第三条的法官地位之前,不允许将破产法官的权力扩大至同等范围。但大法官们并没有形成多数方意见,威廉·伦奎斯特大法官主笔的判决书限缩了本案争议焦点。在他看来,破产法院在本案中有权管辖基于州的普通法适用而引发的宪法问题。首席大法官沃伦·伯格在异议意见书中向国会建言,没有必要为了赋予破产法院相应权限,而"对现有破产审判制度作出根本性改革"(*Northern Pipeline*, 92)。显然,伯格担心国会因本案判决将宪法第三条地位授予破产法官。

国会讨论如何应对最高法院这一裁判时,重议了20世纪70年代末的辩论主题和立场(参见 U.S. House of Representatives 1983a; L. King 1983; Taylor 1984a)。但国会两年迟迟未行动,迫使司法会议为破产案件设计了一套临时制度。[26] 延误的重要原因,在于无法就破产的实质性问题达成共识。

关于替代方案的争论,源自"北方管道建设公司诉马拉松管道公

---

[25] 巡回区司法委员会由法官组成,是每个司法巡回区的管理机构。最初只有上诉法院法官,现在也加入了地区法院法官。1994年的立法修订在表6.2中已有概述,Berch(1990)研究了第九巡回区上诉委员会的运作。

[26] 临时制度与"北方管道建设公司案"确立的规则之间存在不一致,导致下级法院在该问题上判决不一致。当时的全国破产法官会议(National Conference of Bankruptcy Judges)主席,也是伊利诺伊北部地区法院的破产法官,写了一份很长的判决,坚称临时制度违宪(*In the Matter of: Wildman, Debtor* 1983;参见 Krasno 1984)。判决书表达了对通才型法官以及他们任职单位的不满,鲜明地展现了破产法官和通才型司法机关之间的紧张关系。

司案"判决推导出的"破产案件应当由具备宪法第三条地位的法官裁决"。为了阻止破产法官获得宪法第三条地位,司法会议的替代方案是国会增设地区法官和治安法官职数,扩大破产管理人规模以处理破产案件(House of Representatives 1983b,9-10)。这一提议并没有得到支持。众议院司法委员会强烈支持破产法官获得宪法第三条地位,但通才型司法机关的反对再次阻止了该提案的通过。

国会最终采取了一个复杂方案,以回应最高法院的判决。1984年立法授予地区法院破产案件管辖权,但允许地区法院将案件移交给附设的破产法院。毫无意外地,所有地区法院都发布命令,将全部破产案件移交破产法院审理。法律允许经双方当事人同意,由破产法官对非破产问题,即与破产并不直接相关的文图作出终局裁判;如果当事人没有同意,就由地区法官审查破产法官对非破产问题的决定,并作出终局裁判。破产法官仍然尴尬地卡在"附属于地区法官"和"宪法第三条地位"之间。

根据这项法律,破产法官的任命权由上诉法院而非总统行使。法律生效时,在任破产法官任期于1986年10月1日截止;如果届时离最后一次任命不足4年,则延长至4年。根据临时规则,时任破产法官的任期在国会颁布这项法律之前不久就已届满,因此这一条款具有溯及力。

签署法令时,里根总统指出国会延长破产法官的任期是违宪的。美国法院行政管理局(Administrative Office of the U.S. Courts)局长随即宣布这一条款违宪,因此不会支付这些"前破产法官"的薪酬,地区法官可以任命他们为治安法官或顾问,以处理破产案件至国会修订法律。众议院司法委员会主席对此大为光火,一周后不支付薪酬的禁令随即被撤销(Taylor 1984b,1984c;Riley 1984)。这一事件丝毫没有缓解通才型法院和破产法官之间的冲突。奇怪的是,最高法院从未对破产法官的重新任命以及1984年破产法是否与"北方管道建设公司案"

的判决冲突这两个问题作出裁判。除在1994年作出微调外,1984年法律确立的制度一直延续下来。

关于现行破产制度运作的研究不少。有的研究结合组织理论研究破产法院的工作,强调法院与其所处的政治和社会环境之间的联系(Seron 1978)。有的研究分析了占破产案件绝大多数比例的消费者破产(T. Sullivan, Warren 和 Westbrook 1989, 1994; Braucher 1993;参见 E. Warren 2004)。这些研究的一大贡献,在于证明法官的实践做法差异很大,如选择不同的破产形式实现对债务人的指导。但最受关注的还是商事破产,尤其是大公司破产。对司法专业化直接影响的研究,还带出了与法官集中有关的有趣讨论。[27]

这场学术争论的起点,是管辖规则使大公司对申请破产的地点有较大选择空间。在一起备受瞩目的案件中,东部航空公司的决策人希望在纽约南区法院申请破产。由于找不到直接申请的依据,他们指令一所仍有清偿能力的子公司按注册地管辖规则在纽约南区法院申请破产,并在6分钟之后以子公司的申请为基础向同一法院提交了破产申请(LoPucki 2005, 36-37)。

从对法院地管辖的选择来看,某些联邦司法区显然更受大公司青睐。目前最受欢迎的"破产优选地"当属特拉华州。围绕这一偏好的成因有很多争议,与之前关于特拉华州法院在维持公司注册"圣地"角色的争论有相似之处。

在20世纪90年代,法学教授林恩·洛普基与合作者共同呼吁关注破产法的"择地起诉"问题(LoPucki 和 Whitford 1991; T. Eisenberg 和 LoPucki 1999),数年后他在更广维度上进行了深入分析(参见 LoPucki 2008)。在他看来,不少破产法官都想审理大公司破产

---

[27] 也有学者研究公司如何利用破产作为策略工具(Delaney 1992)。

案,即使他们无法从审理中直接获益,还徒增工作量。他认为破产法官是为了提升权力、地位以及声望;也想取悦辖区里从大公司破产案中收获颇丰的破产律师和其他破产专业人士(LoPucki 2005, 20-21)。在一定程度上,是法官出于个人考虑希望得到破产专业人士的认可;他们要一起共事,而绝大多数破产法官本来就是破产律师出身(Mabey 2005, 123)。这种认可也能提高法官的续任机会。

根据洛普基教授的研究,破产法官为了给辖区争取案源,会想办法吸引有权决定起诉地的公司管理层和律师,所以他们对律师和当事人的实践需求非常敏感,并愿意批准律师的费用请求。而且,

> 法院降低了衡量利益冲突的标准,并空前地放松了对律师和理财顾问的监管以及对不当行为的豁免。公司管理层——哪怕是公司陷入财务危机的始作俑者——的工作更有保障,法院允许公司向管理层支付高额奖金。哪怕会侵犯其他主体的利益,破产申请(债权)人之间的交易效力神圣不可侵犯。用以保护小投资者和公众的制度被废弃了。(LoPucki 2005, 18)

换言之,法官卷入了一场恶性竞争。

对于特拉华州为何能成为大公司的破产优选地,与洛普基观点类似的两位学者提供了一种解释(Rasmussen 和 Thomas 2000, 1371-76)。在20世纪80年代,纽约南区(包括曼哈顿)凭借便利位置,以及有利于债务人公司及其律师的政策,成为破产首选地。后来由于某个

特殊原因,大陆航空公司1990年在特拉华州提起了破产申请。[28] 公司管理层对案件结果很满意:特拉华州唯一的破产法官高效处理了案件,对公司及其律师也颇为优待。

看到如此理想的审理结果,又能预见特拉华州的破产案件都会由同一位法官审理,其他大公司蜂拥而至。即使后来增设了第二位破产法官,特拉华法院保持优势的手段之一就是让潜在的破产申请人知晓案件的主审法官(Bermant, Hillestad 和 Kerry 1997, 40-41)。2006年,特拉华州又增加了4名破产法官,进一步巩固了优势地位(LoPucki 2008)。迄今为止,特拉华州法院受理的破产案件数量依然雄踞全国榜首,纽约南区法院屈居第二(Marek 2009)。

学界对洛普基的论点有赞有弹。有的批评针对他在2005年专著"腐败"一章中的强硬主张(Dickerson 2006; Jacoby 2006; 参见 LoPucki 2006)。也有学者用"良性竞争"理论解释特拉华州为何能成为大公司破产优选地:特拉华州法官吸引案件的能力源于优良的审理质效;要是他们不当偏袒公司管理层利益,也会招致猛烈批评(Skeel 2001, 230-31)。

但有些实例也是无可争议的。破产法官会感觉到来自破产专业人士的压力,进而采取有利于他们的措施。在一起极端个案中,费城一名破产法官2000年连任失败,正是因为他在审理过程中与当地破产律师的不愉快招致差评(Groner 2001; LoPucki 2005, 44; In re United States 2006)。业界压力和个人偏好让部分破产法官希望吸引大公司破产案,这种利益冲动也影响了一些破产法院的抉择。有些法官希望通过改变程序规则和容许提高律师费,吸引破产申请(Rovella

---

[28] 本案的管辖权依据来自特拉华州破产法官的两份"一句话声明",即如果债务人公司是在特拉华州设立,特拉华法院就有管辖权(*In the Matter of Ocean Properties of Delaware* 1988; *In the Matter of Delaware & Hudson Railway Company* 1988)。毫不意外的是,特拉华州的参议员们一直阻挠立法改变该地域管辖规则(Rasmussen 和 Thomas 2000, 1381; LoPucki 2005, 16-17)。

第六章　经济纠纷:私人诉讼

2001)。尽管存在反对之声,有的破产法官为了扩大案源,采取了明显更有利于公司管理层的策略。

如果破产案件由地区法官而非破产法官审理,也会受同样的动机驱使吗？其实,地区法官不是没有这么做过:破产法官在今天招揽大要案的努力,与19世纪通才型联邦法官招揽铁路重整案时如出一辙(Buckley 1994, 775-78; Skeel 2001, 60-68)。另外,从那时开始,联邦法院的受案范围大幅扩张,破产案件的吸引力锐减,也降低了破产案件对地区法官的影响力。除大型破产案件对当地举足轻重的特拉华州外,今天的地区法官似乎不会在意那些影响破产法官行为的因素。[29]

小　结

在本章开篇,我提出问题,在私人经济诉讼方面,司法专业化是否反映了商界利益。各州设立专门商事法院(庭)的运动显然如此,联邦巡回上诉法院(CAFC)的设立也不例外。各州政策制定者通过设立商事法院(庭)来招商引资。尽管国会设立联邦巡回上诉法院(CAFC)有诸多考虑,但核心原因之一还是专利诉讼结果对公司利益的影响。

但在其他情形中,商业并非主要考量因素。从关税和专利上诉法院存续后半段期间的工作记录中,可以看出它所侧重保护的,正是国会后来设立联邦巡回上诉法院(CAFC)意在维护的商业利益,但国会在1929年把专利案件管辖权交给关税上诉法院时,显然

---

[29]　1997年特拉华地区法院首席法官终结了破产案件自动移交给破产法官的程序,由地区法官直接审理大公司破产案件,并前后持续了一年。首席法官的指令可能是为了回应对特拉华州破产实践的批评(LoPucki 2005, 83-96)。毫无疑问,地区法官审理破产案件的时期如此之短,1997年的命令勉强坚持到2001年就正式废除了,是因为特拉华地区法官也和其他地方一样,并不想审理破产案件(参见Murray 2001)。

没有预见到这种发展。独立的破产法院或许对申请破产的大公司管理层有利,但这并不是一系列博弈后最终设立破产法院体系的原因。

特拉华州法院的情况介于前两者之间。早在特拉华州启动改善司法环境吸引公司的努力之前,特拉华州衡平法院就已经存在了,改革之后衡平法院不但得以存续,还扩张了在公司治理领域的管辖权。特拉华州本来早就能够设立一个独立的最高法院,但维护商业利益的需要在这其中发挥了重要作用。

私人经济诉讼中最突出的问题是司法专业化的领域非常少。州和联邦通才型法院管辖的案件仍为多数,在传统司法领域,如合同、财产以及侵权等,并没有出现司法专业化。这有两个可能的原因。

首先,其他对诉讼结果有影响的机制看起来更划算。侵权法改革就是一例。商人和专家团体希望让人身损害案件的判决有利于己,已经不断通过教育公众(借此影响潜在的陪审员)、参与法官选任,以及游说司法和立法机关采纳有利于己的规则等方式,取得了显著成效(Daniels 和 Martin 1995,2004)。因此,他们已在法院现行框架下获得成功,而专门法院(庭)却未必有同等实效。

其次,专门法院难以设立,在于法院组织的重大改革必须获得立法授权。而人们普遍对司法专业化持消极态度,更让改革雪上加霜。如果立法者假设司法专业化是为了服务政府公共利益,那问题并不大。一旦立法者认为司法专业化维护的可能是私人利益,获得立法授权的难度就很大。这在一直由通才型法院管辖的普通法领域特别明显。

各州商事法院(庭)存在历史不长,无法为司法专业化的影响提供足够证据,但本章讨论的其他类型法院表明,司法专业化会从不同角度影响司法政策。从关税与专利上诉法院和联邦巡回上诉法院（CAFC）来看,法官和案件的集中,增加了利益团体通过法官选任对审判施加影响的可能。有解读认为,从某些联邦巡回区对大公司破产案的态度来看,法官集中加强了诉讼当事人对法官的直接影响力。特拉华州法院在公司治理案件中取得的成就发生在特殊环境下,其中法官的决定被视为对本州经济利益有重要影响。在这一背景下,司法专业化两大维度都会加深政治环境对法官观念以及抉择的影响。总而言之,这些专业法院(庭)展示出了司法专业化塑造司法政策的可能性。

第七章 总结：化零为整

前四章讨论了四个常见法律政策领域中司法专业化的前因后果。在本章中,我将综合前几章的论据,回应第二章中提出的议题。这一章还将讨论另外两个议题:美国对司法专业化的需求程度,以及专门法院(庭)的发展趋势。

司法专业化的成因

在第二章,针对法院(庭)的专业化发展趋势,我抛出了四个问题。本节中,我将先为这些问题列举有论据支持的答案,然后再评估可用于阐释专业化进程的各种理论与研究成果之间的契合程度,最后直面当前专业化进程止步不前的问题。

目标何在？

推动设立专门法院(庭)可能有不同动力,但影响最大的利益需求,应当是塑造司法政策的实质内容。有时候,这一利益需求来自私人团体。就像商业团体为了让可专利性标准更趋宽松,提议设立联邦巡回上诉法院(CAFC)。但更普遍的情形,则是政府的利益需求推动司法专业化发展。

联邦政府的财政利益,对设立初审、上诉两个审级的索赔法院和关税法院有重要作用。在国会议员看来,与遍布全国的地区法院相比,在华盛顿特区设立一家专门审理索赔案件的法院更有利于维护政府利益。综合评估委员会与关税上诉法院的设立,主要目的就是为了保障政府能够最大限度征纳关税。

有了紧急上诉法院（ECA）和临时紧急上诉法院（TECA），联邦官员就能够确保经济规制项目持续有效。紧急上诉法院是为了减少司法机关对第二次世界大战期间价格管控措施的干预，临时紧急上诉法院则出于同样目的，服务于尼克松总统的薪酬与价格管控措施。

在外交政策和国家安全领域，专门法院（庭）的设立也是为了推行政府的政策目标。虽然形式有所不同，驻华法院和驻柏林法院的设立，都是为了辅佐美国的外交政策。在行政部门的官员看来，要确保犯罪分子被定罪处罚，军事法院比平民法院更可靠。设立外国情报监控法院和遣返法院，一定程度上也是为了保证政府能有效处理国内安全的潜在威胁。

在前面所举的例子中，立法分支和行政分支的政策制定者认为，对于政府行为的审查或批准，专门法院比通才型法院更有可取之处。在州层面，刑事司法的专门化有时由立法分支和行政分支推动，如普罗维登斯枪支法庭。对于如何达到打击犯罪的最佳效果，法官和非政府组织都积极推行自己的理念。典型的证明就是进步时代的大部分社会化法庭，以及当代的问题实质性解决型法庭。它们的设立，反映了法官和相关利益团体的推动，以及其他分支在立法与资金方面的支持。

当设立专门法院（庭）提案是为了服务政策性目标，往往会遭到反对这些目标的团体的狙击。很多最终获得成功的提案，都得益于各方就政策目标达成的一致支持或者大致共识。当行政分支或司法分支自行设立专门法院（庭）时，它们所具备的单方行动能力，就避免了征求各方共识的必要。

对一些专门法院（庭）的设立，改变实体政策的利益驱动与对专业化中性优势的需求共同发挥了作用。例如，指定出唯一一家法院集中审查价格管控措施,能够实现法律适用的统一,从而减少任一法院皆可作出不利政府裁判的可能。提升关税案件的审判效率,也是为了遏制进口商挑战政府决定的冲动。有时候,代理律师也希望靠司法专业化提升裁判品质,能够为自己的诉讼当事人赢得更大利益。

在其他情形中,专业化的中性优势起到了更加独立的作用。旧式毒品法庭的设立,是为了高效审理潮水般的毒品犯罪案件,指定专门法官审理死刑案件也是为了提高效率。商事法院(庭)的受欢迎程度,显示决策者相信优质高效的判决能对商业领袖产生吸引力,由此让所在州受益。但在以上全部例证中,中性优势明显让位于司法政策实质内容的考量。当然,在公开辩论中,司法政策的实质内容远不如司法专业化重要,但专业法院(庭)的支持者往往醉翁之意不在酒,所谓中性优势仅仅只是借口。

对于负责设立专门法院(庭)的立法、行政分支的官员来说,个体自身利益远不如实体政策和中立优势重要。但司法机关的个体利益以两种形式独立发挥了作用。首先是刑事司法领域的工作成就感。对不少法官来说,流水线式的审判工作,以及法院在遏制犯罪方面的无所作为,让他们深感失望,作为替代方案的矫正审理模式显然更有吸引力。在设立推广进步时代的社会化法庭,以及当代的问题实质性解决型法庭时,这些法官都发挥了重要作用。推动这类法庭成功设立后,他们一般都会在里面任职,也总能从毒品法庭和精神病患者法庭的工作中获得成就感。在当代的问题实质性解决型法庭中,来自法庭内外的认可,也让法官们更有尊荣感。

另一形式的自身利益关乎法官地位。专门机构一旦设立,它的成员就想争取最高程度的正式地位和最大力度的工作保障。在这一利益驱动下,法官们不断推动行政裁判所转型为法院,再转为宪法第一条法院,最后成为宪法第三条法院。法官地位涉及的利益,也会推动专门法院(庭)的管辖范围扩张,管辖扩张会给法官带来更多工作任务,也让他们更加不可或缺,有时候还会提升工作保障。破产法院的演进,就反映出联邦地区法官自身的利益考量,他们既想摆脱这些不值得花时间的案件,又竭力阻止审理这类案件的破产法官提高地位,以免降低自己身价。

目的性有多强?

加强司法专业化建设,主要是基于司法政策实质内容的考虑。值得追问的是,面对通才型法院和专门法院(庭)的取舍,政策制定者在决策时是否深思熟虑。

历史记录展现的事实并不意外。大多数时候,通才型法院或专门法院(庭)之所以并存,是因为压根儿没考虑过替代方案。立法、行政、司法分支的官员都很少去思索,在某个政策领域提高或降低司法专业化的程度,是否有助于实现他们的目标。尽管这一事实并不惊人,但大环境毕竟更青睐通才型法院,有意思的是:不少专门法院(庭)仍长期运行,其存续价值也未遭严肃质疑。

为了特定政策目标而设立专门法院(庭)时,决策者一般会考虑到目标与手段之间的关系,但也存在偶然因素。原因之一在于,现有的类似专门法院(庭)会让政策制定者假定,新设法院(庭)会与已有法院(庭)一样服务于政策目标。后文讨论专门法院(庭)的普及时,我会略作探讨。有时候,政策制定者的注意力会被相关提案中司法专业化之外的条款所吸引,对专业化与政策之间的考虑就不多了。紧急上诉法院和军事上诉法院就是典型例证。

在政策制定阶段,参与者在考虑专业化对审判结果的影响程度时,往往是基于民间理论,也就是因果关系的常识性认识,并未经过多方系统论证。多数时候,这些理论认为一家法院承担的使命会塑造法官的行为,特别是怀有这些使命赴任的法官。在刑事领域,无论是以打击犯罪为目标,还是以矫正救治为目标的法院,都受到这种民间理论的影响。

在决定设立时缺乏审慎分析,并不意味着相关法院一定无法实现预期目标。设立可以审理平民的军事特别法庭的预设前提是,相比平民法官和陪审员,军职人员会更偏向检方。这一因果假设产生了深远影响,尽管存在关塔那摩军事审判委员会这种显著例外,军事特别法庭的实际运作看起来也印证了假设。

另外,如果审慎分析相关事实证据,专门法院(庭)更有可能获得成功,尤其在政策制定者想追求长期稳定的成效时。当代的问题实质性解决型法庭就是很好的例证。法官们在规划与设立这些法庭时,先前进步时代的社会化法庭已有可供借鉴的丰富实践,但看起来并没有得到重视。

由于在设立时并未认真研究专门法院(庭)的潜在影响,这方面的表现也就乏善可陈。大量政府行为是依据朴素的民间理论来推断预期政策后果的。涉及政府组织结构特质的改革效果就更难分析预测。因此,支持者与决策者们也倾向于依赖对因果关系的常识性认识。不过,值得注意的是,通过专业化来塑造司法政策的决策者们,很少会通盘考虑改革的成功机会。

扩散机制

扩散机制对司法专业化的发展起到了关键作用,某些专门法院(庭)的存在,带动了更多法院(庭)的设立。在各个州,有些法院(庭)遍布各地。商事法庭、审理刑事案件的社会化法庭和问题实质性解决型法庭都是如此。

常见的是,某一司法政策领域的专门法院(庭)被吸收运用到其他领域。在各州,未成年人法庭成为其他社会化法庭的范本,如家事法庭、女性法庭等。问题实质性解决模式脱胎于毒品法庭,还有许多其他法庭也或多或少参照了毒品法庭。这一扩散机制说明,当法院组织架构成为司法政策的组成部分,就有了灵活性,一旦落地,就能被适用于不同场景。

在联邦层面,军事特别法庭成功地在各种场景中沿用。在其他领域,临时紧急上诉法院的设立是以紧急上诉法院为基础,遣返法院的部分制度也借鉴了外国情报监控法院。

司法专业化的扩散机制主要依赖相对重要的养成与效仿机制。[1]两者的区别实际上只是程度问题:决策者在参考某种专门法院(庭)的规划之前,对它的运行成效到底了解多少?尽管养成机制与效仿机制之间并非泾渭分明,但后者显然占主导地位。对决策者来说,更重要的是存在可供参考的样本,不一定是已获得成功的样本。

各州的实践都提供了绝好的例证。未成年人法庭在各州遍地开花,因为人们普遍相信芝加哥、丹佛等地的未成年人法庭已大获成功,但实际还没来得及评估其工作成效。当代的问题实质性解决型法庭也是大体如此。举个最近的例子,2008年首家退伍军人法庭设立后不久,各地就纷纷效仿。还有,不同政策领域都在广泛运用问题实质性解决模式,但却很少仔细考虑不同领域之间的差别。

联邦法院的司法管辖区皆归属联邦政府,专门法院的推广仅限于不同法律领域。一般来说,联邦专门法院的推广进程比较缓慢,政策制定者有机会更加细致地评估他们所参考的样本是否成功。可惜的是,他们并未好好利用这个机会,部分原因是缺少关于司法专业化成

---

[1] 另外两种机制是竞争机制和阶层效应(参见 Simmons, Dobbin 和 Garrett 2006, 789-801; Shipan 和 Volden 2008, 841-45)。在州法院层面,这两种更为具体的机制都发挥了作用。正如第六章所述,州际竞争推动了商事法庭的发展。阶层效应则体现在州立法推动了未成年人法庭的设立,以及联邦政府资助了问题实质性解决型法庭的发展,如毒品法庭和精神病患者法庭。

效的系统信息。所以实践中,决策者更多地依赖对过去和当前法院表现的模糊认识来决策,而不是实证依据。[2] 就这方面而言,专门法院(庭)的推广跟设立一样,根本就缺乏系统论证。

审慎规划还是无心插柳

就扩大司法专业化的运动而言,最后一个,同时也是最值得深思的问题是:这一趋势在多大程度上反映出对司法专业化本身的支持,还是仅为特定政策目标的副产品。尽管某些方面的历史记录语焉不详,但整体走向非常清晰:司法专业化确实是其他政策目标的副产品,而非目的本身。

在一定程度上,进步时代的法院(庭)反映出对司法专业化的价值追求。这一时期的主流观念认为,法院希望在内部设立专门审判组织,以提升审判质量和效率,达到与商业世界专业化一样的效果。这种思潮一定程度上推动了社会化法庭的设立与推广。在联邦层面,塔夫脱总统关于良好管理方式的理念,推动了关税和铁路重整审判领域的专业化,而他的倡议和支持也是商事法庭成功设立的关键。但进步时代关于司法专业化的提议仅限于法律政策的特定领域,司法专业化在这些领域别具吸引力。

对于其他专门法院(庭)的设立,人们的关注点就更有局限性。一般来说,立法者和法官发现某一法律领域存在问题或者机会,会希望通过司法专业化来解决。专门法院(庭)的支持者有时会主张司法专业化整体上有利于社会。但极力推动专门法院(庭)的人在意的

---

2 这类模糊认识的例子之一,就是联邦法官亨利·弗兰德利(Henry Friendly)建议提高税法和专利法领域的专业化水平时,又(自相矛盾地)引用一些现有的专门法院(庭)"经不起任何严肃的质疑"(Henry Friendly 1973, 154)。在设立退伍军人上诉法院的国会辩论中,一位退伍军人事务委员会的委员评价税收法院和军事上诉法院:"据我所知,他们的工作完全称职"(U.S. Congress 1988, 27789)。

是,在某一特定情境下,专业化的潜在益处,而非司法专业化产生的整体影响。

因此,推广司法专业化的运动并未经过任何顶层设计。专门法院的设立,是为了在管辖范围内服务某些具有特定目的的司法政策。随着时间流逝,有些专门法院(庭)消失了,有些继续存在,有些还获得了更大的管辖范围。专门法院的发展迥异,但不同维度的司法专业化水平都得到实质提升。但这种增长更多是无心插柳的收获,谈不上是深思熟虑的结果。

理论启示

本书第二章分析司法专业化的可能成因时,我介绍了三种理论视角。前两项分别是制度研究的经济学和社会学视角。而我称之为"流程理论"的是约翰·金登基于组织选择理论衍生而来的"垃圾桶模型"。迄今为止的讨论,都可以用这三种理论解释。相关研究也从不同角度印证了上述理论。

关于司法专业化的专门决策出台的动机,与经济学视角最吻合。采纳这类提案的最常见原因,是倡导者和决策者都希望借此塑造司法政策的实质内容。政策制定者之所以被专业化提案所吸引,要么因为方案对他们所在的政府部门有利,要么纯粹因为他们赞成的政策可能被专门法院采纳。

社会学视角强调价值取向是制度选择的基础,但不太能解释司法专业化的发展。专业化的自身优势,对特定提案被采纳的作用甚微。但一些专门法院(庭)在全国各地的落地生根,传达了积极信号,特别是未成年人法庭和新型毒品法庭。某种程度上,这些法庭的广泛适用符合社会学视角的"世界文化"应变理论,也就是说,国内政策制定者会条件反射地移植广受认可的制度设计,却很少考虑是否适合本国国情(Meyer et al. 1997)。

司法专业化并非刻意为之。相比于经济学视角,这一事实更符合社会学关于手段与结果之间"随机匹配"的解释。与此相反,专业化运动看似无序的推进,也更契合经济学视角。因为这一视角更注重架构特点,一系列离散选择要比整体性的架构选择更符合实际。总体上看,司法专业化的结果就是这么产生的。

这两种理论视角,对理解司法专业化的发展皆有可取之处,但最相吻合的还是流程视角。按照该视角,专业化是多个重要因素综合所致。特定专门法院(庭)的设立往往涉及多种理由,而不同专门法院(庭)的设立目的大相径庭。这表明司法专业化的灵活性能够适应不同的应用场景,而过去的专业化经验也增加了它作为选项再加以利用的吸引力。这些特点也可以帮助解释为什么专门法院(庭)未经深入论证就被频繁采用,以及为何专门法院(庭)的扩散机制更多依赖效仿而非养成。金登的垃圾桶模型强调了组织决策中的混乱因素,司法专业化水平的提升就是一团乱麻,很难厘清。提升专业化水平进程的特点可以从不同方面归纳,但任一特点都非主导因素。

司法专业化的局限性

美国法官基本上属于通才型。大部分上诉法院及其法官审理各类案件。联邦地区法官的审理权限也非常广。专门化最多发展到各州初审法院一级,但许多乃至绝大部分这一审级的法官,也得审理各种不同类型的案件。

相比政府和社会上的高度专业化,司法机关的专业化如此有限,引人深思。通才型法官的广泛存在又该如何解释?社会学视角的组织理论非常有助于推导出合理解释。

首先,是路径依赖中被斯科特·佩奇(Scott Page 2006, 88)称为自我强化(self-reinforcement)的作用力。重申佩奇的定义,"自我强化是指,作出选择或采取措施都会强化一系列促使选择被延续下去的力量或互补机制"。美国法院发展出的模式就是以通才型法官为主。这一模式持续良久,以致人们预期它将维持不变,这也将证明责任丢给了司法专业化的支持者。

美国早期历史中以通才型法官为主导的模式,也反映了地理因素的影响。州法院系统存在一些司法专业化机制(L. Friedman 2005, 93),但非常有限。之所以如此,在于人们普遍认为法院首先应当便利人民诉讼,换言之,法院审判业务广泛,如果按照业务标准普设法院,成本实在过于高昂(Pound 1912-13, 307; Alger 1917, 213; Hurst 1950, 95-96)。即使仅考虑地理分布因素,也应当设置一个以通才型法院为主的组织体系。

但是,路径依赖理论依然无法完整解释通才型法院组织体系的存在。随着时间推移,法院系统本应像其他政府和社会组织一样,演进出高度专业化的体系。事实上,法院并未按这一路径演进,这也的确令人费解。毕竟,主流观点相信专业化有助于提高效率和工作质量,并推动了在法院以外的专业化运动,而通才型司法系统显然与此背道而驰。

社会学视角强调价值取向是制度选择的基本要素,或许能最大限度地解释这一问题。通才型法官更符合法官应当是诉讼两造之间中立第三方的理念。而专门机构看起来中立性较弱,更容易形成先入为主的思维模式(参见 Shapiro 1968, 53)。对法官本人而言,通才型专家的特质让他们在地位上有别于专业化的行政官僚。法院内外有很多人认为,法院应当是靠专业化提高工作质量这一规则的例外。

通才型法官的积极价值与通才型法院的长期主导地位相辅相成,有力地防止了通才型模式发生任何整体性偏离。如果将联邦地区法院或上诉法院,转型为管辖特定类型案件的专门法院,不但会大规模改造现行的政府结构,也会冲击大众观念中法院应有的形象。任何试图推行这项改革者,都要背负极重的证明责任。设立联邦巡回上诉法院(CAFC)的提案,哪怕对现有联邦上诉法院组织体系的调整非常小,也是攒齐了天时地利人和才获得成功。

尽管情况特殊,但联邦巡回上诉法院(CAFC)的设立提案获得通过,也不失为设立专门法院的成功典范。在成功的设立实践中,支持者着重强调己方的特定目标。为了避免陷入偏离美国法院通才型模式的争论,他们一般强调专门法院的提案只是通才型法院模式的"必要例外"。

专业化的发展并未超出州初审法院这一层级。某种程度上说,这一层级的专业化水平相对较高,也反映了现实需求。一方面,辖区人口较多的初审法院配备了充足的法官,能够集中审理特定类型案件。另一方面,法院自身有权设立专门审判组织,无须立法机关批准,这也是州初审法院专业化的主要方式。

专业化没有超出初审法院层级发展的另一个原因,是受到法院和法官特性的影响。与其他类型的法院相比,位于大城市的州初审法院更像行政官僚机构。[3] 法官们被案件量压得喘不过气,案结事了比判决质量更重要(参见 Ma. Levin 1975, 90)。法庭往往嘈杂不堪,缺乏威严。州初审法院的法官处于职业声望的垫底水平,屈居最低层级法院,出庭律师和当事人的身份地位也低。

基于前述特征,像行政分支那样,按案由给州初审法官分配任务就显得顺理成章。专业化被视为效率最大化和提升裁判质量的有效

---

[3] 正如第二章所述,迈克尔·利普斯基(Michael Lipsky, 1980)把都市初审法院形容为"基层办事机构"。我在此借鉴了他的说法,但我强调的这类特征与他对基层办事机构的界定存在一定差别。

方式,而不是通才型理想模式的突变。实际上,某些类型的专业化会让法官有机会褪去官僚习气,保持自身专业性。这也是问题实质性解决型法庭对一些法官的主要吸引力。商事法庭的额外优势,就是让法官始终置身于高素质当事人和律师的诉讼环境之中。

尽管如此,城市初审法院的专业化还是很有限。就算在这些法院,长期将特定类型案件指定给一部分法官专职审理的做法也不常见。这些法院的专业化未能取得更大进展,也反映出司法机关整体对专业化的排斥。但是,对通才型法院与法官模式的制度黏性也不宜被放大。美国法院的专业化现象也不少,而且存在于一些重要的司法政策领域。无论是法官集中度还是案件集中度,专业化水平都有不同程度的实质提升。尽管仍属于一般规则的"例外",但专业化的重要性与日俱增。

专业化的成效

专门法院(庭)日益普及,得益于倡导者和决策者确信司法专业化能有所作为。正如第二章所指出,专业化可能对法院审判工作产生两方面影响。一是来自中性优势的影响:随着法官集中和案件集中,法院工作效率、审判质量以及法律适用统一性都会提升。二是对司法政策实质内容的影响。问题在于,实践中到底产生了多大影响。

从前面章节对特定法院(庭)的讨论中可以发现,这两种影响都缺乏系统资讯印证。首先,很难系统比较通才型法院和专门法院(庭)孰优孰劣。即使二者在同一领域并存,如联邦税收纠纷,但这些法院在专业化之外的性质差异,也使得比较研究更趋复杂。其次,学者们也没有充分利用手头机会,开展系统的比较研究。例如,某些类型案件的管辖权从普通法院移交给专门法院(庭)时,就几乎没人去研究前因后果。

尽管如此,现有信息也足以得出一些关于成效的初步结论。最明确也最可预见的结论,是司法专业化的成效并不统一。成效究竟如何,取决于专业化的形式、专门法院(庭)的其他特性以及运行环境等诸多因素。

中性优势

一言以蔽之,效率是专业化最明显的优势。因此,倡议者和决策者期待法官的集中能提高案件审理效率。这种期待不无道理,却缺乏证据支持。

专业化可以直接带给法院系统额外资源,进而促进效率提升。为审理特定领域的案件而新设一家专门法院,法官员额自然会相应增加。退伍军人福利诉讼案件的管辖权移交给退伍军人上诉法院之后,就由一批新法官负责审理,并没有增加地区法官工作量。同样,单独设立的破产法院带来了大批法官审理破产案件。如果还是由地区法官审理的话,地区法官数量再增加,也追不上破产案件的增长速度。

推进司法专业化如果是为了确保某些案件的审理更加慎重,相应的制度设计实际可能降低效率。设立大部分社会化法庭和问题实质性解决型法庭的前提,就是要让法官和其他法院工作人员在某些类型的刑事案件上多花时间。就像一些评论者比喻的,真正意义上的问题实质性解决型法庭几乎得是"精品店"。如果这些法院既要审理大量案件,又想达到预期效果,很快就会让法官疲于奔命。当然,如果问题实质性解决型法庭设立的前提具有正当性,这类法庭也会说明:效率本身并不总是一种优势。

我将"质量"定义为法官在完成判决中实现自己目标的效能。专门法院的倡导者认为法官集中有助于专业性的提高,进而改进裁判质量。在法律或事实问题异常复杂的领域,如专利法和税法领域,这一论点具有很强的说服力。再加上有些通才型法官面对这两个领域的复杂案件苦不堪言,这一论点更显得正当。但是,同样,关于通才型法院和专门法院在判决质量上究竟有何差别,我们始终缺乏有力证据。

很大程度上,缺乏证据反映出衡量法官审判质效的难度之大,这也是法学学者一直想努力解决的(例如 Choi 和 Gulati 2004;Choi, Gulati 和 Posner 2009;Symposium 2005)。改判率是一项可行的指标。一项研究提供了关于税收法院和地区法院法官的税收案件改判率的简要证据(Worthy 1971, 253);另一项研究则更细致地对比了地区法院法官和破产法官合议庭的破产案件改判率(Nash 和 Pardo 2008)。两项研究都表明,同一法律领域,上诉法院法官更容易维持专门法院(庭)法官的初审判决,哪怕上诉法院法官也是通才型法官。与此相反,有研究发现,联邦巡回上诉法院(CAFC,作为专门上诉法院)推翻地区法院判决的比率,略低于它所审查的专门初审法院的总比率(Morley 2008, 383–84)。即便在同一领域,通才型法官和专门法官所作判决之间的差异都导致很难比较,更遑论不同领域的判决了。但改判率仍然是衡量判决质量的重要指标。

如果当事人有权在通才型法院和专门法院(庭)之间选择起诉,从他们的选择中也能获得一些比较两类法院判决质量的线索。举例来说,商事律师对特拉华州法院的偏爱,凸显了该州法院在公司诉讼的专业领军地位。但除了审判质量,当事人对可起诉地的选择也会受到法院政策取向的影响。关税与专利上诉法院(CCPA)以及哥伦比亚特区联邦地区法院,都有权受理对拒绝授予专利的行政决定所提起的上诉,但关税与专利上诉法院(CCPA)之所以能垄断几乎所有案件,并不是专业能力的优势,而是因为它推翻专利局决定的概率更高(Baum 1977, 839)。与此类似,刑事案件被告人选择问题实质性解决型法庭,而不是普通初审法院,主要是预期前者的裁判结果更有利于己。

相对于地区法院,当事人对税收法院压倒性的偏爱表达了很不一样的考虑,一方面在地区法院起诉需要先缴纳涉诉税款,另一方面是因为税收法院为小额税收案件设置了特别程序。

评论者一般认为,案件集中自然会促进法律适用统一,这个观点有一定合理性,但不宜被过度解读。正如有学者指出的,比起法院数量,"决策组织"的多少也会对特定领域法律适用的统一性产生更直接的影响(Legomsky 2007, 428-31)。即使在专门法院,只要判决是由多名法官或者多个合议庭作出的,法律解释的差异和冲突就无可避免。专利律师就对联邦巡回上诉法院(CAFC)的裁判标准和决策倾向的冲突颇为不满,因为集中管辖专利案件时,法律适用统一可是支持者们引以为据的最大优势。

司法政策的实质内容

中性优势自然重要,但专业化对司法政策实质内容的影响,具有更重要的理论意义和实践意义。

正如表2.1所归纳的,高水平的司法专业化通过两个维度影响司法政策的实质内容,一是让法官更专注于审判;二是增加利益集团的影响力。这些机制通过法官选任和履职影响司法政策。法官仅浸淫于某一领域和利益集团影响力的提升都会让法院更像行政机关,有时专门法院(庭)也会服务于类似行政领域的工作使命。

在为了推进特定司法政策而设立的专门法院(庭)中,有的法院(庭)按计划完成任务,也有的法院(庭)的做法超出设立者的初衷。实践中,很多做法有利于增进司法专业化对政策的影响。[4]

---

[4] 法官个体对特定政策的努力推进,应当与他们所处法院(庭)成功达成宏大目标区别对待。即使法官全身心投入所在法院(庭)承担的使命,也不能确保其达成目标。毒品法庭、精神病患者法庭和流浪者法庭对相关社会问题的改善就很有限。各州商事法庭的法官可能严格按照改革者的意愿开展工作,但这并不意味着就能成功招商引资。

首要且最有用的做法是,遴选那些本身就立场鲜明、愿意贯彻特定政策的法官前往专门法院(庭)任职。大部分法官,尤其是任期长的法官,在审判中自主性很强。所以,上任前通过法官选任来塑造司法政策,比上任后对已履职的法官施加影响要有效得多。法官选任可以采取两种形式,一是在专门法院任命或选举全职常任法官,二是指派法官到专门审判机构承担兼职或临时的工作。无论哪种方式,选任法官都是塑造司法政策的关键之举。

问题实质性解决型法庭进一步说明了法官选任的重要性。举例而言,许多毒品法庭和精神病患者法庭的法官都强烈支持他们所遵循的审理模式。因此,他们总是充满激情地按照非传统的问题实质性解决模式处理刑事案件。早期的部分未成年人法庭也是一样,反映出法官对相关审判方式的认同感。

就像社会化法庭和问题实质性解决型法庭一样,在那些旨在维护刑事司法严厉性的专门法庭,如果法官也竭力践行使命,法庭自然能按照预定设想完成任务。芝加哥除草法庭的法官就曾深受花粉过敏症折磨。普罗维登斯枪支法庭的法官,曾在罗得岛州已取消死刑的情况下,判处一名被告死刑,自然不会令支持者失望。尽管对那位芝加哥法官所知甚少,但可以断定的是,他对那些害自己过敏症加重的当事人决不会心慈手软。

联邦巡回上诉法院(CAFC)的发展也有异曲同工之处。关税与专利上诉法院、求偿法院的法官整体上偏向采用宽松的可专利性标准。对于宽松标准的支持者来说,即使两家法院合并,也不用担心法官们转变立场。事实上,联邦巡回上诉法院(CAFC)的表现也确实一直像倡导者期待的那样。

特定情况下,选任法官就是为了偏离法院设立初衷,重新塑造司法政策。里根行政分支任命了强硬的保守派法官去索赔法院就职,结果(或许本就希望如此)法院更支持对联邦政府提起的征收索赔请求。这跟19世纪国会议员为了维护政府的财政利益而设立专门法院的目标截然相反。如果伦奎斯特任首席大法官时动用自己的任命权,在负责任命特别检察官的特别法庭之后优先安排亲共和党法官,他就能够轻易让一家原本中立的法庭改变政策导向。

选任法官的官员未必会看重政策因素。即使为了维护联邦政府利益而设立的联邦法院,政治恩惠对法官选任的影响也比政策考量更大(Chase 1972, 45-47)。对一些法院来说,政治恩惠从一开始就对法官选任发挥了重要作用。当日后专门法院(庭)所承担的政策任务不再突出,负责选任的官员会觉得那些管辖范围较窄的法院相对不重要,会更倾向于把法官职位作为政治恩惠。实际上,行政机关自行放弃了很多借由法官任命来塑造司法政策的机会。

尽管原因各异,类似过程也发生在州刑事法庭的人员配置中。未成年人法庭已经偏离设计者的政策初衷。原因之一在于,未成年人法庭的推广和持续表明,其间任职的法官也不认同最初的政策导向。

如果问题实质性解决型法庭的出发点和未成年人法庭一样,或许会招致同一命运。法官们如果把毒品法庭或精神病患者法庭的工作视为义务而非契机,审判工作也可能偏离法庭设立初衷。即使在问题实质性解决型法庭设立之初,法官们有时也是被迫在这些法庭就职,对工作毫无热情(Durkin et al. 2009, 10-11)。这一情形若日益普遍,这些法院的特殊之处也就不存在了。[5]

对法官集中度的要求,有时会推动从本法律领域的资深律师中遴选法官,特别是专业知识比较重要的领域。例如在税收法院,专业税

---

5 因为问题实质性解决模式需要法庭各方之间更紧密的合作,法官之外各方参与人配合度的降低会削弱这个模式的效果。高效开展刑事审判的压力,削弱了法官在个案投入更多时间的使命,这也是问题实质性解决型法庭面临的现实情况。

第七章 总结:化零为整

法知识是法官选任的先决条件。即使不考虑政策立场,如果这些专业人士倾向于在本领域中的利益冲突上支持某一方,那也将给法院带来独特的政策取向。最典型的就是专利律师协会对宽松可专利性标准的广泛支持(虽然不曾统一)。

法官集中和案件集中都有助于通过法官选任来塑造司法政策,但从实践来看,案件集中的作用更大。如果一家法院垄断了特定类型的案件,负责选任的官员就可以选择对该领域保持特定立场的法官,作为塑造司法政策的有效手段。在一个人口稠密的县,所有枪击案件或家暴案件都由一名法官审理,那么无论这类案件占据法官多大工作比重,都可以通过选任让法官把持特定政策导向。类似的是,哪怕联邦巡回上诉法院(CAFC)的管辖范围也让该院法官自认为通才型,但由该院的12位(专业)法官,而非各巡回区联邦上诉法院的一堆(通才型)法官来审理全部专利上诉案件,区别也相当之大。

有助于增强司法专业化对司法政策影响的第二种做法是,在特定领域中,法官有足够强的动力去支持对立关系中的某一方。司法专业化提升了利益集团制造这类动力的能力,主要有以下两种类型。

第一种是个人的直接激励,无论是物质还是精神层面。如果林恩·洛普基(Lynn LoPucki,2005)的研究结论准确,破产法院就是研究这种激励机制的绝佳例子。破产专业人士从本地区的大公司破产案中获利,而法官普遍感到来自专业人士一方的压力,后者认为良好的协作机制更有利于吸引案源。从法官对压力的响应不难看出,他们尊重与破产专业人士的良好共事关系,在一定程度上,这也有助于获得连任。一些问题实质性解决型法庭的法官,压力来自于其他同事对矫正型司法的强烈认同,正如普通刑事法院的法官有压力去接受辩诉交易结果,以及其他受检察官、辩护律师青睐的操作。

另一种激励是确保政府项目获得成功的责任感。毫无疑问,紧急上诉法院的法官会认识到自己的判决将影响到第二次世界大战期间的价格管控措施,所以力求避免对重要项目造成消极影响。与此类似,特拉华州衡平法院的法官及州内"观众"*都相信,他们的判决会影响到本州作为公司注册优选地的形象。因此,法官们有足够理由维护心目中的"本州利益"。

上述两种激励在军事特别法庭的法官身上并存。他们通常服务于国家危难之时,自然不想干扰保护国家利益的努力。而且他们本身都是军人身份,因此有支持军事政策的直接压力。

就算承受的压力再大,法官也可能偏离他们肩负的任务。例如,驻柏林法院的赫伯特·斯特恩法官就拒绝履行指派的任务,无视有权将他解职的国务院的巨大施压。关塔那摩军事审判委员会的部分法官以比国防部预想更公正、更独立的方式开展工作,即使他们身负军职。或许法官形象和身份帮他们隔绝了压力。例如,斯特恩法官虽然面临被国务院解职的压力,后来也确实被免职了,但依旧可以享受联邦地区法官的终身制保障。

专业化的两个维度都能强化激励作用,促使法官在审判中更倾向保护一方利益。法官越是集中,特定领域的政策对他们越显重要,也会因此对某些压力更加敏感。破产领域就是典型例子。如果法官审理的案件类型广泛,就没必要在破产案件中考虑破产专业人士的喜好。案件集中之所以更重要,因为政策实施领域的任何压力都会落到一部分法官身上。如果特拉华州的公司治理案件由多家初审法院而

---

* 本书作者在这里援引了他本人早年在 *Judges and Their Audiences: A Perspective on Judicial Behavior* 一书提出的"法官观众"理论,他提出,传统理论把法官的追求目标限定在制定良好的法律或政策上,因此能够影响法官的主体很少,这样视野过于狭隘。作者认为,由于法官也很看重自己的声望与尊荣,因此会在意"观众"对自己的看法。在研究中,作者充分运用了社会心理学以及司法决策理论的研究成果,论证了包括民众、其他政府机关、同事、法学教授等"观众"对法官决策的影响。本书中译本为〔美〕劳伦斯·鲍姆:《法官的裁判之道:以社会心理学视角探析》,李国庆译,北京大学出版社 2014 年版。——译者注

不是一家法院集中管辖,法官随机审理该领域的案件时,对维系特拉华州营商环境的责任感就会大大减弱。

有助于强化专业化对司法政策实质影响的第三种做法,完全是在另一个层面操作。有些提案本意是为实现特定政策目标,但内容包括关于加强专业化的一揽子条款,也能实现将特定政策导向型任务赋予专门法院(庭)的目标。为了减少战时价格管控措施的司法干预,政府就将设立紧急上诉法院作为司法审查条款的一部分。国会与行政分支在设立外国情报监控法院的时候,也确立了更宽松的令状签发标准。上述例证中,有利于政府的其他条款,变相加强了专业化效果。

在第二章中,我曾经强调,法官集中可能会造成法官只专精于较狭窄的审判领域,浸淫其中,乐此不疲,并产生潜在影响。有的法院已提供了间接证明,但证据较为模糊。关税与专利上诉法院审理专利案件的方式高度独立,却没有统一专利领域的法律适用,因为还是这些法官在塑造政策。军事上诉法院的专业化导致他们在监督军事司法制度时有些武断,但通才型平民法官也可能这么做。

就我们对司法专业化成效的认识而言,或许最重要的就是,案件集中度的影响举足轻重。在围绕司法专业化的争辩和讨论中,大家一直聚焦于法官的集中。一般认为,破产法院和国际贸易法院的法官在专业化程度上并无差异,尽管国际贸易案件由九位法官审理,而破产案件分散在三百余名法官手中。从联邦巡回上诉法院(CAFC)法官的坚持中,司法专业化的标准概念可见一斑,他们坚决认为自己不是专业法官,因为他们审理一系列政策领域的案件。

无论是否把案件集中视为专业化的一个维度,毫无疑问的是,把特定类型的案件集中于一家法院审理,效果大不一样。案件集中有利于通过法官选任和其他方式来塑造司法政策。

实践中,应当慎重对待一种提高案件集中度的做法,哪怕这一做法只对法官集中产生些许边际效应。设立联邦一级"借调法官"型法院和州一级问题实质性解决型法庭,法官在其间供职只是兼任,这是对法院结构属性的实质性改变。当然,专业化的两个维度相互关联。典型情形是,旨在推动法官高度集中的举措,同时促成了案件高度集中。如果要推进这样的改革,必须综合考虑两方面的影响。

评估司法专业化

关于法官集中和案件集中效果的讨论,必然引出更具普遍意义的规范性问题,即司法专业化的优势。我尚未就这一问题具体展开,这也是本书关于司法专业化的分析有别于理论界主流规范研究之处。

评估司法专业化成效的角度有很多。一种是将有关专门法院的辩论看作两个冲突的理想模型。模型一是衡量司法专业化能够获得类似其他政府或社会组织专业化的潜在收益。模型二是衡量在不实施司法专业化的情况下,能够取得的潜在收益。

很难在抽象层面比较两种理想模型的优劣。但我们也缺乏实证论据去衡量两类潜在收益。即使我们获得更充分的证据,司法专业化的多重维度和形式、专业化效果的复杂性和偶然性,都增加了得出准确结论的难度。

因此,我个人很难去坚定地支持司法专业化,哪怕这已是普遍现象。如果我们能够形成评估司法专业化的准确标准,并获得有关专业化成效的充分证据,或许就能辨别哪些情况并不适合专业化。正如我所强调的,我们距离做到这一步还很遥远。

然而,当面对推进司法专业化的提案时,立法者和法官们还是必须作出决策。他们应当如何选择？最重要的建议,就是尽可能全面地搜集信息。是否设立专门法院(庭)的决策,往往是基于有限资讯,而对专业化成效的预测则依赖于效力存疑的民间理论。尽管我们对专业化的理解如此有限,但它也提供了未被充分利用的信息。如前所述,各州问题实质性解决型法庭的倡导者,根本没有关注与之高度相关的、进步时代未成年人法庭和其他法庭的经验。在国会考虑把专利侵权案件移交给新设立的联邦巡回上诉法院(CAFC)时,提案中几乎没有提到这种组织架构变革会对司法政策实质内容产生什么样的影响,但支持阵营里的国会议员和行政官员,或多或少忽略了这一问题。

支持设立专门法院(庭)者往往需要承担证明责任。这看起来也很合理,专业化可能引发很多重大后果。最重要的是,专业化推动法院承担了更多政策导向型任务。这类任务会带来麻烦,尤其是会弱化法院免受外部控制的中立性。最重要的问题在于,如果法院变得越来越像行政机关,那么由法院承担法律和政策制定功能的正当性就被大大削弱了(Shapiro 1968, 53;参见 Unah 1998, 9)。

综上所述,美国由通才型法院持续(虽然有所减弱)占据主导地位,肯定是一件好事。同时,对通才型司法机关的偏好,跟选择性地适用专门法院(庭)实现特定功能,能够实现很好的兼容。当然,这也是现状。

然而,这并不意味着在当代美国,通才型与专门法院(庭)之间的平衡已接近理想状态。从专门法院(庭)设立过程的随意性可以看出,它们很难在适当时间出现在适当之地。如果将推动司法专业化作为一项整体工作,专门法院(庭)适用领域的选择过程更像是无心插柳,而非刻意规划设计的结果。如果要在更高层面提升法院的专业化水平,这是必须审慎思考的问题。

司法专业化的未来

当前,联邦和州司法系统中的专门法院(庭)只代表一部分获得成功的提案。在联邦层面,法学学者和评论者经常提议新设法院。例如,一直以来都有呼声,要求新设一家税收上诉法院,集中审理当前由上诉法院负责的税收案件(H. Miller 1975;Cords 2005, 1051)[6],也有周期性的提议,要求将社会保障纠纷的上诉案件从地区法院移交给新的专门法院(Rains 1987;Arzt 2006)。在近年林林总总的设立提案中,还包括两类专门的著作权法院(Landau 和 Biederman 1999;MacLean 2006b),审理行政豁免权诉讼的法院(Fein 2007),以及审理选举纠纷的法院(Foley 2008)。

很多提案只是少数倡导者的意见,但有些仍被认真考虑。除国会已经设立的专门法院之外,设立税收上诉法院的主张在某种程度上获得了不少支持,最早的提议出现在司法部设立联邦巡回上诉法院(CAFC)的提案中(Meador 1992, 592)。不少法学学者和评论者明确支持设立一家国家安全法院(National Security Court),专门审理针对恐怖分子嫌疑犯的指控,这有些类似军事法院和普通联邦法院之间的折中方案(Goldsmith 和 Katyal 2007;Lunday 和 Rishikof 2008;Sulmasy 2009)。设立几类专门法院来审理移民案件的提案已成功引起了国会的兴趣(Roberts 1980;Legomsky 2007, 464-68;U.S. Senate 2006b)。[7]在过去三届国会中,众议院通过了一项试点改革方案,允许地区法院自主选择部分法官审理专利案件;参议院对此无动于衷(Gitter 2009)。

---

6 也有人要求赋予税收法院对税收初审案件的专属管辖权(Geier 1991)。

7 2006年,参议院通过一项议案,要求审计总署对三项涉及把移民上诉案件从联邦上诉法院移交给其他机关审理的提案开展研究(这一议案的编号是109届国会S. 2611,其中有关审计总署的条款为第707条)。但众议院对这个议案未采取后续措施。

在州法院层面,各种各样的商事法院(庭)和问题实质性解决型法庭被广泛采用。退伍军人处遇法庭于2008年创设后,短时间内就被许多城市效仿,可见州初审法院设立新类型专门法庭相当容易。设立医事法庭(health court)审理医疗事故案件的主张,获得了广泛讨论,而主要支持来自侵权法改革的倡导者(Fortado 2004;Post 2006;P. Howard 2009)。在国会有关医疗保健系统改革的辩论中,也有人提出联邦政府应当鼓励各州设立医事法院(Alonso-Zaldivar 和 Werner 2009)。

从历史记录可以判断,这些专门法院(庭)提案的命运很难预测。当专门法院(庭)的设立需要立法授权时,它的命运就如金登(1984,2003)所论述的,仰仗各种条件成就。专利上诉法院的议案碰壁多年之后,1982年的天时地利人和促成了联邦巡回上诉法院(CAFC)的设立。所以,现在专利上诉案件由单一法院受理,而税收上诉案件分散在各个联邦上诉法院也不是命中注定的。由于立法难度之大,且普遍青睐通才型法院,大多数需要立法授权的专门法院(庭)提案最终化为泡影。

同样道理,立法确定为常设机构的法院,往往会一直常设下去。但政府组织未必能够永存(参见 Kaufman 1976;D. Lewis 2003),稍纵即逝的商贸法院就是明证。但是,一旦专门法院(庭)成功设立,它更可能是逐步扩大管辖,而不是被撤销。

在联邦法院系统,棘轮效应(ratcheting effect)[*]导致司法专业化的进程既缓慢又不均衡。行政分支设立的军事特别法庭和其他专门法院(庭)几经反复,国会作为临时机构而设立的法院也难逃被撤销的命运。但获得立法授权的专门法院(庭)越来越多,职责也不断增加,联

---

[*] 棘轮效应:来自现代激励理论,例如,在计划经济体制下,一旦企业达到或超量完成了当年的指标,下一年的指标就会相应增加,导致了隐瞒实际产量的逆向激励。——译者注

邦司法系统委托专门法院审理的案件比例也日益提高。

州法院系统的情况更加灵活复杂,因为专业化的模式是由各法院自己创设专门审判组织。结果,各种形式的专门法庭此起彼伏。进步时代设立的社会化法庭中,只有未成年人法庭幸存。当代的各种问题实质性解决型法庭发展蓬勃,但在扩散程度以及立法层面的支持上,没有哪一种问题实质性解决型法庭能获得与未成年人法庭一样的待遇。假如经费削减,或法官不再对问题实质性解决模式抱有期待,这些法庭的发展就会停滞,甚至可能逐步消亡。

但从长期来看,各州的司法专业化程度还是更可能提升。在州初审层级,通才型模式相对弱化,减少了反对专门法庭的声音。未来随着案件增长和法官增多,司法专业化会更具吸引力,也更加可行。相比一个世纪之前,今天的州法院系统在管辖标的和当事人方面都更为专业化,这一趋势应该能够持续——尽管未必一帆风顺。

无论未来趋势如何,美国法院系统的高度专业化特征将会继续保持。这一专业化有时会对法院工作产生强有力的影响。这些现实发展,值得研究法院的学者和法院组织体系改革的决策者给予更多关注。

参考文献

The main reference section, with books, reports, and articles, is followed by sections with legislative, statutory, and regulatory materials and with court decisions and documents.

BOOKS, REPORTS, AND ARTICLES

Abraham, Henry J. 1998. *The Judicial Process*, 7th ed. New York: Oxford University Press.

———. 2008. *Justices, Presidents, and Senators: A History of U.S. Supreme Court Appointments from Washington to Bush II*, 5th ed. Lanham: Rowman & Littlefield.

Abramson, Bruce D. 2007. *The Secret Circuit: The Little-Known Court Where the Rules of the Information Age Unfold*. Lanham: Rowman & Littlefield.

Administrative Office of the U.S. Courts. 2010. *2009 Annual Report of the Director: Judicial Business of the United States Courts*. Washington, DC: U.S. Government Printing Office.

Albright, Joseph. 1974. "A Hell of a Way to Run a Government." *New York Times Magazine*, November 3, 16–17, 94–99, 102–5, 110.

Alger, George W. 1917. "The Organization of the Courts." *Annals of the American Academy of Political and Social Science* 73:211–18.

Allen, Arthur. 1998. "Shot in the Dark: Did the DPT Vaccine Make Some Children Catastrophically Sick?" *Washington Post*, August 30, W10–15, 21–23.

Allen, Michael P. 2007. "Significant Developments in Veterans Law (2004–2006) and What They Reveal About the U.S. Court of Appeals for Veterans Claims and the U.S. Court of Appeals for the Federal Circuit." *University of Michigan Journal of Law Reform* 40:483–568.

———. "The United States Court of Appeals for Veterans Claims at Twenty: A Proposal for a Legislative Commission to Consider Its Future." *Catholic University Law Review* 58:361–410.

Allison, John R., and Mark A. Lemley. 1998. "Empirical Evidence on the Validity of Litigated Patents." *AIPLA Quarterly Journal* 26:185–275.

———. 2000. "How Federal Circuit Judges Vote in Patent Validity Cases." *Florida State University Law Review* 27:745–66.

Alonso-Zaldivar, Ricardo, and Erica Werner. 2009. "Health Negotiators Look at Malpractice Changes." Associated Press, September 11.

Alt, James E., and Alberto Alesina. 1996. "Political Economy: An Overview." In *A New Handbook of Political Science*, ed. Robert E. Goodin and Hans-Dieter Klingemann, 645–74. New York: Oxford University Press.

Altieri, Mark P., Jerome E. Apple, Penny Marquette, and Charles K. Moore. 2001. "Political Affiliation of Appointing President and the Outcome of Tax Court Cases." *Judicature* 84:310–13.

Aman, Alfred C., Jr. 1980. "Institutionalizing the Energy Crisis: Some Structural and Procedural Lessons." *Cornell Law Review* 65:491–598.

American Journal of International Law. 1907. "An Act Creating a United States Court for China and Prescribing the Jurisdiction Thereof, 1906." 1:234–38.

Anderson, Gary M., William F. Shughart II, and Robert D. Tollison. 1989. "On the Incentives of Judges to Enforce Legislative Wealth Transfers." *Journal of Law and Economics* 32:215–28.

Anderson, Jon. 1995. "Environmental Enforcements." *Vermont Bar Journal and Law Digest* 21(5): 14–15.

Ankeny, Robert. 2005. "A Conversation with Diane Akers, Bodman L.L.P." *Crain's Detroit Business*, March 14, 11.

Anthony, J. Garner. 1955. *Hawaii Under Military Rule*. Stanford: Stanford University Press.

Ariens, Michael. 1994. "Know the Law: A History of Legal Specialization." *South Carolina Law Review* 45:1003–61.

Arzt, Robin J. 2006. "Proposal for a United States Social Security Court." In American Bar Association, *A Social Security Court: Does the Structure of Such a Court Enhance its Justifications or its Criticisms?* http://www.abanet.org/adminlaw/conference/2006/handouts/socsec.pdf.

Ash, Robert. 1955. "Procedures Effective Under 1954 Code Which Affect Tax Settlement or Litigation." *Journal of Taxation* 3:204–9.

Atkins, Burton M. 1974. "Opinion Assignments on the United States Court of Appeals: The Question of Issue Specialization." *Western Political Quarterly* 27:409–28.

Atkins, Burton M., and William Zavoina. 1974. "Judicial Leadership on the Court of Appeals: A Probability Analysis of Panel Assignment in Race Relations Cases on the Fifth Circuit." *American Journal of Political Science* 18:701–11.

Attorney General's Committee on Bankruptcy Administration. 1941. *Administration of the Bankruptcy Act*. Washington, DC: Government Printing Office.

Baar, Carl. 2003. "Trial Court Unification in Practice." *Judicature* 76:179–84.

Babb, Barbara A. 1998. "Where We Stand: An Analysis of America's Family Law Adjudicatory Systems and the Mandate to Establish Unified Family Courts." *Family Law Quarterly* 32:31–65.

Bach, Mitchell L., and Lee Applebaum. 2004. "A History of the Creation and Jurisdiction of Business Courts in the Last Decade." *The Business Lawyer* 60:147–275.

Baker, Donald P. 1997. "If Under 21, the Bar Scene May Be a Bust." *Washington Post*, March 11, A3.

Baker, Joan E. 1983. "Is the United States Claims Court Constitutional?" *Cleveland State Law Review* 32:55–101.

Baker, Nancy V. 2006. *General Ashcroft: Attorney at War*. Lawrence: University Press of Kansas.

Baker, Peter. 2007. "Bush Retreats on Use of Executive Power." *Washington Post*, January 18, A4.

Baker, Thomas E. 1994. *Rationing Justice on Appeal: The Problems of the U.S. Courts of Appeals*. St. Paul: West Publishing.

Baldwin, William H. 1912. "The Court of Domestic Relations of Chicago." *Journal of the American Institute of Criminal Law and Criminology* 3:400–406.

Ball, Howard. 2007. *Bush, the Detainees, and the Constitution: The Battle Over Presidential Power in the War on Terror.* Lawrence: University Press of Kansas.

Balla, Steven J. 2001. "Interstate Professional Associations and the Diffusion of Policy Innovations." *American Politics Research* 29:221–45.

Bamford, James. 1982. *The Puzzle Palace: A Report on America's Most Secret Agency.* Boston: Houghton Mifflin.

———. 2006. "Big Brother is Listening." *Atlantic Monthly*, April, 65–70.

———. 2008. *The Shadow Factory: The Ultra-Secret NSA From 9/11 to the Eavesdropping on America.* New York: Doubleday.

Banks, Christopher. 1999. *Judicial Politics in the D.C. Circuit Court.* Baltimore: Johns Hopkins University Press.

Barker, Kim. 1999. "New Court Tries Prevention." *Seattle Times*, February 21, B1, B5.

Barnes, Jeb. 1997. "Bankrupt Bargain? Bankruptcy Reform and the Politics of Adversarial Legalism." *Journal of Law & Politics* 13:893–935.

Barrett, John Q. 2000. "Special Division Agonistes." *Widener Law Symposium Journal* 5:17–48.

Barrow, Deborah J., and Thomas G. Walker. 1988. *A Court Divided: The Fifth Circuit Court of Appeals and the Politics of Judicial Reform.* New Haven: Yale University Press.

Bass, Jack. 1981. *Unlikely Heroes.* New York: Simon and Schuster.

Baum, Lawrence. 1977. "Judicial Specialization, Litigant Influence, and Substantive Policy: The Court of Customs and Patent Appeals." *Law & Society Review* 11:823–50.

———. 1994. "Specialization and Authority Acceptance: The Supreme Court and Lower Federal Courts." *Political Research Quarterly* 47:693–703.

———. 2003. "Judicial Elections and Judicial Independence: The Voter's Perspective." *Ohio State Law Journal* 64:15–41.

———. 2010. "Judicial Specialization and the Adjudication of Immigration Cases." *Duke Law Journal* 59:1501–61.

Bawn, Kathleen. 1995. "Political Control Versus Expertise: Congressional Choices About Administrative Procedures." *American Political Science Review* 89:62–73.

Beaman, Walter H. 1957. "When Not to Go to the Tax Court: Advantages and Procedures in Going to the District Court." *Journal of Taxation* 7:356–58.

Bean, Philip. 2002. "Drug Courts, the Judge, and the Rehabilitative Ideal." In *Drug Courts in Theory and in Practice*, ed. James L. Nolan, Jr., 235–54. New York: Aldine de Gruyter.

Bebbington, Jim. 1993. "A Day in the Life of Environmental Court." *Columbus Monthly*, July, 97–100.

Bebchuk, Lucian Arye, and Alman Cohen. 2003. "Firms' Decisions Where to Incorporate." *Journal of Law & Economics* 46:383–422.

Becker, Bernie. 2008. "Military Appeal Process is Challenged." *New York Times*, November 28, A24.

Bederman, David J. 1988. "Extraterritorial Domicile and the Constitution." *Virginia Journal of International Law* 28:451–94.

Belden, Evelina. 1920. *Courts in the United States Hearing Children's Cases.* Washington, DC: Government Printing Office.

Belenko, Steven, Jeffrey A. Fagan, and Tamar Dumanovsky. 1994. "The Effects of Legal Sanctions on Recidivism in Special Drug Courts." *Justice System Journal* 17:53–81.

Belknap, Michal R. 1992. *To Improve the Administration of Justice: A History of the American Judicature Society.* Chicago: American Judicature Society.

Bell, Griffin, with Ronald J. Ostrow. 1982. *Taking Care of the Law.* New York: William Morrow.

Bell, John. 1988. "Principles and Methods of Judicial Selection in France." *Southern California Law Review* 61:1757–94.

Bell, Lauren Cohen. 2002. *Warring Factions: Interest Groups, Money, and the New Politics of Senate Confirmation.* Columbus: Ohio State University Press.

Bell, Lauren C., and Kevin M. Scott. 2006. "Policy Statements or Symbolic Politics? Explaining Congressional Court-Limiting Attempts." *Judicature* 89:196–201.

Belluck, Pam. 2001. "Michigan Plans a High-Tech Lure." *New York Times*, February 22, A10.

Bendor, Jonathan B. 1985. *Parallel Systems: Redundancy in Government.* Berkeley and Los Angeles: University of California Press.

Bendor, Jonathan, Terry M. Moe, and Kenneth W. Shotts. 2001. "Recycling the Garbage Can: An Assessment of the Research Program." *American Political Science Review* 95:169–90.

Bennett, Marion T. 1978. *The United States Court of Claims: A History, Part I.* Washington, DC: Committee on the Bicentennial of Independence and the Constitution of the Judicial Conference of the United States.

Berch, Michael A. 1990. "The Bankruptcy Appellate Panel and Its Implications for Adoption of Specialist Panels in the Courts of Appeals." In *Restructuring Justice: The Innovations of the Ninth Circuit and the Future of the Federal Courts*, ed. Arthur D. Hellman, 165–91. Ithaca: Cornell University Press.

Berens, Michael J. 1996. "Holding the Purse Strings." *Columbus Dispatch*, November 19, 1A, 2A.

Berkson, Larry, and Susan Carbon. 1978. *Court Unification: History, Politics and Implementation.* Washington, DC: National Institute of Law Enforcement and Criminal Justice.

Berman, Greg. 1998. *Red Hook Diary: Planning a Community Court.* New York: Center for Court Innovation.

Berman, Greg, ed. 2000. "'What is a Traditional Judge Anyway? Problem Solving in State Courts." *Judicature* 84:78–85.

Berman, Greg, and John Feinblatt, with Sarah Glazer. 2005. *Good Courts: The Case for Problem-Solving Justice.* New York: The New Press.

Berman, Greg, and Aubrey Fox. 2005. "Justice in Red Hook." *Justice System Journal* 26:77–90.

Bermant, Gordon, Arlene Jorgensen Hillestad, and Aaron Kerry. 1997. *Chapter 11 Venue Choice by Large Public Companies.* Washington, DC: Federal Judicial Center.

Bernstein, Robert, and Tammy Seltzer. 2003. "Criminalization of People with Mental Illnesses: The Role of Mental Health Courts in System Reform." *University of the District of Columbia Law Review* 7:143–62.

Berry, Frances Stokes, and William D. Berry. 1990. "State Lottery Adoptions and Policy Innovations: An Event History Analysis." *American Political Science Review* 84:395–415.

Bessen, James, and Michael J. Meurer. 2008. *Patent Failure: How Judges, Bureaucrats, and Lawyers Put Innovators at Risk.* Princeton: Princeton University Press.

Bhati, Avinash Singh, John K. Roman, and Aaron Chalfin. 2008. *To Treat or Not to Treat: Evidence on the Prospects of Expanding Treatment to Drug-Involved Offenders.* Washington, DC: Urban Institute.

Bickford, Hugh C. 1956. *Successful Tax Practice*, 3rd ed. Englewood Cliffs: Prentice-Hall.

Billard, Mary. 1984. "Revitalizing a Judicial Backwater." *American Lawyer*, January, 60–61.

Billings, B. Anthony, D. Larry Crumbley, and L. Murphy Smith. 1992. "Are Tax Court Decisions Subject to the Bias of the Judge?" *Tax Notes* 55:1259–67.

Binder, Stephen R. 2003. "The Homeless Court Program: Taking the Court to the Streets." Paper presented at annual conference of National Legal Aid and Defender Association, Seattle.

Blankenburg, Erhard. 1996. "Changes in Political Regimes and Continuity of the Rule of Law in Germany." In *Courts, Law, and Politics in Comparative Perspective*, by Herbert Jacob et al., 257–314. New Haven: Yale University Press.

Blankenburg, Erhard, and Ralf Rogowski. 1984. "West German Labor Courts and the British Tribunal System: A Socio-Legal Comparison." Working Paper 1984–88, Disputes Processing Research Program, University of Wisconsin.

Blum, Vanessa. 2005. "Troubled Tribunals Soldier On." *Legal Times*, October 10, 1, 18.

Bogira, Steve. 2005. *Courtroom 302: A Year Behind the Scenes in an American Criminal Courthouse*. New York: Alfred A. Knopf.

Bollens, John. 1957. *Special District Governments in the United States*. Berkeley and Los Angeles: University of California Press.

Boston Globe. 2009. "Old GM, Unions in Retiree Health Deal." November 13, 6.

Bozzomo, James W., and Gregory Scolieri. 2004. "A Survey of Unified Family Courts: An Assessment of Different Jurisdictional Models." *Family Court Review* 42:12–37.

Bradfute, Richard Wells. 1975. *The Court of Private Land Claims: The Adjudication of Spanish and Mexican Land Grant Titles, 1891–1904*. Albuquerque: University of New Mexico Press.

Braucher, Jean. 1993. "Lawyers and Consumer Bankruptcy: One Code, Many Cultures." *American Bankruptcy Law Journal* 67:501–83.

Bravin, Jess. 2007. "Membership of New Guantánamo Review Panel May be Challenged." *Wall Street Journal*, July 9, A3.

Brenner, Saul. 1984. "Issue Specialization as a Variable in Opinion Assignment on the U.S. Supreme Court." *Journal of Politics* 46:1217–25.

Brenner, Saul, and Harold J. Spaeth. 1986. "Issue Specialization in Majority Opinion Assignment on the Burger Court." *Western Political Quarterly* 39:520–27.

Brigham, John 1987. *The Cult of the Court*. Philadelphia: Temple University Press.

Brill, Steven. 1987. "The Stench of Room 202." *The American Lawyer*, April, 1, 15–18.

Brudney, James J., and Corey Ditslear. 2009. "The Warp and Woof of Statutory Interpretation: Comparing Supreme Court Approaches in Tax Law and Workplace Law." *Duke Law Journal* 58:1231–311.

Bruff, Harold H. 1991. "Specialized Courts in Administrative Law." *Administrative Law Review* 43:329–66.

Buckley, F. H. 1994. "The American Stay." *Southern California Interdisciplinary Law Journal* 3:733–79.

Bureau of Justice Assistance, U.S. Department of Justice. 1993a. *Assessment of the Feasibility of Drug Night Courts*. Washington, DC: U.S. Government Printing Office.

———. 1993b. *Special Drug Courts*. Washington, DC: Bureau of Justice Assistance.

Burk, Dan L., and Mark A. Lemley. 2009. *The Patent Crisis and How the Courts Can Solve It*. Chicago: University of Chicago Press.

Burns, Nancy. 1994. *The Formation of American Local Governments: Private Values in Public Institutions*. New York: Oxford University Press.

Bushnell, Eleanore. 1992. *Crimes, Follies, and Misdemeanors: The Federal Impeachment Trials*. Urbana: University of Illinois Press.

Butts, Jeffrey A., and John Roman, eds. 2004a. *Juvenile Drug Courts and Teen Substance Abuse*. Washington, DC: Urban Institute Press.

———. 2004b. "Drug Courts in the Juvenile Justice System." In *Juvenile Drug Courts and Teen Substance Abuse*, ed. Jeffrey A. Butts and John Roman, 1–25. Washington, DC: Urban Institute Press.

Cadwallader, Bruce. 2008. "New Court Will Focus on Complex Business Cases." *Columbus Dispatch*, September 3, C7.

Canon, Bradley C., and Kenneth Kolson. 1971. "Rural Compliance with Gault: Kentucky, a Case Study." *Journal of Family Law* 10:300–26.

Carns, Teresa W., Michael G. Hotchkin, and Elaine M. Andrews. 2002. "Therapeutic Justice in Alaska's Courts." *Alaska Law Review* 19:1–55.

Caron, Paul L. 1994. "Tax Myopia, or Mamas Don't Let Your Babies Grow Up to be Tax Lawyers." *Virginia Tax Review* 13:517–90.

———. 1996. "Tax Myopia Meets Tax Hyperopia: The Unproven Case of Increased Judicial Deference to Revenue Rulings." *Ohio State Law Journal* 57:637–70.

Carpenter, Daniel P. 1998. "The Corporate Metaphor and Executive Department Centralization in the United States, 1888–1928." *Studies in American Political Development* 12:162–203.

Carrington, Paul D., Daniel J. Meador, and Maurice Rosenberg. 1976. *Justice on Appeal*. St. Paul: West Publishing.

Carter, Susan B., et al. 2006. *Historical Statistics of the United States*. New York: Cambridge University Press.

Carter, Terry. 1987. "No Respect." *National Law Journal*, November 23, 1, 23.

———. 1992. "U.S. Claims Court Anxious to Secure Further Respect." *Los Angeles Daily Journal*, January 3, 1, 5.

Caruso, David B. 2002. "Crackdown Will Target Illegal Drivers." *Columbus Dispatch*, April 14, A10.

Cary, William L. 1974. "Federalism and Corporate Law: Reflections Upon Delaware." *Yale Law Journal* 83:663–705.

Casey, Pamela M., and David B. Rottman. 2005. "Problem-Solving Courts: Models and Trends." *Justice System Journal* 26:35–56.

Casey, Pamela M., David B. Rottman, and Chantal G. Bromage. 2007. *Problem-Solving Justice Toolkit*. Williamsburg: National Center for State Courts.

Casper, Jonathan D. 1972. *The Politics of Civil Liberties*. New York: Harper & Row.

Castleton, Tom. 1992. "Claims Court Crusader: Chief Judge Smith Puts Property Rights Up Front." *Legal Times*, August 17, 1, 16–17.

Chase, Deborah J., and Peggy Fulton Hora. 2000. "The Implications of Therapeutic Jurisprudence for Judicial Satisfaction." *Court Review* 37:12–20.

Chase, Harold W. 1972. *Federal Judges: The Appointing Process*. Minneapolis: University of Minnesota Press.

Cheng, Edward K. 2008. "The Myth of the Generalist Judge." *Stanford Law Review* 61:519–72.

Chiang, Harriet. 1998. "Stanley P. Golde—East Bay Judge." *San Francisco Chronicle*, October 7, C2.

Chicago Daily Tribune. 1911a. "Bachelor to Fix Family Woe." January 15, 2.

———. 1911b. "Mothers-in-Law Lesson Ignored?" May 6, 16.

———. 1911c. "Court Decides All Wives are Entitled to Salaries." May 12, 1.

———. 1911d. "Judge Goodcook; Proud of It." June 19, 3.

———. 1912. "Domestic Court Racks Judge." September 17, 7.

———. 1928. "Special Court Created to Try Racket Cases." December 30, 7.

———. 1930. "Judge Gets Hay Fever, Delaying the Weed Court." August 22, 2.

———. 1932. "Drive on Auto Theft Promised by Prystalski." September 4, 9.

Chicago Tribune. 1982. "Judges 'Soft' on Guns Hit." October 12, A11.

Chisum, Donald S. 1999. "The Supreme Court and Patent Law: Does Shallow Reasoning Lead to Thin Law?" *Marquette Intellectual Property Law Review* 3:1–24.

Choi, Stephen J., and G. Mitu Gulati. 2004. "Choosing the Next Supreme Court Justice: An Empirical Ranking of Judge Performance." *Southern California Law Review* 78:23–118.

Choi, Stephen J., Mitu Gulati, and Eric A. Posner. 2009. "Judicial Evaluations and Information Forcing: Ranking State High Courts and Their Judges." *Duke Law Journal* 58:1313–81.
Chong, Dennis. 2000. *Rational Lives: Norms and Values in Politics and Society*. Chicago: University of Chicago Press.
Christenson, Dino, Brett Curry, and Banks Miller. 2009. "Experts in Crime: The Effect of an Exclusively Criminal Docket on Judicial Behavior." Paper presented at the annual meeting of the Southern Political Science Association, New Orleans.
Chutkow, Dawn M. 2008. "Jurisdiction Stripping: Litigation, Ideology, and Congressional Control of the Courts." *Journal of Politics* 70:1053–64.
Cihlar, Frank P. 1982. *The Court American Business Wanted and Got: The United States Court of Appeals for the Federal Circuit*. Washington, DC: National Chamber Foundation.
Cinquegrana, Americo R. 1989. "The Walls (and Wires) Have Ears: The Background and First Ten Years of the Foreign Intelligence Surveillance Act of 1978." *University of Pennsylvania Law Review* 137:793–828.
Clark, David S. 1988. "The Selection and Accountability of Judges in West Germany: Implementation of a *Rechtsstaat*." *Southern California Law Review* 61:1795–847.
Clines, Francis X. 1999. "Tradition of Local Justice Ends in Ohio." *New York Times*, August 10, A8.
Coan, George R. 1975. "Operational Aspects of a Central Hearing Examiners Pool: California's Experiences." *Florida State University Law Review* 3:86–92.
Cockburn, Andrew. 2000. "The Radicalization of James Woolsey." *New York Times Magazine*, July 23, 26.
Cohen, Gary. 2002. "The Keystone Kommandos." *The Atlantic*, February, 46–59.
Cohen, Michael D., James G. March, and Johan P. Olsen. 1972. "A Garbage Can Model of Organizational Choice." *Administrative Science Quarterly* 17:1–25.
Colares, Juscelino F. 2008. "Alternative Methods of Appellate Review in Trade Remedy Cases: Examining Results of U.S. Judicial and NAFTA Binational Review of U.S. Agency Decisions from 1989 to 2005." *Journal of Empirical Legal Studies* 5:171–96.
Coleman, Chrisena. 2006. "Crime's Shot Down." *New York Daily News*, May 7, 45.
Columbus Dispatch. 2009. "DUI-Only Courts Seem to Reduce Repeat Offenders." June 7, B3.
Committee on Federal Courts, Association of the Bar of the City of New York. 2005. "The Surge in Immigration Appeals and Its Impact on the Second Circuit Court of Appeals." *The Record of the Association of the Bar of the City of New York* 60:243–57.
Committee on Immigration and Nationality Law and Committee on Communications and Media Law. 2004. "Dangerous Doctrine: The Attorney General's Unfounded Claim of Unlimited Authority to Arrest and Deport Aliens in Secret." *The Record of the Association of the Bar of the City of New York* 59:5–38.
Commission on Revision of the Federal Court Appellate System. 1975. *Structure and Internal Procedures: Recommendations for Change*. Washington, DC: Commission on Revision of the Federal Court Appellate System.
A Compilation of the Messages and Papers of the Presidents. 1917. New York: Bureau of National Literature.
Congressional Quarterly Almanac. 1978a. "Congress Approves New Bankruptcy System." 34:179–82.
———. 1978b. "Controls Tightened on Use of Wiretaps." 34:186–93.
Cook, Beverly Blair. 1993. "Moral Authority and Gender Difference: Georgia Bullock and the Los Angeles Women's Court." *Judicature* 77:144–55.
Coolley, Ronald B. 1989. "What the Federal Circuit Has Done and How Often: Statistical

Study of the CAFC Patent Decisions—1982 to 1988." *Journal of the Patent and Trademark Office Society* 71:385–93.

Cooper, Caroline S. 2007. "Drug Courts." In *Future Trends in State Courts 2007*, ed. Carol R. Flango, Chuck Campbell, and Neal Kauder, 50–53. Williamsburg: National Center for State Courts.

Cooper, Claire. 2003. "Homeless Court Offers Gentle Justice." *Sacramento Bee*, February 15, A1.

Cooper, Joseph. 1970. "The Origins of the Standing Committees and the Development of the Modern House." *Rice University Studies* 56 (Summer):1–167.

Cords, Danshera. 2005. "Collection Due Process: The Scope and Nature of Judicial Review." *University of Cincinnati Law Review* 73:1021–57.

Corkery, Michael. 2009. "A Florida Court's 'Rocket Docket' Blasts Through Foreclosure Cases." *Wall Street Journal*, February 18, A1.

Council of State Governments Justice Center. 2008. *Mental Health Courts: A Primer for Policymakers and Practitioners*.

Cowen, Wilson, Philip Nichols, and Marion T. Bennett. 1978. *The United States Court of Claims: A History, Part II*. Washington, DC: Committee on the Bicentennial of Independence and the Constitution of the Judicial Conference of the U.S.

Coyle, Marcia. 1997. "Fight Over Plan to Widen Claims Court Jurisdiction." *National Law Journal*, September 29, A10.

———. 2008a. "Federal Circuit a 'Hostile' Forum? *National Law Journal*, January 14, 1, 7.

———. 2008b. "Uneasy Over Eggs." *National Law Journal*, December 15, 1, 17.

———. 2009. "Damages a Hurdle to Patent Reform." *National Law Journal*, March 23, 1, 18.

Cragin, Charles L. 1994. "The Impact of Judicial Review on the Department of Veterans Affairs' Claims Adjudication Process: The Changing Role of the Board of Veterans' Appeals." *Maine Law Review* 46:23–41.

Craig, David W. 1995. "The Court for Appeals—and Trials—of Public Issues: The First 25 Years of Pennsylvania's Commonwealth Court." *Widener Journal of Public Law* 4:321–72.

Crawford, James, and Brian Opeskin. 2004. *Australian Courts of Law*. South Melbourne, Australia: Oxford University Press.

Currie, David P. 2005. *The Constitution in Congress: Democrats and Whigs 1829–1861*. Chicago: University of Chicago Press.

Currie, David P., and Frank I. Goodman. 1975. "Judicial Review of Federal Administrative Action: Quest for the Optimum Forum." *Columbia Law Review* 75:1–88.

Curry, Brett W. 2005. "The Courts, Congress, and the Politics of Federal Jurisdiction." PhD diss., Ohio State University.

Cushman, Robert E. 1941. *The Independent Regulatory Commissions*. New York: Oxford University Press.

Cyr, Conrad K. 1978. "Structuring a New Bankruptcy Court: A Comparative Analysis." *American Bankruptcy Law Journal* 52:141–85.

Dal Bó, Ernesto. 2006. "Regulatory Capture: A Review." *Oxford Review of Economic Policy* 22:203–25.

Daly, Christopher B. 1995. "Justice Draws a Powerful Weapon." *Washington Post*, February 24, A3.

Damle, Sarang Vijay. 2005. "Specialize the Judge, Not the Court: A Lesson from the German Constitutional Court." *Virginia Law Review* 91:1267–311.

Daneman, Matthew. 2008. "N.Y. Court Gives Veterans Chance to Straighten Out." *USA Today*, June 2, 3A.

Daniels, Stephen, and Joanne Martin. 1995. *Civil Juries and the Politics of Reform*. Evanston: Northwestern University Press.

———. 2004. "The Strange Success of Tort Reform." *Emory Law Journal* 53:1225–62.

Daughen, Joseph P. 1995. "Public Enemy No. 1 to Death Penalty Foes." *Philadelphia Daily News*, July 14, 3.

Davenport, Christian. 1999. "Nuisance Crimes May Get Own Court." *Austin American-Statesman*, July 27, B1.

Davidson, Ann S. 1973. "Litigation in the Small Tax Case Division of the United States Tax Court—The Taxpayer's Dream?" *George Washington Law Review* 41:538–59.

Davis, James F., and Frederick S. Frei. 1982. "The New Court of Appeals for the Federal Circuit: Its Patent Law Legacy From the Court of Claims." *APLA Quarterly Journal* 10:243–69.

Davis, Morris. 2009. "Justice and Guantánamo Bay." *Wall Street Journal*, November 11, A21.

Davis, Wendy N. 2003. "Special Problems for Specialty Courts." *American Bar Association Journal* 89 (February): 32–37.

Day, L. B. 1928. "The Development of the Family Court." *Annals of the American Academy of Political and Social Science* 136:105–11.

de la Merced, Michael J. 2009. "Judges Approves U.S. Financing for G.M." *New York Times*, June 26, B3.

Delaney, Kevin J. 1992. *Strategic Bankruptcy: How Corporations and Creditors Use Chapter 11 to Their Advantage*. Berkeley and Los Angeles: University of California Press.

Denbeaux, Mark, et al. 2006. *No-Hearing Hearings. CSRT: The Modern Habeas Corpus?* Seton Hall University School of Law. http://law.shu.edu/news/final_no_hearing_hearings_report.pdf.

Derthick, Martha. 1979. *Policymaking for Social Security*. Washington, DC: Brookings Institution.

Desmond, Robert. 1993. "Nothing Seems 'Obvious' to the Court of Appeals for the Federal Circuit: The Federal Circuit, Unchecked by the Supreme Court, Transforms the Standard of Obviousness Under the Patent Law." *Loyola of Los Angeles Law Review* 26:455–90.

DeVries, Douglas K. 1994. "Establishing Business Courts Would Create a Special Class of Litigants and Deny Access to Others." *California Bar Journal*, July, 12.

Dickerson, A. Mechele. 2006. "Words That Wound: Defining, Discussing, and Defeating Bankrupty 'Corruption.'" *Buffalo Law Review* 54:365–400.

Dickerson, Mark A. 1999. "The Georgia Office of State Administrative Hearings." *Journal of the National Association of Administrative Law Judges* 19 (Fall): 121–24.

Di Lello, Edward V. 1993. "Fighting Fire with Firefighters: A Proposal for Expert Judges at the Trial Level." *Columbia Law Review* 93:473–507.

Distaso, John. 2001. "Deporting Terror Suspects: Smith Bill to Allow Secret Evidence Still Has Chance." *Manchester Union Leader*, November 9, A2.

Dix, George E. 1964. "The Death of the Commerce Court: A Study in Institutional Weakness." *American Journal of Legal History* 8:238–60.

Dobbs, Michael. 2004. *Saboteurs: The Nazi Raid on America*. New York: Knopf.

Dolan, Paul. n.d. "The Supreme Court of Delaware 1900–1950." http://courts.delaware.gov/Courts/Supreme%20Court/?history.htm.

Donovan, Karen. 1994. "Shareholders' Advocates Protest Justice's Removal." *National Law Journal*, June 6, B1, B2.

Dorf, Michael C., and Jeffrey A. Fagan. 2003. "Problem-Solving Courts: From Innovation to Institutionalization." *American Criminal Law Review* 40:1501–11.

Douglass, Paul F. 1933. *The Mayors' Courts of Hamilton County, Ohio*. Baltimore: Johns Hopkins Press.
Downs, Anthony. 1967. *Inside Bureaucracy*. Boston: Little, Brown.
Drahozal, Christopher R. 2009. "Business Courts and the Future of Arbitration." *Cardozo Journal of Conflict Resolution* 10:491–507.
Dreyfuss, Rochelle C. 1995. "Forums of the Future: The Role of Specialized Courts in Resolving Business Disputes." *Brooklyn Law Review* 61:1–44.
Dreyfuss, Rochelle Cooper. 1990. "Specialized Adjudication." *Brigham Young University Law Review* 1990:377–441.
Drug Court Clearinghouse, Bureau of Justice Assistance. 2007. *Drug Court Activity Update: April 12, 2007*. Washington, DC: American University.
Dubroff, Harold. 1979. *The United States Tax Court: An Historical Analysis*. Chicago: Commerce Clearing House.
Dunner, Donald R. 1972. "Court Review of Patent Office Decisions—Comparative Analysis of CCPA and District Court Actions." In *1972 Patent Law Annual*, ed. Virginia Shook Cameron, 109–50. New York: Matthew Bender.
Dunner, Donald R., J. Michael Jakes, and Jeffrey D. Karceski. 1995. "A Statistical Look at the Federal Circuit's Patent Decisions: 1982–1994." *Federal Circuit Bar Journal* 5:151–80.
Durkheim, Emile. 1893/1933. *The Division of Labor in Society*. Glencoe: Free Press.
Durkin, Mary, Fred Cheesman, Scott Maggard, David Rottman, Tracy Sohoni, and Dawn Rubio. 2009. *Process Evaluation of the Philadelphia Community Court*. Williamsburg: National Center for State Courts.
Dwyer, Jim. 2008. "A Sister and Social Worker, and the Last of Her Kind." *New York Times*, August 27, B1.
Easterbrook, Frank H., and Daniel R. Fischel. 1991. *The Economic Structure of Corporate Law*. Cambridge: Harvard University Press.
Eckholm, Erik. 2008. "Innovative Courts Give Some Addicts Chance to Straighten Out." *New York Times*, October 15, A1, A18.
Eckley, Timothy S. 2008. "Veterans Court in Session in Buffalo." *Judicature* 92:43–44.
Economos, James P., and David C. Steelman. 1983. *Traffic Court Procedure and Administration*, 2nd ed. Chicago: American Bar Association.
Edwards, Randall. 1991a. "Health, Safety Officials Eager for Gavel to Fall." *Columbus Dispatch*, October 21, F1.
———. 1991b. "Here Comes the Environmental Judge." *Columbus Dispatch*, October 21, F1.
Eggen, Dan. 2007. "NSA Spying Part of Broader Effort." *Washington Post*, August 1, A1, A4.
Eisenberg, Melvin Aron. 1989. "The Structure of Corporation Law." *Columbia Law Review* 89:1461–525.
Eisenberg, Theodore, and Lynn M. LoPucki. 1999. "Shopping for Judges: An Empirical Analysis of Venue Choice in Large Chapter 11 Reorganizations." *Cornell Law Review* 84:967–1003.
Eisenstein, James, and Herbert Jacob. 1977. *Felony Justice: An Organizational Analysis of Criminal Courts*. Boston: Little, Brown.
Eisler, Peter. 2010. "Whistle-Blowers' Rights Get Second Look." *USA Today*, March 15, 6A.
Eligon, John. 2008. "New York Court Offers Home Foreclosure Help." *New York Times*, June 19, A25.
Elkins, James R. 1978. "The Temporary Emergency Court of Appeals: A Study in the Abdication of Judicial Responsibility." *Duke Law Journal* 1978:113–53.
Ely, James W., Jr. 1996. "Property Rights and the Supreme Court in World War II." *Journal of Supreme Court History* 1:19–34.

Fagan, Jeffrey, and Victoria Malkin. 2003. "Theorizing Community Justice Through Community Courts." *Fordham Urban Law Journal* 30:897–953.

Fallon, Richard H., Jr. 1988. "Of Legislative Courts, Administrative Agencies, and Article III." *Harvard Law Review* 101:915–92.

Federal Trade Commission. 2003. *To Promote Innovation: The Proper Balance of Competition and Patent Law and Policy.* http://www.ftc.gov/os/2003/10/innovationrpt.pdf.

Federico, P. J. 1940. "Evolution of Patent Office Appeals." *Journal of the Patent Office Society* 22:838–64, 920–49.

Fein, Bruce. 2007. "Get Strong, Congress." *Slate Magazine*, July 18. http://www.slate.com/toolbar.aspx?action=print&id=2170479.

Feld, Barry C. 1991. "Justice by Geography: Urban, Suburban, and Rural Variations in Juvenile Justice Administration." *Journal of Criminal Law and Criminology* 82:156–210.

———. 1999. *Bad Kids: Race and the Transformation of the Juvenile Court.* New York: Oxford University Press.

Ferenchik, Mark, and Suzanne Hoholik. 2003. "Noise Ordinance Ruled Unconstitutional." *Columbus Dispatch*, January 3, C1–2.

Fidell, Eugene R. 1997. "Going on Fifty: Evolution and Devolution in Military Justice." *Wake Forest Law Review* 32:1213–31.

Finn, Peter, and Andrea K. Newlyn. 1993. *Miami's "Drug Court": A Different Approach.* Washington, DC: National Institute of Justice, U.S. Department of Justice.

Finnemore, Martha. 1996. "Norms, Culture, and World Politics: Insight from Sociology's Institutionalism." *International Organization* 50:325–47.

Finnemore, Martha, and Kathryn Sikkink. 1998. "International Norm Dynamics and Political Change." *International Organization* 52:887–917.

Fisher, Louis. 2003. *Nazi Saboteurs on Trial: A Military Tribunal and American Law.* Lawrence: University Press of Kansas.

———. 2005. *Military Tribunals and Presidential Power: American Revolution to the War on Terrorism.* Lawrence: University Press of Kansas.

Fisher, Margaret. 2002. *Youth Courts: Young People Delivering Justice.* Chicago: American Bar Association.

Flango, Victor E. 2005. "DWI Courts: The Newest Problem-Solving Courts." *Court Review* 42:22–24.

Flango, Victor E., and Carol R. Flango. 2006. "What's Happening with DWI Courts?" In *Future Trends in State Courts 2006.* http://www.ncsconline.org/WC/Publications/Trends/2006/DWICourtsTrends2006.pdf.

Flemming, Roy B. 1998. "Contested Terrains and Regime Politics: Thinking About America's Trial Courts and Institutional Change." *Law & Social Inquiry* 23:941–65.

Flexner, Bernard, Reuben Oppenheimer, and Katharine F. Lenroot. 1929. *The Child, the Family, and the Court: A Study of the Administration of Justice in the Field of Domestic Relations.* Washington, DC: U.S. Government Printing Office.

Foley, Edward B. 2008. "Let's Not Repeat 2000." *Legal Times*, April 21, 62–63.

Fortado, Lindsay. 2004. "States Weigh Med-Mal Courts." *National Law Journal*, December 13.

Fox, Aubrey, and Robert V. Wolf. 2004. *The Future of Drug Courts.* New York: Center for Court Innovation.

Fox, Sanford J. 1970. "Juvenile Justice Reform: An Historical Perspective." *Stanford Law Review* 22:1187–239.

Francis, Wayne L., and James W. Riddlesperger. 1982. "U.S. State Legislative Committees: Structure, Procedural Efficiency, and Party Control." *Legislative Studies Quarterly* 7:453–71.

Franck, Thomas M. 1992. *Political Questions/Judicial Answers: Does the Rule of Law Apply to Foreign Affairs?* Princeton: Princeton University Press.

Frankfurter, Felix, and James M. Landis. 1928. *The Business of the Supreme Court: A Study in the Federal Judicial System.* New York: Macmillan.

French, Robert. 2000. "Federal Courts Created by Parliament." In *The Australian Federal Judicial System*, ed. Brian Opeskin and Fiona Wheeler, 123–59. Melbourne, Australia: Melbourne University Press.

Fried, Joseph P. 1988. "Queens Gets Court to Speed Drug Cases." *New York Times*, March 28, B1, B4.

Friedman, Elaine R. 1996. "New Business Courts Gain Acceptance." *National Law Journal*, December 30, B1, B2.

Friedman, Lawrence M. 2005. *A History of American Law*, 3rd ed. New York: Touchstone.

Friendly, Henry J. 1973. *Federal Jurisdiction: A General View.* New York: Columbia University Press.

Fritzler, Randal B., and Leonore M.J. Simon. 2000. "The Development of a Specialized Domestic Violence Court in Vancouver, Washington Utilizing Innovative Judicial Paradigms." *UKMC Law Review* 69:139–77.

Fujitani, Jay M. 1984. "Controlling the Market Power of Performing Rights Societies: An Administrative Substitute for Antitrust Regulation." *California Law Review* 72:103–37.

Fuller, Jack. 1974. "Gun Court: 72 Charged, 1 Goes to Jail." *Chicago Tribune*, November 19, 3.

Galanter, Marc. 1974. "Why the 'Haves' Come Out Ahead: Speculations on the Limits of Legal Change." *Law & Society Review* 9:95–160.

Gambini, Steve. 1995. "Dealing with Those Dirty Little Jobs." *The Booster* (Columbus), September 13, 25.

Gamboa, Suzanne. 2001. "5-Year-Old Terrorist Court Still Waiting for First Case." *Associated Press State & Local Wire*, October 10.

Gamm, Gerald, and Kenneth Shepsle. 1989. "Emergence of Legislative Institutions: Standing Committees in the House and Senate, 1810–1825." *Legislative Studies Quarterly* 14:39–66.

Gannet, Herbert M. 1964. "Choice of Forum: A Checklist of Points to Consider." In *Proceedings of the New York University Twenty-second Annual Institute on Federal Taxation*, ed. Henry Sellin, 75–93. Albany: Matthew Bender.

Garcia, Patricia A. 2003. *Problem Solving Courts.* Chicago: American Bar Association.

Garrett, Geoffrey, and Peter Lange. 1995. "Internationalization, Institutions, and Political Change." *International Organization* 49:627–55.

Geary, David. 2005. "Folk Knowledge and Academic Learning." In *Origins of the Social Mind: Evolutionary Psychology and Child Development*, ed. Bruce J. Ellis and David F. Bjorkland, 493–519. New York: Guilford Press.

Geier, Deborah A. 1991. "The Tax Court, Article III, and the Proposal Advanced by the Federal Courts Study Committee: A Study in Applied Constitutional Theory." *Cornell Law Review* 76:985–1035.

Gellman, Barton. 2008. *Angler: The Cheney Vice Presidency.* New York: Penguin Press.

Gemmill, William N. 1914. "Chicago Court of Domestic Relations." *Annals of the American Academy of Political and Social Science* 52:115–23.

General Accounting Office, U.S. 2000. *Bid Protests: Characteristics of Cases Filed in Federal Courts*, Report GAO/GGD/OGC-00-72.

Georgakopoulos, Nicholas L. 2000. "Discretion in the Career and Recognition Judiciary." *University of Chicago Law School Roundtable* 7:205–25.

Getis, Victoria. 2000. *The Juvenile Court and the Progressives*. Urbana: University of Illinois Press.

Geyh, Charles Gardner. 2006. *When Courts and Congress Collide: The Struggle for Control of America's Judicial System*. Ann Arbor: University of Michigan Press.

Gibson, Howard. 1990. "State Has Designs on Delaware." *National Law Journal*, October 29, 3, 36.

Gillman, Howard. 2006. "Party Politics and Constitutional Change: The Political Origins of Liberal Judicial Activism." In *The Supreme Court and American Political Development*, ed. Ronald Kahn and Ken I. Kersch, 138–68. Lawrence: University Press of Kansas.

Gitter, Donna M. 2009. "Should the United States Designate Specialist Patent Trial Judges? An Empirical Analysis of H.R. 34 in Light of the English Experience and the Work of Professor Moore." *Columbia Science and Technology Law Review* 10:169–99.

Glaberson, William. 2007a. "Military Judges Dismiss Charges for 2 Detainees." *New York Times*, June 5, A1, A21.

———. 2007b. "Court Advances War Crime Trials." *New York Times*, September 25, A1, A26.

———. 2008. "Detainee Convicted on Terrorism Charges." *New York Times*, November 4, A19.

Glater, Jonathan D. 2009. "Judge in Case is Known for His Brisk Approach." *New York Times*, June 2, B7.

Glazier, David. 2005. "Precedents Lost: The Neglected History of the Military Commission." *Virginia Journal of International Law* 46:5–81.

Glendon, Mary Ann, Michael Wallace Gordon, and Paolo G. Carozza. 1999. *Comparative Legal Traditions in a Nutshell*, 2nd edition. St. Paul: West Group.

Glennon, Michael J. 1990. *Constitutional Diplomacy*. Princeton: Princeton University Press.

Glick, Henry R., and Scott P. Hays. 1991. "Innovation and Reinvention in State Policymaking: Theory and the Evolution of Living Will Laws." *Journal of Politics* 53:835–50.

Goerdt, John A. 1992. *Small Claims and Traffic Courts: Case Management Procedures, Case Characteristics, and Outcomes in 12 Urban Jurisdictions*. Williamsburg: National Center for State Courts.

Goldberg, Deborah, Sarah Samis, Edwin Bender, and Rachel Weiss. 2005. *The New Politics of Judicial Elections 2004*. Washington, DC: Justice at Stake Campaign.

Golden, Tim. 2004a. "After Terror, a Secret Rewriting of Military Law." *New York Times*, October 24, 1, 12, 13.

———. 2004b. "Administration Officials Split Over Stalled Military Tribunals." *New York Times*, October 25, A1, A8, A9.

———. 2006. "For Guantánamo Review Boards, Limits Abound." *New York Times*, December 31, 1, 20.

Goldkamp, John S. 2003. "The Impact of Drug Courts." *Criminology and Public Policy* 2:197–206.

Goldkamp, John S., and Cheryl Irons-Guynn. 2000. *Emerging Judicial Strategies for the Mentally Ill in the Criminal Caseload: Mental Health Courts in Fort Lauderdale, Seattle, San Bernardino, and Anchorage*. Washington, DC: Bureau of Justice Assistance, U.S. Department of Justice.

Goldman, T. R. 2006. "Pushing Back on Military Justice." *Legal Times*, July 17, 1, 10.

Goldsmith, Jack. 2007. *The Terror Presidency: Law and Judgment Inside the Bush Administration*. New York: W. W. Norton.

Goldsmith, Jack L., and Neal Katyal. 2007. "The Terrorists' Court." *New York Times*, July 11, A23.

Goldstein, Judith. 1993. *Ideas, Interests, and American Trade Policy.* Ithaca: Cornell University Press.
Gonzales, Alberto R. 2001. "Martial Justice, Full and Fair." *New York Times,* November 30, A25.
Goodin, Robert E. 1996. "Institutions and Their Design." In *The Theory of Institutional Design,* ed. Robert E. Goodin, 1–53. New York: Cambridge University Press.
Gordon, Meryl. 1994. "Street Justice." *New York Magazine,* December 5, 46–57.
Gormley, Ken. 2010. *The Death of American Virtue: Clinton v. Starr.* New York: Crown Publishers.
Gormley, William T., Jr., and Steven J. Balla. 2004. *Bureaucracy and Democracy: Accountability and Performance.* Washington, DC: CQ Press.
Graham, Erin, Charles R. Shipan, and Craig Volden. 2008. "The Diffusion of Policy Diffusion Research." Paper presented at the annual meeting of the American Political Science Association, Boston.
Greenhouse, Linda. 1978. "Lobbying by Burger Provokes Criticism." *New York Times,* November 19, 39.
———. 2003. "Opponents Lose Challenge to Government's Broader Use of Wiretaps to Fight Terrorism." *New York Times,* March 25, A12.
Griffin, Patricia A., Henry J. Steadman, and John Petrila. 2002. "The Use of Criminal Charges and Sanctions in Mental Health Courts." *Psychiatric Services* 53:1285–89.
Groner, Jonathan. 2001. "Bankruptcy Judge Sues to Keep Post." *Legal Times,* November 5, 6.
———. 2004. "Court's Mantra: Request Denied." *Legal Times,* January 19, 1, 8.
Gruson, Lindsey. 1986. "Tiny Delaware's Corporate Clout." *New York Times,* June 1, § 3, 6.
Guthrie, Chris, Jeffrey Rachlinski, and Andrew J. Wistrich. 2009. "The 'Hidden Judiciary': An Empirical Examination of Executive Branch Justice." *Duke Law Journal* 58:1477–530.
Hagel, Lawrence B., and Michael P. Horan. 1994. "Five Years Under the Veterans' Judicial Review Act: The VA is Brought Kicking and Screaming Into the World of Meaningful Due Process." *Maine Law Review* 46:43–66.
Haines, Charles Grove. 1933. "The General Structure of Court Organization." *Annals of the American Academy of Political and Social Science* 167:1–11.
Haley, Sarah M. 2004. "Single-Judge Adjudication in the Court of Appeals for Veterans Claims and the Devaluation of Stare Decisis." *Administrative Law Review* 56:535–74.
Hall, Michael. 2004. "And Justice for Some." *Texas Monthly,* November, 154–57, 259–63.
Hall, Peter A., and Rosemary C. R. Taylor. 1996. "Political Science and the Three New Institutionalisms." *Political Studies* 44:936–57.
Hamburger, Max J. 1974. "Choice of Forum for Litigation: The United States Tax Court." In *Proceedings of the New York University 32nd Annual Institute on Federal Taxation,* ed. S Theodore Reiner, 1315–39. New York: Matthew Bender.
Hamilton, Robert W. 2000. *The Law of Corporations in a Nutshell.* St. Paul: West, 2000.
Hamm, Keith E., and Ronald D. Hedlund. 1994. "Committees in State Legislatures," in *Encyclopedia of the American Legislative System,* ed. Joel H. Silbey, vol. II, 669–99. New York: Charles Scribner's Sons.
Hand, Learned. 1947. "Thomas Walter Swan." *Yale Law Journal* 57:167–72.
Hansen, Wendy L., Renée J. Johnson, and Isaac Unah. 1995. "Specialized Courts, Bureaucratic Agencies, and the Politics of U.S. Trade Policy." *American Journal of Political Science* 39:529–57.
Harley, Herbert. 1917. "Business Management for the Courts." *Virginia Law Review* 5:1–26.
Harmon, Robert L. 2009. *Patents and the Federal Circuit,* 9th ed. Arlington: BNA Books.

Harper's Weekly. 1890. "The New Board of General Appraisers Appointed Under the Customs Administration Act." August 9, 625–26.

Harr, John E., ed. 1978. *The Great Railway Crisis: An Administrative History of the United States Railway Association*. Washington, DC: Nat'l Academy of Public Administration.

Harrington, Christine B. 1982. "Delegalization Reform Movements: A Historical Analysis." In *The Politics of Informal Justice*, vol. 1, ed. Richard L. Abel, 35–71. New York: Academic Press.

Harris, Shane. 2010. *The Watchers: The Rise of America's Surveillance State*. New York: Penguin Press.

Hartley, Roger E. 2003. "Review of *Reinventing Justice: The American Drug Court Movement*, by James L. Nolan, Jr." *Justice System Journal* 24:230–36.

Hartnett, Maurice A., III. 1992. "The History of the Delaware Court of Chancery." *The Business Lawyer* 48:367–72.

Hausegger, Lori, Matthew Hennigar, and Troy Riddell. 2009. *Canadian Courts: Law, Politics, and Process*. Don Mills, Ontario: Oxford University Press.

Hawes, Joseph M. 1971. *Children in Urban Society: Juvenile Delinquency in Nineteenth-Century America*. New York: Oxford University Press.

Hay, Colin. 2006. "Constructivist Institutionalism." In *The Oxford Handbook of Political Institutions*, ed. R. A. W. Rhodes, Sarah A. Binder, and Bert A Rockman, 56–74. New York: Oxford University Press.

Heinz, John P., Robert L. Nelson, Rebecca L. Sandefur, and Edward O. Laumann. 2005. *Urban Lawyers: The New Social Structure of the Bar*. Chicago: University of Chicago Press.

Helfer, Lawrence R. 1992. "The Politics of Judicial Structure: Creating the United States Court of Veterans Appeals." *Connecticut Law Review* 25:155–71.

Hellman, Arthur D. 1990. "Deciding Who Decides: Understanding the Realities of Judicial Reform." *Law and Social Inquiry* 15:343–61.

Henderson, Thomas A., Jr., et al. 1984. *The Significance of Judicial Structure: The Effect of Unification on Trial Court Operations*. Washington, DC: National Institute of Justice, U.S. Department of Justice.

Hendrickson, Scott. 2003. "Institutional Structure and its Effect on Judicial Decision Making: The Case of the Court of International Trade." Paper presented at the annual meeting of the Midwest Political Science Association, Chicago.

———. 2006. "Examining Judicial Independence: Article I v. Article III Courts." PhD diss., Washington University.

Henriques, Diana B. 1995. "Top Business Court Under Fire." *New York Times*, May 23, C1, C6.

Henry, Matthew D., and John L. Turner. 2006. "The Court of Appeals for the Federal Circuit's Impact on Patent Litigation." *Journal of Legal Studies* 35:85–115.

Hentoff, Nat. 2004. "Tribunals Are Defying a U.S. Supreme Court Decision that These Prisoners Must Get Due Process—Basic Fairness." *Chicago Sun-Times*, December 5, 38.

Hershey, Robert D., Jr. 1985. "Court Bids Exxon Pay $1.9 Billion." *New York Times*, July 2, 31, 34.

Heumann, Milton. 1978. *Plea Bargaining: The Experiences of Prosecutors, Judges, and Defense Attorneys*. Chicago: University of Chicago Press.

Higginbotham, Patrick E. 1980. "Bureaucracy—The Carcinoma of the Federal Judiciary." *Alabama Law Review* 31:261–72.

Hilton, George W. 1975. *The Northeast Railroad Problem*. Washington, DC: American Enterprise Institute.

Hinckley, Frank E. 1906. *American Consular Jurisdiction in the Orient*. Washington, DC: W. H. Lowdermilk.

Hines, Cragg. 2004. "Supremes to Texas Appeals Court: You Still Don't Get It." *Houston Chronicle*, November 21, 3.

Hoffman, Charles W. 1919–20. "Social Aspects of the Family Court." *Journal of the American Institute of Criminal Law and Criminology* 10:409–22.

Hoffman, Morris B. 2000. "The Drug Court Scandal." *North Carolina Law Review* 78: 1437–534.

———. 2002. "The Denver Drug Court and Its Unintended Consequences." In *Drug Courts in Theory and in Practice*, ed. James L. Nolan, Jr., 67–87. New York: Walter deGruyter.

Holcomb, Alfred E., ed. 1925. *Proceedings of the Seventeenth Annual Conference on Taxation*. New York: National Tax Association.

Hora, Peggy Fulton. 2009. "Through a Glass Gavel: Predicting the Future of Drug Treatment Courts." In *Future Trends in State Courts 2009*, ed. Carol R. Flango, Amy M. McDowell, Charles F. Campbell, and Neal B. Kauder, 134–39. Williamsburg: National Center for State Courts.

Horowitz, Donald L. 1977. *The Courts and Social Policy*. Washington: Brookings Institution.

Horsey, Henry R., and William Duffy. N.d. "The Supreme Court of Delaware Until 1951: The 'Leftover Judge' System." http://courts.delaware.gov/Courts/Supreme%20Court/?history.htm.

Howard, J. Woodford, Jr. 1981. *Courts of Appeals in the Federal Judicial System: A Study of the Second, Fifth, and District of Columbia Circuits*. Princeton: Princeton University Press.

Howard, Philip K. 2009. "Just Medicine." *New York Times*, April 2, A27.

Howard, Robert M. 2004. "Specialized Federal Courts Versus General Courts: Ideology and Expertise in Tax Decisions." Paper presented at the annual conference of the American Political Science Association, Chicago.

———. 2005. "Comparing the Decision Making of Specialized Courts and General Courts: An Exploration of Tax Decisions." *Justice System Journal* 26:135–48.

———. 2007. "Controlling Forum Choice and Controlling Policy: Congress, Courts and the IRS." *Policy Studies Journal* 35:109–23.

———. 2009. *Getting a Poor Return: Justice and Taxes*. Albany: State University of New York Press.

Howard, Robert M., and David C. Nixon. 2003. "Local Control of the Bureaucracy: Federal Appeals Courts, Ideology, and the Internal Revenue Service." *Washington University Journal of Law and Policy* 13:233–56.

Huddleston, C. West, III, Douglas B. Marlowe, and Rachel Casebolt. 2008. *Painting the Current Picture: A National Report Card on Drug Courts and Other Problem-Solving Court Programs in the United States*. Alexandria: National Drug Court Institute.

Hurst, James Willard. 1950. *The Growth of American Law: The Law Makers*. Boston: Little, Brown.

Hurst, Willard. 1953. "Changing Popular Views About Law and Lawyers." *Annals of the American Academy of Political and Social Science* 287:1–7.

Hutchinson, Dennis J., and David J. Garrow, eds., 2002. *The Forgotten Memoir of John Knox: A Year in the Life of a Supreme Court Clerk in FDR's Washington*. Chicago: University of Chicago Press.

Hutto, Daniel D. 2008. *Folk Psychological Narratives: The Sociocultural Basis of Understanding Reasons*. Cambridge: MIT Press.

Hyman, Jacob D., and Nathaniel L. Nathanson. 1947. "Judicial Review of Price Control: The Battle of the Meat Regulations." *Illinois Law Review* 42:584–634.

Hynes, Charles J. 2005. "Brooklyn's Specialized Gun Court." *Brooklyn Daily Eagle*, July 5.
Igo, Stephen. 2006. "Trash the Topic During First Environmental Court in Wise." *Kingsport Times-News*, October 29, A3.
Igra, Anna R. 2007. *Wives Without Husbands: Marriage, Desertion, and Welfare in New York, 1900–1935*. Chapel Hill: University of North Carolina Press.
Ikenberry, G. John. 1988. "Conclusion: An Institutional Approach to American Foreign Economic Policy." *International Organization* 42:219–43.
———. 1998–99. "Institutions, Strategic Restraint, and the Persistence of American Postwar Order." *International Security* 23:43–78.
Inciardi, James A., Duane C. McBride, and James E. Rivers. 1996. *Drug Control and the Courts*. Thousand Oaks: Sage Publications.
Internal Revenue Service, U.S. 2009. *Data Book, 2008*. http://www.irs.gov/pub/irs-soi/08databk.pdf.
Isikoff, Michael, and William Booth. 1993. "Miami 'Drug Court' Demonstrates Reno's Unorthodox Approach." *Washington Post*, February 20, A1, A8.
Jacob, Herbert. 1997. "The Governance of Trial Judges." *Law & Society Review* 31:3–30.
Jacoby, Melissa B. 2006. "Fast, Cheap, and Creditor-Controlled: Is Corporate Reorganization Failing?" *Buffalo Law Review* 54:401–38.
Jaffe, Adam B., and Josh Lerner. 2004. *Innovation and Its Discontents: How Our Broken Patent System is Endangering Innovation and Progress, and What to Do About It*. Princeton: Princeton University Press.
Jameson, J. Franklin. 1894. "The Origin of the Standing-Committee System in American Legislative Bodies." *Political Science Quarterly* 9:246–67.
Janicke, Paul M. 2001. "To Be or Not to Be: The Long Gestation of the U.S. Court of Appeals for the Federal Circuit (1887–1982)." *Antitrust Law Journal* 69:645–67.
Jester, David A. 1979. "The Indianapolis Environmental Court." *Urban Law Annual* 17:209–14.
Johnson, Avery. 2009. "Vaccine Makers Enjoy Immunity." *Wall Street Journal*, February 24, 6.
Johnson, Carrie, and Amy Goldstein. 2009. "Choice of Drug Czar Indicates Focus on Treatment, Not Jail." *Washington Post*, March 12, A4.
Johnson, Fred R. 1930. *Domestic Relations Division of the Municipal Court of Philadelphia*. Philadelphia: Thomas Skelton Harrison Foundation.
Johnston, David, and William Rashbaum. 2008. "New York Police Fight with U.S. on Surveillance." *New York Times*, November 20, A1, A26.
Johnston, James H. 2001. "Swift and Terrible: A Military Tribunal Rushed to Convict After Lincoln's Murder." *Washington Post*, December 9, F1.
Jordan, Ellen R. 1981. "Specialized Courts: A Choice?" *Northwestern University Law Review* 76:745–85.
Journal of the American Judicature Society. 1918. "Success of Organized Courts." 1 (February): 133–51.
Judicature. 2006. "A Conversation About Judicial Independence and Impartiality." 89:339–43.
Junge, Ember Reichgott. 1998. "Business Courts: Efficient Justice or Two-Tiered Elitism?" *William Mitchell Law Review* 24:315–21.
Karr, Paul. 1997. "New Environmental Courts Single Out Polluters, Developers for Swifter Compliance." *Alaska Bar Rag* 21 (July–August): 19.
Kaufman, Herbert. 1960. *The Forest Ranger: A Study in Administrative Behavior*. Baltimore: Johns Hopkins Press.

---. 1976. *Are Government Organizations Immortal?* Washington, DC: Brookings Institution.

Kaye, Judith S. 2004. "Delivering Justice Today: A Problem-Solving Approach." *Yale Law & Policy Review* 22:125–51.

Kaye, Judith S., and Susan K. Knipps. 2000. "Judicial Responses to Domestic Violence: The Case for a Problem-Solving Approach." *Western State University Law Review* 27:1–13.

Keaton, Diane. 1991. "Death Penalty Experts." *California Lawyer*, April, 28.

Keep America Beautiful. 2006. "A Brief History of Environmental Courts." http://www.kabtoolbox.org/toolbox.asp?id=189&rid=190.

Keilitz, Susan. 2000. *Specialization of Domestic Violence Case Management in the Courts: A National Survey*. Williamsburg: National Center for State Courts.

Kendall, Douglas T., and Charles P. Lord. 1998. "The Takings Project: A Critical Analysis and Assessment of the Project So Far." *Boston College Environmental Affairs Law Review* 25:509–87.

Keohane, Robert O. 1988. "International Institutions: Two Approaches." *International Studies Quarterly* 32:379–96.

---. 1997. "International Relations and International Law: Two Optics." *Harvard International Law Journal* 38:487–502.

Kerry, Nancy, and Susan Pennell. 2001. *San Diego Homeless Court Program: A Process and Impact Evaluation*. San Diego: San Diego Association of Governments.

King, Chad M., and Ellen Lazarus. 2003. "Decision Making on the United States Tax Court." Paper presented at annual meeting of the Midwest Political Science Association, Chicago.

King, Kimi Lynn, and James Meernik. 1999. "The Supreme Court and the Powers of the Executive: The Adjudication of Foreign Policy." *Political Research Quarterly* 52:801–24.

King, Lawrence P. 1983. "The Unmaking of a Bankruptcy Court: Aftermath of *Northern Pipeline v. Marathon.*" *Washington and Lee Law Review* 40:99–120.

King, Ryan S., and Jill Pasquarella. 2009. *Drug Courts: A Review of the Evidence*. Washington, DC: The Sentencing Project.

Kingdon, John W. 1984. *Agendas, Alternatives, and Public Policies*. Boston: Little, Brown.

---. 2003. *Agendas, Alternatives, and Public Policies*, 2nd ed. New York: Longman.

Kittrell, Marvin F. 1996. "ALJs in South Carolina." *South Carolina Lawyer* 7 (May/June): 42–44.

Klaidman, Daniel. 2008. "Now We Know What the Battle was About." *Newsweek*, December 22, 46.

Koh, Harold Hongju. 1990. *The National Security Constitution: Sharing Power After the Iran-Contra Affair*. New Haven: Yale University Press.

Kohler, Jeremy. 2004. "Nuisance-Violation Court is Struck Down." *St. Louis Post-Dispatch*, September 25, 22.

Kolko, Gabriel. 1965. *Railroads and Regulation 1877–1916*. Princeton: Princeton University Press.

Komesar, Neil K. 1994. *Imperfect Alternatives: Choosing Institutions in Law, Economics, and Public Policy*. Chicago: University of Chicago Press.

Kondo, LeRoy L. 2002. "Untangling the Tangled Web: Federal Court Reform Through Specialization for Internet Law and Other High Technology Cases." *UCLA Journal of Law and Technology* 2002 (Spring): 1–106. http://www.lawtechjournal.com/articles/2002/01_020309_kondo.pdf.

Koremenos, Barbara, Charles Lipson, and Duncan Snidal. 2001. "The Rational Design of International Institutions." *International Organization* 55:761–99.

Kornblum, Stephanie. 2003. "Winning the Battle While Losing the War: Ramifications of the Foreign Intelligence Surveillance Court of Review's First Decision." *Seattle University Law Review* 27:623–57.

Kornhauser, Anne. 1991. "Today's Veterans Have More Rights, Advocates." *Legal Times*, February 18, 1991, 1, 20, 21.

Kramer, Kenneth B. 1990. "Judicial Review of the Theoretically Non-Reviewable: An Overview of Pre-COVA Court Action on Claims for Veteran Benefits." *Ohio Northern University Law Review* 17:99–120.

Krasner, Stephen D. 1976. "State Power and the Structure of International Trade." *World Politics* 28:317–47.

Krasno, Miriam R. 1984. "The Bankruptcy Courts—Caught in Limbo?" *Judicature* 67:307–9.

Krehbiel, Keith. 1991. *Information and Legislative Organization*. Ann Arbor: University of Michigan Press.

Kritzer, Herbert M. 1996. "The Data Puzzle: The Nature of Interpretation in Quantitative Research." *American Journal of Political Science* 40:1–32.

———, ed. 2002. *Legal Systems of the World: A Political, Social, and Cultural Encyclopedia*. Santa Barbara: ABC-CLIO.

———. 2003. "The Government Gorilla: Why Does Government Come Out Ahead in Appellate Courts?" In *In Litigation: Do the "Haves" Still Come Out Ahead?*, ed. Herbert M. Kritzer and Susan Silbey, 342–70. Stanford: Stanford University Press.

Kroll, Glenn. 1996. "Are Tax Court Judges Partial to the Government?" *Oil and Gas Tax Quarterly* 45:135–75.

Kross, Anna M., and Harold M. Grossman. 1937. "Magistrates' Courts of the City of New York: History and Organization." *Brooklyn Law Review* 7:133–79.

Kundu, Sudip. 2005. "Privately Funded Courts and the Homeless: A Critical Look at Community Courts." *Journal of Affordable Housing and Community Development Law* 14:170–94.

Kurkjian, Stephen. 1986. "The Sanctum Sanctorum of Bugs and Wiretaps." *Washington Post*, July 24, A21.

Kusmer, Toby H., and Eric M. Shelton. 2008. "Assailing Key Patents." *National Law Journal*, November 10, 27.

Labaton, Stephen. 1998. "The Debacle That Buried Washington." *New York Times*, November 22, C1, C12.

Landau, Michael, and Donald E. Biederman. 1999. "The Case for a Specialized Copyright Court: Eliminating the Jurisdictional Advantage." *Hastings Communications and Entertainment Law Journal* 21:717–84.

Landes, William M., and Richard A. Posner. 1975. "The Independent Judiciary in an Interest-Group Perspective." *Journal of Law and Economics* 18:875–901.

———. 2003. *The Economic Structure of Intellectual Property Law*. Cambridge: Harvard University Press.

Langer, Lilly M., George J. Warheit, and Stuart Alan. 2000. *Teen Tobacco Court Evaluation Study of Courts Held in Broward County, Florida*. Miami: Center for Youth Development, Florida International University.

Lanni, Adriaan. 2005. "The Future of Community Justice." *Harvard Civil Rights-Civil Liberties Law Review* 40:359–405.

Laro, David. 1995. "The Evolution of the Tax Court as an Independent Tribunal." *University of Illinois Law Review* 1995:17–29.

Larrabee, John. 1994. "'You're Going to Jail Fast' in Nation's First Gun Court." *USA Today*, December 19, 3A.

Lasry, Lex. 2007. *David Hicks v. the United States: Summary of the Report of the Independent Observer for the Law Council of Australia*. Canberra: Law Council of Australia.

Lawyers' Committee for Better Housing. 2003. *No Time for Justice: A Study of Chicago's Eviction Court*. Chicago: Lawyers' Committee for Better Housing.

LeDuff, Charlie. 2004. "Lifting Hurdles as the Homeless Rebound." *New York Times*, December 29, A15.

Lee, Tahirih V. 2004. "The United States Court for China: A Triumph of Local Law." *Buffalo Law Review* 52:923–1075.

Legal Times. 1997. "Intelligence on the FISA Court." April 14, 18–20.

Legomsky, Stephen H. 1986. "Forum Choices for the Review of Agency Adjudication: A Study of the Immigration Process." *Iowa Law Review* 71:1297–403.

———. 1990. *Specialized Justice: Courts, Administrative Tribunals, and a Cross-National Theory of Specialization*. Oxford: Clarendon Press.

———. 2006. "Deportation and the War on Independence." *Cornell Law Review* 91:369–409.

———. 2007. "Learning to Live with Unequal Justice: Asylum and the Limits to Consistency." *Stanford Law Review* 60:413–74.

Lemert, Edwin M. 1967. "The Juvenile Court—Quest and Realities." In *Task Force Report: Juvenile Delinquency and Youth Crime*, by President's Commission on Law Enforcement and Administration of Justice, 91–106. Washington, DC: U.S. Government Printing Office.

Leonnig, Carol D., and Dafna Linzer. 2005a. "Spy Court Judge Quits in Protest." *Washington Post*, December 21, A1, A6.

———. 2005b. "Judges on Surveillance Court to be Briefed on Spy Program." *Washington Post*, December 22, A1, A12.

Lepawsky, Albert. 1932. *The Judicial System of Metropolitan Chicago*. Chicago: University of Chicago Press.

Lerner-Wren, Ginger. 2000. *Broward's Mental Health Court: An Innovative Approach to the Mentally Disabled in the Criminal Justice System*. Williamsburg: National Center for State Courts.

Levett, Benjamin Arthur. 1923. *Through the Customs Maze: A Popular Exposition and Analysis of the United States Customs Tariff Administrative Laws*. New York: Customs Maze Publishing Co.

Levin, Aaron. 2008. "Special Veterans' Court Focuses on MH Recovery." *Psychiatric News* 43 (September 19): 16.

Levin, Martin A. 1975. "Delay in Five Criminal Courts." *Journal of Legal Studies* 4:83–131.

Levin, Myron. 2004. "Taking It to Vaccine Court." *Los Angeles Times*, August 7, A1, A24.

Lewis, David E. 2002. "The Politics of Agency Termination: Confronting the Myth of Agency Immortality." *Journal of Politics* 64:89–107.

———. 2003. *Presidents and the Politics of Agency Design: Political Insulation in the United States Government Bureaucracy, 1946–1997*. Stanford: Stanford University Press.

Lewis, Neil A. 2005. "2 Prosecutors Faulted Trials for Detainees." *New York Times*, August 1, A1, A12.

Lewis, Neil A., and David E. Sanger. 2004. "Administration Changing Review at Guantánamo Bay." *New York Times*, July 1, A9.

Lichtblau, Eric. 2008. *Bush's Law: The Remaking of American Justice*. New York: Pantheon.

Lichtblau, Eric, and David Johnston. 2007. "Court to Oversee U.S. Wiretapping in Terror Cases." *New York Times*, January 18, A1, A16.

Light, Paul Charles. 1982. *The President's Agenda*. Baltimore: Johns Hopkins Press.
———. 1992. *Forging Legislation*. New York: W. W. Norton.
Lindesmith, Alfred P. 1965. *The Addict and the Law*. Bloomington: Indiana University Press.
Lipetz, Marcia J. 1984. *Routine Justice: Processing Cases in Women's Court*. New Brunswick: Transaction Books.
Lipsky, Michael. 1980. *Street-Level Bureaucracy: Dilemmas of the Individual in Public Services*. New York: Russell Sage Foundation.
Liptak, Adam. 2005. "Courts Criticize Judges' Handling of Asylum Cases." *New York Times*, December 26, A1, A26.
Lobingier, Charles Sumner. 1932. "A Quarter Century of Our Extraterritorial Court." *Georgetown Law Journal* 20:427–55.
Locy, Toni. 2004. "Tribunal Struggles with First Hearings." *USA Today*, August 30, 12A.
Lombardi, Joseph E. 1976. *The United States Customs Court: A History of Its Origin and Evolution*. New York: United States Customs Court.
LoPucki, Lynn M. 2005. *Courting Failure: How Competition for Big Cases is Corrupting the Bankruptcy Courts*. Ann Arbor: University of Michigan Press.
———. 2006. "Where Do You Get Off? A Reply to *Courting Failure*'s Critics." *Buffalo Law Review* 54:511–48.
———. 2008. "The Delaware Court Wins." *National Law Journal*, February 11, 26.
LoPucki, Lynn M., and William C. Whitford. 1991. "Venue Choice and Forum Shopping in the Bankruptcy Reorganization of Large, Publicly Held Companies." *Wisconsin Law Review* 1991:11–63.
Los Angeles Times. 2009. "Not a Vindication" (editorial). February 2, A14.
Lou, Herbert H. 1927. *Juvenile Courts in the United States*. Chapel Hill: University of North Carolina Press.
Lounsberry, Emilie. 2007. "Plugging Tirelessly Toward High Court." *Philadelphia Inquirer*, October 30, B1.
Lovejoy, Clarence E. 1956. "Jersey Justice Prevails Afloat, Too." *New York Times*, September 6, 33.
Lowenfeld, Andreas F. 1985. "Hijacking, Freedom, and the 'American Way.'" *Michigan Law Review* 83:1000–1015.
Lowenstein, David J., and Jack Achiezer Guggenheim. 2006. "Vetting the Appellate Standard of Review: What Was, What Is, and What Should Be the Standard of Review Employed by the United States Court of Appeals for Veterans Claims." *Whittier Law Review* 27:755–86.
Lunday, Kevin E., and Harvey Rishikof. 2008. "Due Process is a Strategic Choice: Legitimacy and the Establishment of an Article III National Security Court." *California Western International Law Review* 39:87–133.
Lunney, Glynn S., Jr. 2004. "Patent Law, the Federal Circuit, and the Supreme Court: A Quiet Revolution." *Supreme Court Economic Review* 1:1–79.
Lurie, Jonathan. 1992. *Arming Military Justice: The Origins of the United States Court of Military Appeals, 1775–1950*. Princeton: Princeton University Press.
———. 1998. *Pursuing Military Justice: The History of the United States Court of Appeals for the Armed Forces, 1951–1980*. Princeton: Princeton University Press.
Lurigio, Arthur J., and Jessica Snowden. 2009. "Putting Therapeutic Jurisprudence Into Practice: The Growth, Operations, and Effectiveness of Mental Health Court." *Justice System Journal* 30:196–218.

Lyttle, Eric. 2001. "The Judge and the Slumlord." *Columbus Monthly*, December, 94–101.

Mabey, Ralph R. 2005. "The Evolving Bankruptcy Bench: How Are the 'Units' Faring?" *Boston College Law Review* 47:105–27.

Macey, Jonathan R. 1992. "Organizational Design and Political Control of Administrative Agencies." *Journal of Law, Economics & Organization* 8:93–110.

Macey, Jonathan R., and Geoffrey P. Miller. 1987. "Toward an Interest-Group Theory of Delaware Corporate Law." *Texas Law Review* 65:469–523.

MacLean, Pamela A. 2006a. "Immigration Bench Plagued by Flaws." *National Law Journal*, February 6, A18.

———. 2006b. "Mixed Reaction to Copyright Court for 'Little Guy.'" *National Law Journal*, April 24, 2006, 9.

Macris, Gina. 2002. "Truancy Court in R.I. Is Judged as Top Model." *Providence Journal*, May 7, C1, C3.

Magalhães, Pedro C., Carlo Guarnieri, and Yorgos Kaminis. 2006. "Democratic Consolidation, Judicial Reform, and the Judicialization of Politics in Southern Europe." In *Democracy and the State in the New Southern Europe*, ed. Richard Gunther, P. Nikiforos Diamandouros, and Dimitri A. Sotiropoulos, 138–96. New York: Oxford University Press.

Maitland, Leslie. 1982. "A Closed Court's One-Issue Caseload." *New York Times*, October 14, B16.

Mansfield, Harvey C., and Associates. 1947. *A Short History of OPA*. Washington, DC: U.S. Office of Price Administration.

March, James G., and Johan P. Olsen. 1976. *Ambiguity and Choice in Organizations*. Bergen, Norway: Universitetsforlaget.

———. 1984. "The New Institutionalism: Organizational Factors in Political Life." *American Political Science Review* 78:734–49.

———. 1989. *Rediscovering Institutions: The Organizational Basis of Politics*. New York: Free Press.

Marek, Lynne. 2008. "Courts for Veterans Spreading Across U.S." *National Law Journal*, December 22, 1, 7.

———. 2009. "Delaware, New York Courts Retain Popularity." *National Law Journal*, April 27, 6.

Margasak, Larry. 2004a. "Judges on Little-Known Court Paid for Life." *Seattle Post-Intelligencer*, April 18 (Web edition).

———. 2004b. "Light Load of Claims Judges is Examined." *Seattle Post-Intelligencer*, April 19, A3.

Markey, Howard T. 1989. "The First Two Thousand Days: Report of the U.S. Court of Appeals for the Federal Circuit." *BNA's Patent, Trademark and Copyright Journal* 38:179–92.

Maron, Dana Fine. 2009. "Courting Drug-Policy Reform." *Newsweek* (Web edition), October 7. http://www.newsweek.com/id/216886.

Mather, Lynn M. 1979. *Plea Bargaining or Trial? The Process of Criminal-Case Disposition*. Lexington: Lexington Books.

Mattingly, Elizabeth. 2004. "What I Have Learned as a Mental Health Court Judge: And It Wasn't What I Expected." http://www.sconet.state.oh.us/Boards/acmic/resources/learned.pdf.

Matza, Michael. 1995. "Firing a Shot at Crime in R.I. 'Gun Court.'" *Philadelphia Inquirer*, February 3, A1.

Maule, James Edward. 1999. "Instant Replay, Weak Teams, and Disputed Calls: An Empirical Study of Alleged Tax Court Judge Bias." *Tennessee Law Review* 66: 351–426.

Mayer, Jane. 2008. *The Dark Side: The Inside Story of How the War on Terror Turned into a War on American Ideals*. New York: Doubleday.

Mayhood, Kevin. 2001. "Fire Code Cannot Restrict Flag Burning, Judge Rules." *Columbus Dispatch*, November 29, C2.

Mays, G. Larry, Stephen G. Ryan, and Cindy Bejarano. 1997. "New Mexico Creates a DWI Drug Court." *Judicature* 81:122–25.

Mazur, Robyn, and Liberty Aldrich. 2003. "What Makes a Domestic Violence Court Work? Lessons from New York." *Judges' Journal* 42 (Spring): 5–10.

McColloch, Claude. 1949. "Now It Can be Told: Judge Metzger and the Military." *American Bar Association Journal* 35:365–68, 444–48.

McCoy, Candace. 2003. "The Politics of Problem-Solving: An Overview of the Origins and Development of Therapeutic Courts." *American Criminal Law Review* 40:1513–39.

———. 2006. Review of *Good Courts: The Case for Problem-Solving Justice*, by Greg Berman and John Feinblatt. *Law and Politics Book Review* 16:964–69.

McCubbins, Mathew D. 1985. "The Legislative Design of Regulatory Structure." *American Journal of Political Science* 29:721–48.

McCubbins, Mathew D., Roger G. Noll, and Barry R. Weingast. 1987. "Administrative Procedures as Instruments of Political Control." *Journal of Law, Economics, and Organization* 3:243–77.

———. 1989. "Structure and Process, Politics and Policy: Administrative Arrangements and the Political Control of Agencies." *Virginia Law Review* 75:431–82.

McFarland, Mary C. 2004. "The Role of Quasi-Judicial Officers in Today's Changing Courts." *The Court Manager* 19 (2): 18–24.

McGrory, Brian. 1994. "Wanted: Maximum's Impact." *Boston Globe*, September 27, 1.

McIntosh, Wayne V., and Cynthia L. Cates. 1997. *Judicial Entrepreneurship: The Role of the Judge in the Marketplace of Ideas*. Westport: Greenwood Press.

McQuillan, Laurence. 1982. "America's Super-Secret Spy Court." *San Francisco Examiner*, October 24, A1, A28.

Meador, Daniel J. 1983. "An Appellate Court Dilemma and a Solution Through Subject Matter Organization." *University of Michigan Journal of Law Reform* 16:471–92.

———. 1989. "A Challenge to Judicial Architecture: Modifying the Regional Design of the U.S. Courts of Appeals." *University of Chicago Law Review* 56:603–42.

———. 1992. "Origin of the Federal Circuit: A Personal Account." *American University Law Review* 41:581–620.

———. 2002. "Retrospective on the Federal Circuit: The First 20 Years—A Historical View." *Federal Circuit Bar Journal* 11:557–61.

Meadows, Kieran K. 2009. "Justice Center a Success, But Budget Cuts Loom." *The Brooklyn Rail*, March. http://brooklynrail.org/2009/03/.

Meason, James E. 1990. "The Foreign Intelligence Surveillance Act: Time for Reappraisal." *The International Lawyer* 24:1043–58.

Meekins, Tamar M. 2006. "'Specialized Justice': The Over-Emergence of Specialty Courts and the Threat of a New Criminal Defense Paradigm." *Suffolk University Law Review* 40:1–55.

Mennel, Robert M. 1973. *Thorns and Thistles: Juvenile Delinquents in the United States 1825–1940*. Hanover: University Press of New England.

Merryman, John Henry. 1969. *The Civil Law Tradition*. Stanford: Stanford University Press.

Metropolitan Corporate Counsel. 2002. "Civil Justice Reform." November, 53.

Meyer, John W., John Boli, George M. Thomas, and Francisco O. Ramirez. 1997. "World Society and the Nation-State." *American Journal of Sociology* 103:144–81.

Meyers, William. 1989. "Showdown in Delaware: The Battle to Shape Takeover Law." *Institutional Investor* 23:64–77.

Michel, Lou. 2008a. "Giving Vets in Trouble Help, Not Jail." *Buffalo News*, January 12, A1, A2.

———. 2008b. "'Today' to Showcase Local Court for Veterans." *Buffalo News*, September 22, B1, B2.

Middleton, Martha. 1992. "Do Drug Courts Work?" *National Law Journal*, November 2, 1, 45.

Miles, Rufus E., Jr. 1978. "The Origin and Meaning of Miles' Law." *Public Administration Review* 38:399–403.

Miller, Banks, and Brett Curry. 2009. "Expertise, Experience, and Ideology on Specialized Courts: The Case of the Court of Appeals for the Federal Circuit." *Law & Society Review* 43:839–64.

Miller, Chuck, Keith H. Cole, Jr., and Sandra Minderhout Griffin. 1995. "Criminal Law." *SMU Law Review* 48:1077–112.

Miller, Gary. 2000. "Rational Choice and Dysfunctional Institutions." *Governance* 13:535–47.

Miller, Greg. 2007. "New Limits Put on Overseas Surveillance." *Los Angeles Times*, August 2, A16.

Miller, H. Todd. 1975. "A Court of Tax Appeals Revisited." *Yale Law Journal* 85:228–52.

Minnesota Law Review. 1980. "The Appellate Jurisdiction of the Temporary Emergency Court of Appeals." 64:1247–73.

Mintrom, Michael. 1997. "Policy Entrepreneurs and the Diffusion of Innovation." *American Journal of Political Science* 41:738–70.

Mirchandani, Rekha. 2005. "What's So Special about Specialized Courts? The State and Social Change in Salt Lake City's Domestic Violence Court." *Law & Society Review* 39:379–417.

———. 2006. "'Hitting Is Not Manly': Domestic Violence Court and the Re-Imagination of the Patriarchal State." *Gender & Society* 20:781–804.

Moe, Terry M. 1989. "The Politics of Bureaucratic Structure." In *Can the Government Govern?*, ed. John E. Chubb and Paul E. Peterson, 267–329. Washington, DC: Brookings Institution.

———. 2005. "Power and Political Institutions." *Perspectives on Politics* 3:215–33.

Moe, Terry M., and Scott A. Wilson. 1994. "Presidents and the Politics of Structure," *Law and Contemporary Problems* 57 (Spring): 1–44.

Moley, Raymond. 1929. "The Municipal Court of Chicago." In *The Illinois Crime Survey*, ed. John H. Wigmore, 393–419. Chicago: Illinois Association for Criminal Justice.

———. 1932. *Tribunes of the People: The Past and Future of the New York Magistrates' Courts*. New Haven: Yale University Press.

Monks, Robert A.G., and Nell Minow. 1996. *Watching the Watchers: Corporate Governance for the 21st Century*. Cambridge: Blackwell.

Moore, Geoffrey Michael. 1994. "The Phoenix in China: The Evolution of American Extraterritorial Jurisdiction in China, 1844–1917." MA thesis, California State University, Fullerton.

Moore, Kimberly A. 2002. "Are District Court Judges Equipped to Resolve Patent Cases?" *Federal Circuit Bar Journal* 12:1–33.

———. 2005. "*Markman* Eight Years Later: Is Claim Construction More Predictable?" *Lewis and Clark Law Review* 9:231–47.

Moore, W. John. 1992. "Just Compensation." *National Journal*. June 13, 1404–7.
Morley, Michael. 2008. "The Case Against a Specialized Court for Federal Benefits Appeals." *Federal Circuit Bar Journal* 17:379–400.
Morrow, James D. 1994. *Game Theory for Political Scientists*. Princeton: Princeton University Press.
Moulton, Beatrice A. 1969. "The Persecution and Intimidation of the Low-Income Litigant as Performed by the Small Claims Court in California." *Stanford Law Review* 21:1657–84.
Mucciaroni, Gary. 1992. "The Garbage Can Model and the Study of Policy Making: A Critique." *Polity* 24:459–82.
Muccifori, Thomas A. 2004. "Odd Man Out: New Jersey is Surrounded by States that Have Seen the Benefits of Business Courts." *New Jersey Law Journal*, August 2, 379.
Mullen, William. 1973. "New Court to Handle Shoplifters Opened." *Chicago Tribune*, April 18, 9.
Mullin, Megan. 2008. "The Conditional Effect of Specialized Governance on Public Policy." *American Journal of Political Science* 52:125–41.
Murphy, Walter F. 1962. *Congress and the Court*. Chicago: University of Chicago Press.
Murray, Shannon D. 2001. "About-Face on Judges." *National Law Journal*, October 8, A17.
Nard, Craig Allen, and John F. Duffy. 2007. "Rethinking Patent Law's Uniformity Principle." *Northwestern University Law Review* 101:1619–75.
Nardulli, Peter F., James Eisenstein, and Roy B. Flemming. 1988. *The Tenor of Justice: Criminal Courts and the Guilty Plea Process*. Urbana: University of Illinois Press.
Nash, Jonathan Remy, and Rafael I. Pardo. 2008. "An Empirical Investigation into Appellate Structure and the Perceived Quality of Appellate Review." *Vanderbilt Law Review* 61:1745–822.
Nathanson, Nathaniel L. 1971. "The Administrative Court Proposal." *Virginia Law Review* 57:996–1015.
———. 1972. "Price-Control Standards and Judicial Review: An Historical Perspective." *The Practical Lawyer* 18 (February): 59–71.
National Center for State Courts. 1976. *Parajudges: Their Role in Today's Court Systems*. Denver: National Center for State Courts.
National Council of Juvenile Court Judges. 1965. *Judges Look at Themselves: Profile of the Nation's Juvenile Court Judges*. Chicago: National Council of Juvenile Court Judges.
National Drug Court Institute. N.d. *DWI Courts and DWI/Drug Courts: Reducing Recidivism and Saving Lives*. http://www.ndci.org/dwi_drug_court.htm.
National Institute of Justice. 2006. *Drug Courts: The Second Decade*. Washington, DC: U.S. Department of Justice.
National Law Journal. 1997. "Stadium Drunks Have It Good, Says Philly Council President." December 15, A27.
Navarro, Mireya. 1998. "Florida Gives Teen-Age Smokers a Day in Court." *New York Times*, July 20, A1, A14.
Nees, Anne Tucker. 2007. "Making a Case for Business Courts: A Survey of and Proposed Framework to Evaluate Business Courts." *Georgia State University Law Review* 24:477–532.
New York Times. 1909a. "Wants Marital Courts." January 24, 16.
———. 1909b. "Want Special Court for Domestic Woes." January 29, 4.
———. 1910. "Suffragettes Start Fight on New Court." September 2, 18.
———. 1925. "Coolidge Enlarges Tax Appeals Board." March 19, 4.
Newman, Pauline. 1992. "The Federal Circuit—A Reminiscence." *George Mason University Law Review* 14:513–28.

———. 2002. "Origins of the Federal Circuit: The Role of Industry." *Federal Circuit Bar Journal* 11:541–64.

Newmark, Lisa, Mike Rempel, Kelly Diffily, and Kamala Mallik Kane. 2001. *Specialized Felony Domestic Violence Courts: Lessons on Implementation and Impacts from the Kings County Experience*. Washington, DC: Urban Institute.

Nii, Jenifer K. 1998. "Utah Kids Who Light Up May Land in Tobacco Court." *Deseret News* (Salt Lake City), August 5, A1.

Nisbett, Richard, and Lee Ross. 1980. *Human Inference: Strategies and Shortcomings of Social Judgment*. Englewood, Cliffs: Prentice-Hall.

Nocera, Joseph. 1990. "Delaware Puts Out." *Esquire*, February, 47–48.

Nolan, James L., Jr. 2001. *Reinventing Justice: The American Drug Court Movement*. Princeton: Princeton University Press.

———. 2009. *Legal Accents, Legal Borrowing: The International Problem-Solving Court Movement*. Princeton: Princeton University Press.

Offe, Claus. 2006. "Political Institutions and Social Power: Conceptual Explorations." In *Rethinking Political Institutions: The Art of the State*, ed. Ian Shapiro, Stephen Skowronek, and Daniel Galvin, 9–31. New York: New York University Press.

Offices of Inspectors General. 2009. *Unclassified Report on the President's Surveillance Program*. http://www.fas.org/irp/eprint/psp.pdf.

O'Hearn, Timothy J. 1984. "Patent Law Reform Via the Federal Courts Improvement Act of 1982: The Transformation of Patentability Jurisprudence." *Akron Law Review* 17:453–72.

O'Reilly, James T. 2001. "Burying Caesar: Replacement of the Veterans Appeals Process Is Needed to Provide Fairness to Claimants." *Administrative Law Review* 53:223–55.

Page, Scott E. 2006. "Path Dependence." *Quarterly Journal of Political Science* 1:87–115.

Paik, Leslie. 2009. "Maybe He's Depressed: Mental Illness as a Mitigating Factor for Drug Offender Accountability." *Law & Social Inquiry* 34:569–602.

Palazzolo, Joe. 2009. "Spy Court Up and Running in Its New Home." *The BLT: The Blog of Legal Times* (http://legaltimes.typepad.com/), March 12.

Pastore, Ann L., and Kathleen Maguire, eds. N.d. *Sourcebook of Criminal Justice Statistics*. http://www.albany.edu/sourcebook/.

Pear, Robert. 1986. "New Court Sought for Benefit Cases." *New York Times*, March 9, 1, 29.

Pegram, John B. 2000. "Should There Be a U.S. Trial Court With a Specialization in Patent Litigation?" *Journal of the Patent and Trademark Office Society* 82:765–96.

Perry, Tony. 2000. "Homeless Court Offers New Hope for the Down and Out." *Los Angeles Times*, May 1, A3.

Peters, Philip G. 2007. "Doctors and Juries." *Michigan Law Review* 105:1453–95.

Petersen, William, and David Matza, eds. 1963. *Social Controversy*. Belmont: Wadsworth.

Petrucci, Carrie J. 2002. "Respect as a Component in the Judge-Defendant Interaction in a Specialized Domestic Violence Court that Utilizes Therapeutic Jurisprudence." *Criminal Law Bulletin* 38:263–95.

Philadelphia Inquirer. 1995. "L'Affaire Mumia in Court" (editorial). August 13, E4.

Pierce, David E. 1992. *Evaluating the Institutional Impact of the Special Oil and Gas Panel of the U.S. Court of Appeals for the Fifth Circuit*. Washington, DC: Federal Judicial Center.

Pierson, Paul. 2000. "The Limits of Design: Explaining Institutional Origins and Change." *Governance* 13:475–99.

Pierson, Paul, and Theca Skocpol. 2002. "Historical Institutionalism in Contemporary Political Science." In *Political Science: The State of the Discipline*, ed. Ira Katznelson and Helen V. Milner, 693–721. New York: W. W. Norton.

Plager, S. Jay. 1990. "The United States Courts of Appeals, the Federal Circuit, and the Non-Regional Subject Matter Concept: Reflections on the Search for a Model." *American University Law Review* 39:853-67.

Platt, Anthony M. 1969. *The Child Savers: The Invention of Delinquency*. Chicago: University of Chicago Press.

Polsky, Andrew J. 1989. "The Odyssey of the Juvenile Court: Policy Failure and Institutional Persistence in the Therapeutic State." *Studies in American Political Development* 3:157-98.

Posner, Richard A. 1983. "Will the Federal Courts of Appeals Survive Until 1984? An Essay on Delegation and Specialization of the Judicial Function." *Southern California Law Review* 56:761-91.

———. 1995. *Overcoming Law*. Cambridge: Harvard University Press.

———. 1996. *The Federal Courts: Challenge and Reform*. Cambridge: Harvard University Press.

———. 2006. *Not a Suicide Pact: The Constitution in a Time of National Emergency*. New York: Oxford University Press.

———. 2008. *How Judges Think*. Cambridge: Harvard University Press.

Possley, Maurice. 1986. "Greylord Defendant's Court Called Real Zoo." *Chicago Tribune*, November 14, 1, 2.

Post, Leonard. 2004a. "A Big Step for Specialty Courts." *National Law Journal*, May 10, 1, 18.

———. 2004b. "Some Courts are All Business." *National Law Journal*, May 17, 1, 18.

———. 2006. "ABA Rejection of Special Health Courts Sparks Clash." *National Law Journal*, February 27, 6.

Pound, Roscoe. 1912-13. "The Administration of Justice in the Modern City." *Harvard Law Review* 26:302-28.

———. 1940. *Organization of Courts*. Boston: Little, Brown.

Powell, Ronald W. 2004. "Court Program Helps Homeless." *San Diego Union-Tribune*, August 19, B1.

Pritchett, C. Herman. 1961. *Congress Versus the Supreme Court, 1957-1960*. Minneapolis: University of Minnesota Press.

Provine, Doris Marie. 1996. "Courts in the Political Process in France." In Herbert Jacob, Erhard Blankenburg, Herbert M. Kritzer, Doris Marie Provine, and Joseph Sanders, *Courts, Law, and Politics in Comparative Perspective*, 177-248. New Haven: Yale University Press.

Prugh, R. Mitchell. 2007. "Title Procedure Before General Magistrates and Child Support Enforcement Hearing Officers." *Florida Bar Journal* 81 (July-August): 77-80.

Quillen, William T., and Michael Hanrahan. 1993. "A Short History of the Delaware Court of Chancery—1792-1992." *Delaware Journal of Corporate Law* 18:819-66.

Quin, Leah. 2001. "Jury's Still Out on Community Court." *Austin American-Statesman*, February 5, A1.

Quinn, Mae C. 2000. "Whose Team am I on Anyway? Musings of a Public Defender About Drug Treatment Court Practice." *New York University Review of Law and Social Change* 26:37-75.

———. 2006. "Revisiting Anna Moscowitz Kross's Critique of New York City's Women's Court: The Continued Problem of Solving the 'Problem' of Prostitution with Specialized Criminal Courts." *Fordham Urban Law Journal* 33:665-726.

———. 2008. "Anna Moscowitz Kross and the Home Term Part: A Second Look at the Nation's First Criminal Domestic Violence Court." *Akron Law Review* 41:733-62.

Rader, Randall R. 1991. "Specialized Courts: The Legislative Response." *American University Law Review* 40:1003-14.

Rains, Robert E. 1987. "A Specialized Court for Social Security? A Critique of Recent Proposals." *Florida State University Law Review* 15:1–30.

Rao, Arti K. 2003. "Engaging Facts and Policy: A Multi-Institutional Approach to Patent System Reform." *Columbia Law Review* 103:1035–135.

Rasmussen, Robert K., and Randall S. Thomas. 2000. "Timing Matters: Promoting Forum Shopping by Insolvent Corporations." *Northwestern University Law Review* 94:1357–408.

Raustiala, Kal. 2006. "The Evolution of Territoriality: International Relations and American Law." In *Territoriality and Conflict in an Era of Globalization*, ed. Miles Kahler and Barbara F. Winter, 219–49. New York: Cambridge University Press.

Redlich, Allison D., et al. 2005. "The Second Generation of Mental Health Courts." *Psychology, Public Policy, and Law* 11:527–38.

Reed, Patrick C. 1997. *The Role of Federal Courts in U.S. Customs and International Trade Law*. Dobbs Ferry: Oceana Publications.

———. 2001. "Expanding the Jurisdiction of the U.S. Court of International Trade: Proposals by the Customs and International Trade Bar Association." *Brooklyn Journal of International Law* 26:819–42.

Reeves, Thomas C. 1975. *Gentleman Boss: The Life of Chester Alan Arthur*. New York: Alfred A. Knopf.

Resnik, Judith. 2003. "Of Courts, Agencies, and the Court of Federal Claims: Fortunately Outliving One's Anomalous Character." *George Washington Law Review* 71:798–817.

Revesz, Richard L. 1990. "Specialized Courts and the Administrative Lawmaking System." *University of Pennsylvania Law Review* 138:1111–74.

Reynolds, Maura. 2006. "Plan to Reroute Immigration Appeals Hits Some Red Lights." *Los Angeles Times*, April 2, A23.

Rich, Giles S. 1963. "Congressional Intent—Or, Who Wrote the Patent Act of 1952." In *Patent Procurement and Exploitation: Protecting Intellectual Rights*, ed. Institute on Patent Law, 61–78. Washington, DC: Bureau of National Affairs.

———. 1980. *A Brief History of the United States Court of Customs and Patent Appeals*. Washington, DC: U.S. Government Printing Office.

Richards, Peter Judson. 2007. *Extraordinary Justice: Military Tribunals in Historical and International Context*. New York: New York University Press.

Richardson, William A. 1882. "History, Jurisdiction, and Practice of the Court of Claims of the United States." *Southern Law Review* 7:781–811.

Rifkind, Simon. 1951. "A Special Court for Patent Litigation? The Danger of a Specialized Judiciary." *American Bar Association Journal* 37:425–26.

Rifkind, Simon H. 1978. "Bankruptcy Code Specialized Court Opposed." *American Bankruptcy Law Journal* 52:187–91.

———. 1985. "Music Copyrights and Antitrust: A Turbulent Courtship." *Cardozo Arts and Entertainment Law Journal* 4:1–18.

Rightmire, George W. 1918–19. "Special Federal Courts." *Illinois Law Review* 13:15–33, 97–120.

Riley, John. 1984. "Bankruptcy Crisis Eases; Judges to Press Suit." *National Law Journal*, August 6, 10, 60.

Risen, James, and Eric Lichtblau. 2005. "Bush Lets U.S. Spy on Callers Without Courts." *New York Times*, December 16, A1, A6.

Rivkin, Victoria. 2001. "Courting Tech Business." *ABA Journal* 87 (July): 39–41.

Roberts, Maurice A. 1980. "Proposed: A Specialized Statutory Immigration Court." *San Diego Law Review* 18:1–24.

Rodgers, Daniel T. 1982. "In Search of Progressivism." *Reviews in American History* 10 (December): 113-32.

Rogers, Everett M. 2003. *Diffusion of Innovations*, 5th ed. New York: Free Press.

Roman, John, Jeffrey A. Butts, and Alison S. Rebeck. 2004. "American Drug Policy and the Evolution of Drug Treatment Courts." In *Juvenile Drug Courts and Teen Substance Abuse*, ed. Jeffrey A. Butts and John Roman, 27-54. Washington, DC: Urban Institute Press.

Romano, Roberta. 1987. "The State Competition Debate in Corporate Law." *Cardozo Law Review* 8:709-25.

———. 1993. *The Genius of American Corporate Law*. Washington, DC: AEI Press.

Rooklidge, William C., and Matthew F. Weil. 2001. "Judicial Hyperactivity: The Federal Circuit's Discomfort with Its Appellate Role." *Berkeley Technology Law Journal* 15:725-52.

Rosenberg, Carol. 2007. "Aussie Captive's Deal: Freedom by Year-End." *Miami Herald*, March 31, A1, A6.

———. 2008a. "Marine Colonel Defends Dismissal of Guantánamo Judge." *Miami Herald*, June 2.

———. 2008b. "Judge Bans General From Guantánamo Trial Role." *Miami Herald*, August 14.

Rosenberg, Tina. 1995. "Deadliest D.A." *New York Times Magazine*, July 16, 20-25, 34, 42.

Rothman, David J. 1978. "The State as Parent: Social Policy in the Progressive Era." In *Doing Good: The Limits of Benevolence*, by Willard Gaylin, Ira Glasser, Steven Marcus, and David J. Rothman, 67-96. New York: Pantheon.

Rottman, David B. 2002. *Community Courts: Prospects and Limits*. Williamsburg: National Center for State Courts.

Rovella, David E. 2001. "Leading a Charge to Dethrone Delaware." *National Law Journal*, August 13, A1, A10, A12.

Ruger, Theodore W. 2004. "The Judicial Appointment Power of the Chief Justice." *University of Pennsylvania Journal of Constitutional Law* 7:341-402.

———. 2006. "Chief Justice Rehnquist's Appointments to the FISA Court: An Empirical Perspective." *Northwestern University Law Review* 101:239-58.

Russell, Robert T. 2009. "Veterans Treatment Courts Developing Throughout the Nation." In *Future Trends in State Courts 2009*, ed. Carol R. Flango, Amy M. McDowell, Charles F. Campbell, and Neal B. Kauder, 130-33. Williamsburg: National Center for State Courts.

Ryan, John Paul, Allan Ashman, Bruce D. Sales, and Sandra Shane-DuBow. 1980. *American Trial Judges: Their Work Styles and Performance*. New York: Free Press.

Ryerson, Ellen. 1978. *The Best-Laid Plans: America's Juvenile Court Experiment*. New York: Hill and Wang.

Sample, James, Lauren Jones, and Rachel Weiss. 2007. *The New Politics of Judicial Elections 2006*. Washington, DC: Justice at Stake Campaign.

Sanders, Elizabeth. 2006. "Historical Institutionalism," In *The Oxford Handbook of Political Institutions*, ed. R. A. W. Rhodes, Sarah A. Binder, and Bert A. Rockman, 39-55. New York: Oxford University Press.

Sarasota Herald-Tribune. 1998. "Arresting Beachwear." March 16, A14.

Satel, Sally L. 1998. "Observational Study of Courtroom Dynamics in Selected Drug Courts." *National Drug Court Institute Review* 1:43-72.

Savage, Charlie. 2009a. "Holder Defends Decision to Use U.S. Court for 9/11 Trial." *New York Times*, November 19, A18.

———. 2009b. "Trial Without Major Witness Will Test Tribunal System." *New York Times*, December 1, A18, A23.

Scalia, Antonin. 1987. "To Preserve Elite Federal Courts." *Los Angeles Daily Journal*, February 20, 4.

Scheiber, Harry N., and Jane L. Scheiber. 1997. "Bayonets in Paradise: A Half-Century Retrospect on Martial Law in Hawai'i." *University of Hawaii Law Review* 19:477–648.

Scherer, Nancy. 2005. *Scoring Points: Politicians, Activists, and the Lower Federal Court Appointment Process*. Stanford: Stanford University Press.

Schickler, Eric. 2001. *Disjointed Pluralism: Institutional Innovation and the Development of the U.S. Congress*. Princeton: Princeton University Press.

Schmitt, Richard B. 1994. "Delaware Governor Picks Trial Judge to Succeed Moore on Supreme Court." *Wall Street Journal*, May 26, B7.

Schneider, Daniel M. 2001. "Empirical Research on Judicial Reasoning: Statutory Interpretation in Federal Tax Cases." *New Mexico Law Review* 31:325–58.

———. 2002. "Assessing and Predicting Who Wins Federal Tax Trial Decisions." *Wake Forest Law Review* 37:473–538.

Schneider, Jeffrey M. 2008. *Youth Courts: An Empirical Update and Analysis of Future Organizational and Research Needs*. Washington, DC: Hamilton Fish Institute.

Schneider, Thomas P., and Robert C. Davis. 1995. "Speedy-Trial Homicide Courts." *Criminal Justice* 9 (Winter): 24–29.

Schlossman, Steven L. 1977. *Love and the American Delinquent: The Theory and Practice of "Progressive" Juvenile Justice, 1825–1920*. Chicago: University of Chicago Press.

Schmitt, Rick, and Mary Curtius. 2005. "Bush Defends Eavesdropping as Defense Against Terrorism." *Los Angeles Times*, December 18, A1, A27.

Schooner, Steven. 2003. "The Future: Scrutinizing the Empirical Case for the Court of Federal Claims." *George Washington Law Review* 71:714–72.

Schulte, Fred, and James Drew. 2008. "Their Day in Court." *Baltimore Sun*, December 22, 1A.

Schwartz, David L. 2008. "Practice Makes Perfect? An Empirical Study of Claim Construction Reversal Rates in Patent Cases." *Michigan Law Review* 107:223–84.

Schwartz, Edward P., Pablo T. Spiller, and Santiago Urbiztondo. 1994. "A Positive Theory of Legislative Intent." *Law and Contemporary Problems* 57 (Winter–Spring): 51–74.

Schwartz, Emma. 2006. "A Simmering Border Dispute." *Legal Times*, April 3, 1, 16.

———. 2008. "A Court of Compassion: How Special Courts Can Serve Justice and Help Mentally Ill Offenders." *U.S. News & World Report*, February 18, 39.

Schwartz, Helene E. 1981. "Oversight of Minimization Compliance Under the Foreign Intelligence Surveillance Act: How the Watchdogs Are Doing Their Jobs." *Rutgers Law Journal* 12:405–89.

Sciulli, David. 2001. *Corporate Power in Civil Society: An Application of Societal Constitutionalism*. New York: New York University Press.

Scully, Eileen P. 2001. *Bargaining with the State from Afar: American Citizenship in Treaty Port China 1844–1942*. New York: Columbia University Press.

Seabury, Samuel. 1932. *In the Matter of the Investigation of the Magistrates' Courts in the First Judicial Department and the Magistrates Thereof, and of Attorneys-at-Law Practicing in Said Courts*. New York: Supreme Court Appellate Division—First Judicial Department.

Segal, Jeffrey A. 1997. "Separation-of-Powers Games in the Positive Theory of Law and Courts." *American Political Science Review* 91:28–44.

Seron, Carroll. 1978. *Judicial Reorganization: The Politics of Reform in the Federal Bankruptcy Court*. Lexington: Lexington Books.

———. 1982. "Court Reorganization and the Politics of Reform: The Case of the Bankruptcy Court." In *The Politics of Judicial Reform*, ed. Philip L. Dubois, 87–98. Lexington: Lexington Books.

Shane, Scott, and William Glaberson. 2008. "Rulings Clear Military Trial of a Detainee." *New York Times*, July 18, A1, A14.

Shapiro, Martin. 1968. *The Supreme Court and Administrative Agencies*. New York: Free Press.

———. 1981. *Courts: A Comparative and Political Analysis*. Chicago: University of Chicago Press.

Shelton, Donald E. 2007. *The Current State of Domestic Violence Courts in the United States, 2007*. Williamsburg: National Center for State Courts.

Shesgreen, Deirdre. 2001. "Security, Civil Liberty Concerns Collide in Debate Over Secret Court Proposals." *St. Louis Post-Dispatch*, September 30, B1, B7.

Shipan, Charles R. 1997. *Designing Judicial Review: Interest Groups, Congress, and Communications Policy*. Ann Arbor: University of Michigan Press.

Shipan, Charles R., and Craig Volden. 2006. "Bottom-Up Federalism: The Diffusion of Antismoking Policies from U.S. Cities to States." *American Journal of Political Science* 50:825–43.

———. 2008. "The Mechanisms of Policy Diffusion." *American Journal of Political Science* 52:840–57.

Siegel, Robert. 1999. "Broward County, Florida's, Mental Health Court. . ." Reported on "All Things Considered," National Public Radio, March 12.

Silverstein, Gordon. 1997. *Imbalance of Powers: Constitutional Interpretation and the Making of American Foreign Policy*. New York: Oxford University Press.

Simmons, Beth A., Frank Dobbin, and Geoffrey Garrett. 2006. "Introduction: The International Diffusion of Liberalism." *International Organization* 60:781–810.

Simon, Herbert A. 1947. *Administrative Behavior: A Study of Decision-Making Processes in Administrative Organization*. New York: Macmillan.

Sisk, Gregory C. 2003a. "The Tapestry Unravels: Statutory Waivers of Sovereign Immunity and Money Claims Against the United States." *George Washington Law Review* 71:602–707.

———. 2003b. "The Trial Courts of the Federal Circuit: Diversity by Design." *Federal Circuit Bar Journal* 13:241–66.

Skeel, David A., Jr. 2001. *Debt's Dominion: A History of Bankruptcy Law in America*. Princeton: Princeton University Press.

Skoler, Daniel L., and Cynthia E. Weixel. 1981. "Social Security Adjudication in Five Nations: Some International Perspectives and Comparisons." *Administrative Law Review* 33:269–84.

Skowronek, Stephen. 1982. *Building a New American State: The Expansion of National Administrative Capacities 1877–1920*. New York: Cambridge University Press.

Slapper, Gary, and David Kelly. 2001. *The English Legal System*, 5th ed. London: Cavendish.

Smith, Adam. 1776/1963. *An Inquiry Into the Nature and Causes of the Wealth of Nations*. Homewood: Richard D. Irwin.

Smith, Andre L. 2005. "Deferential Review of Tax Court Decisions of Law: Promoting Expertise, Uniformity, and Impartiality." *Tax Lawyer* 58:361–404.

Smith, Barbara E., Arthur J. Lurigio, Robert C. Davis, Sharon Goretsky Elstein, and Susan J. Popkin. 1994. "Burning the Midnight Oil: An Examination of Cook County's Night Drug Court." *Justice System Journal* 17:41–52.

Smith, Claire. 1997. "In Philadelphia, Fans Are Penalized, Too." *New York Times*, November 24, A1, A14.

Smith, Loren A. 1996. "Life, Liberty and Whose Property?: An Essay on Property Rights." *University of Richmond Law Review* 30:1055–69.

———. 1998. "The Morality of Regulation." *William and Mary Environmental Law and Policy Review* 22:507–19.

———. 2003. "Why a Court of Federal Claims?" *George Washington Law Review* 71:773–90.

Smith, Reginald Heber. 1919. *Justice and the Poor*. New York: Scribner's Sons.

Smith, Steven S. 1994. "The Congressional Committee System." in *Encyclopedia of the American Legislative System*, ed. Joel H. Silbey, vol. II, 641–67. New York: Charles Scribner's Sons.

Sobel, Gerald. 1988. "The Court of Appeals for the Federal Circuit: A Fifth Anniversary Look at Its Impact on Patent Law and Litigation." *American University Law Review* 37:1087–139.

Solomon, Andrew T. 2006. "A Simple Prescription for Texas's Ailing Court System: Stronger Stare Decisis." *St. Mary's Law Journal* 37:417–76.

Solomon, Freda F. 1987. "Progressive Era Justice: The New York City Women's Court." Paper presented at Berkshire Conference on the History of Women, Wellesley.

———. 2005. *New York City's Gun Court Initiative: The Brooklyn Pilot Program*. New York: New York City Criminal Justice Agency.

Spence, David B. 1999. "Managing Delegation Ex Ante: Using Law to Steer Administrative Agencies." *Journal of Legal Studies* 28:413–59.

Spencer, J. R., ed. 1989. *Jackson's Machinery of Justice*. Cambridge: Cambridge University Press.

Spiller, Pablo T., and Rafael Gely. 1992. "Congressional Control or Judicial Independence: The Determinants of U.S. Supreme Court Labor-Relations Decisions, 1949–1988." *RAND Journal of Economics* 23:463–92.

Stafford, Jane Lynn. 1981–82. "Customs Court Reform." *International Trade Law Journal* 7:119–49.

Stanley, David T., and Marjorie Girth. 1971. *Bankruptcy: Problem, Process, Reform*. Washington, DC: Brookings Institution.

St. Louis Post-Dispatch. 2004. "Sentence First, Verdict After" (editorial). September 30, C10.

Steadman, Henry J., Susan Davidson, and Collie Brown. 2001. "Mental Health Courts: Their Promise and Unanswered Questions." *Psychiatric Services* 52:457–58.

Stein, Harry H. 2006. *Gus J. Solomon: Liberal Politics, Jews, and the Federal Courts*. Portland: Oregon Historical Society Press.

Steinbock, Daniel J. 2005. "Data Matching, Data Mining, and Due Process." *Georgia Law Review* 40:1–84.

Stempel, Jeffrey W. 1995. "Two Cheers for Specialization." *Brooklyn Law Review* 61:67–128.

Stern, Herbert J. 1984. *Judgment in Berlin*. New York: Universe Books.

Strasser, Fred. 1990. "Corporate Sentences Draw Fire." *National Law Journal*, March 12, 3, 9.

Strickland, Shauna M., Chantal G. Bromage, Sarah A. Gibson, and William E. Raftery. 2008. *State Court Caseload Statistics, 2007*. Williamsburg: National Center for State Courts.

Study Group on the Case Load of the Supreme Court. 1972. *Report of the Study Group on the Caseload of the Supreme Court*. Washington, DC: Federal Judicial Center.

Sturgess, Garry. 1991. "Permanent Temporary Court." *Legal Times*, January 14, 7.

Sullivan, Daniel P., and Donald E. Conlon. 1997. "Crisis and Transition in Corporate Governance Paradigms: The Role of the Chancery Court of Delaware." *Law & Society Review* 31:713–62.

Sullivan, Teresa A., Elizabeth Warren, and Jay Lawrence Westbrook. 1989. *As We Forgive our Debtors: Bankruptcy and Consumer Credit in America*. New York: Oxford University Press.

———. 1994. "The Persistence of Local Legal Culture: Twenty Years of Evidence from the Federal Bankruptcy Courts." *Harvard Journal of Law & Public Policy* 17:801–65.

Sulmasy, Glenn. 2009. *The National Security Court System: A Natural Evolution of Justice in an Age of Terror*. New York: Oxford University Press.

Summerford, William A. 1973. "The United States Court of Military Appeals: A Study in Judicial Process and Administration." PhD diss., University of Tennessee.

Sutton, John R. 1985. "The Juvenile Court and Social Welfare: Dynamics of Progressive Reform." *Law & Society Review* 19:107–45.

———. 1988. *Stubborn Children: Controlling Delinquency in the United States, 1640–1981*. Berkeley and Los Angeles: University of California Press.

Sviridoff, Michele, David B. Rottman, Brian Ostrom, and Richard Curtis. 2000. *Dispensing Justice Locally: The Implementation and Effects of the Midtown Community Court*. Amsterdam: Harwood Academic Publishers.

Swanson, James L., and Daniel R. Weinberg. 2001. *Lincoln's Assassins: Their Trial and Execution*. Santa Fe: Arena Editions.

Sween, Gretchen S. 2008. "Surveying High Court's Recent Patent Jurisprudence." *National Law Journal*, December 1, S4, S5, S8.

Swift, Charles. 2007. "The American Way of Justice." *Esquire*, March, 192–99, 213.

Swindler, William F. 1983. "Toward 1987: A 'Pre-Constitutional' Law Case." *Supreme Court Historical Society 1983 Yearbook*. http://www.supremecourthistory.org/04_library/subs_volumes/04_c20_f.html.

Symposium. 2002. "Problem Solving Courts: From Adversarial Litigation to Innovative Jurisprudence." *Fordham Urban Law Journal*. 29:1751–2132.

Symposium. 2005. "Empirical Measures of Judicial Performance." *Florida State University Law Review* 32:1001–415.

Tan, Shannon. 2000. "In Providence, Truancy Put to Judgment," *Boston Globe*, October 15, 2000, B6, B7.

Tanenhaus, David S. 2004. *Juvenile Justice in the Making*. New York: Oxford University Press.

Taylor, Stuart, Jr. 1984a. "The Free-for-All on the Bankruptcy Express." *New York Times*, March 2, 10.

———. 1984b. "U.S. Official Won't Pay Bankruptcy Judges." *New York Times*, July 13, D1, D4.

———. 1984c. "Burger Said to Support Ban on Bankruptcy Pay." *New York Times*, July 14, A35, A39.

———. 1987. "Scalia Proposes Major Overhaul of U.S. Courts." *New York Times*, February 16, 1, 12.

Terry, W. Clinton, III, ed. 1999. *The Early Drug Courts: Case Studies in Judicial Innovation*. Thousand Oaks: Sage Publications.

Thamel, Pete, and Thayer Evans. 2009. "Notre Dame Fires Weis and Starts Its Search." *New York Times*, December 1, B13.

Thelen, Kathleen. 2004. *How Institutions Evolve: The Political Economy of Skills in Germany, Britain, the United States, and Japan*. New York: Cambridge University Press.

Thelen, Kathleen, and Sven Steinmo. 1992. "Historical Institutionalism in Comparative Politics." In *Structuring Politics: Historical Institutionalism in Comparative Analysis*, ed. Sven Steinmo, Kathleen Thelen, and Frank Longstreth, 1–32. New York: Cambridge University Press.

Thompson, Anthony C. 2002. "Courting Disorder: Some Thoughts on Community Courts." *Washington University Journal of Law and Policy* 10:63–99.

Thompson, Michael, Fred Osher, and Denise Tomasini-Joshi. 2007. *Improving Responses to People with Mental Illnesses: The Essential Elements of a Mental Health Court.* New York: Council of State Governments Justice Center.

Tobias, Carl. 2000. "The White Commission and the Federal Circuit." *Cornell Journal of Law and Public Policy* 10:45–62.

Toobin, Jeffrey. 1999. *A Vast Conspiracy: The Real Story of the Sex Scandal that Nearly Brought Down a President.* New York: Random House.

———. 2008. "Camp Justice." *The New Yorker*, April 14, 32–38.

Transcript of Proceedings. 1961. (See entry in Court Decisions and Documents below.)

Tsai, Betsy. 2000. "The Trend Toward Specialized Domestic Violence Courts: Improvements on an Effective Innovation." *Fordham Law Review* 68:1285–327.

Tucker, Eric. 2008. "Terror Appeals Judge Waits for Cases." Associated Press, March 18.

Tyler, Tom R. 1988. "What is Procedural Justice?: Criteria Used by Citizens to Assess the Fairness of Legal Procedures." *Law & Society Review* 22:137–61.

Unah, Issac. 1997. "Specialized Courts of Appeals' Review of Bureaucratic Actions and the Politics of Protectionism." *Political Research Quarterly* 50:851–78.

———. 1998. *The Courts of International Trade: Judicial Specialization, Expertise, and Bureaucratic Policy-Making.* Ann Arbor: University of Michigan Press.

———. 2001. "The Incidence and Structure of Conflict on the U.S. Court of Appeals for the Federal Circuit." *Law & Policy* 23:69–93.

Urry, Mark. 2006. "San Diego Stand Down Court: Homeless Veteran Outreach Court." In *Taking the Court to Stand Down,* ed. American Bar Association Commission on Homelessness and Poverty and National Coalition for Homeless Veterans, 9–15. Chicago: American Bar Association.

U.S. Census Bureau. 2009. *The 2010 Statistical Abstract.* http://www.census.gov/compendia/statab/.

U.S. Chamber Institute for Legal Reform. 2010. *Lawsuit Climate 2010: State Liability Systems Survey.* http://www.instituteforlegalreform.com/images/stories/documents/pdf/lawsuitclimate2010/2010LawsuitClimateReport.pdf.

U.S. Court of Appeals for Veterans Claims. 2008. *Rules of Practice and Procedure.* http://www.uscourts.cavc.gov/court_procedures/RulesonorafterApril12008.cfm.

Valentine, Steven R. 2002. "Flaws Undermine Use of Alien Terrorist Removal Court." *Legal Backgrounder* (Washington Legal Foundation), 17, no. 12.

Vinter, Robert D. 1967. "The Juvenile Court as an Institution." In *Task Force Report: Juvenile Delinquency and Youth Crime,* by President's Commission on Law Enforcement and Administration of Justice, 84–90. Washington, DC: U.S. Government Printing Office.

Volden, Craig. 2006. "States as Policy Laboratories: Emulating Success in the Children's Health Insurance Program." *American Journal of Political Science* 50:294–312.

Vowell, Sarah. 2005. *Assassination Vacation.* New York: Simon & Schuster.

Wagner, R. Polk, and Lee Petherbridge. 2004. "Is the Federal Circuit Succeeding? An Empirical Assessment of Judicial Performance." *University of Pennsylvania Law Review* 152:1105–80.

Waite, Edward F. 1921. "Courts of Domestic Relations." *Minnesota Law Review* 5:161–71.

Wald, Patricia A. 2009. "Foreword." 1 Mil. Comm'n Rptr. xv. (Report of decisions of the Military Commissions at Guantánamo)

Walker, Daniel, and C. George Niebank. 1953. "The Court of Military Appeals—Its History, Organization, and Operation." *Vanderbilt Law Review* 6:228–40.

Walker, Jack L. 1969. "The Diffusion of Innovations Among the American States." *American Political Science Review* 63:880–99.

Walker, Sam. 1994. "Rhode Island Takes Aim at Criminals Using Guns, Setting up a Special Court." *Christian Science Monitor*, October 25, § 1, 4, 6.
Walter, Donna. 2002. "Community Court Proposed for Downtown St. Louis." *St. Louis Daily Record*, January 10.
Ward, Richard, and Amanda Akhtar. 2008. *Walker and Walker's English Legal System*, 10th ed. Oxford: Oxford University Press.
Warren, Charles. 1935. *Bankruptcy in United States History*. Cambridge: Harvard University Press.
Warren, Elizabeth. 2004. "Vanishing Trials: The Bankruptcy Experience." *Journal of Empirical Legal Studies* 1:913–42.
Warren, George. 1942. *Traffic Courts*. Boston: Little, Brown.
Washington Post. 1985. "Mayor Koch Seeks to Put Courts Into Subway Stations." February 5, A9.
———. 2003a. "Court of Extravagance." March 26, A16.
———. 2003b. "Court Dismissed From Eagles' Nest." December 8, D10.
Waters, Nicole L., Shauna M. Strickland, and Sarah A. Gibson. 2009. *Mental Health Court Culture: Leaving Your Hat at the Door*. Williamsburg: National Center for State Courts.
Watson, Amy, Patricia Hanrahan, Daniel Luchins, and Arthur Lurigio. 2001. "Mental Health Courts and the Complex Issue of Mentally Ill Offenders." *Psychiatric Services* 52:477–81.
Wayne, Leslie. 1990. "Pennsylvania Proposes Plan for Business Court." *New York Times*, September 12, C2.
Weidner, Robert R. 2001. *"I Won't Do Manhattan": Causes and Consequences of a Decline in Street Prostitution*. New York: LFB Scholarly Publishing.
Weiner, Jennifer. 1998. "Special Courts Will Hit Truancy Where It Starts: In Schools." *Philadelphia Inquirer*, February 11, R1.
Weinstein, Jack B. 2009. "Preliminary Reflections on Administration of Complex Litigations." *Cardozo Law Review De Novo* 1:1–19.
Weir, Tom. 1993. "Many Bear Philadelphia Boo Burden." *USA Today*, October 19, 1C.
Wendt, Alexander. 1999. *Social Theory of International Politics*. New York: Cambridge University Press.
———. 2001. "Driving With the Rearview Mirror: On the Rational Science of Institutional Design." *International Organization* 55:1019–49.
Weyland, Kurt. 2006. *Bounded Rationality and Policy Diffusion: Social Sector Reform in Latin America*. Princeton: Princeton University Press.
White, Frederic P. 1981. "The Cleveland Housing Court Act: New Answer to an Old Problem." *Cleveland State Law Review* 30:41–56.
White, Josh. 2007. "Australian's Plea Deal Was Negotiated Without Prosecutors." *Washington Post*, April 1, A7.
Whitin, Frederick H. 1914. "The Women's Night Court in New York City." *Annals of the American Academy of Political and Social Science* 52:181–87.
Wiecek, William M. 1968. "The Origin of the United States Court of Claims." *Administrative Law Review* 20:386–406.
Wilber, Del Quentin. 2009. "Surveillance Court Quietly Moving." *Washington Post*, March 2, A2.
Wilber, Del Quentin, and R. Jeffrey Smith. 2009. "Intelligence Court Releases Ruling in Favor of Warrantless Wiretapping." *Washington Post*, January 16, A10.
Wildhaber, Michael E., Ronald B. Abrams, Barton F. Stichman, and David F. Addlestone. 1991. *Veterans Benefits Manual: An Advocate's Guide to Representing Veterans and Their Dependents*. Washington, DC: National Veterans Legal Services Project.

Williams, Frank J., Nicole J. Dulude, and Kimberley A. Tracey. 2007. "Still a Frightening Unknown: Achieving a Constitutional Balance between Civil Liberties and National Security during the War on Terror." *Roger Williams University Law Review* 12: 675–749.

Williams, Victor. 1996. "A Constitutional Charge and a Comparative Vision to Substantially Expand and Subject Matter Specialize the Federal Judiciary." *William and Mary Law Review* 37:535–671.

Willis, John T. 1972. "The United States Court of Military Appeals: Its Origin, Operation and Future." *Military Law Review* 55:39–93.

Willrich, Michael. 2003. *City of Courts: Socializing Justice in Progressive Era Chicago*. New York: Cambridge University Press.

Wilson, James Q. 1989. *Bureaucracy: What Government Agencies Do and Why They Do It*. New York: Basic Books.

Wilson, Michael. 2006. "Justice, Sentence and Civics Lesson, Under One Roof." *New York Times*, August 22, C15.

Wilson, Peter. 2004. "Clinton's Outburst: Racism at the Top." *The Australian*, September 11, 15.

Wilson, Tracy. 2001. "Delivering Justice Where It's Needed." *Los Angeles Times*, September 4, § 2, 1.

Wilson, William Jerome. 1947. "The Price Control Act of 1942." In *The Beginnings of OPA*, by William Jerome Wilson, John A. Hart, and George R. Taylor, 1–128. Washington, DC: U.S. Office of Price Administration.

Winchell, Cora M. 1921. "A Study of the Court of Domestic Relations of the City of Chicago as an Agency in the Stabilization of the Home." MA diss., University of Chicago.

Winick, Bruce J., and David B. Wexler, eds. 2003. *Judging in a Therapeutic Key: Therapeutic Jurisprudence and the Courts*. Durham: Carolina Academic Press.

Winter, Christine. 1975. "Unwary Chicagoans Find Smokers Court is No Joke." *Chicago Tribune*, December 1, C18.

Winter, Ralph K., Jr. 1977. "State Law, Shareholder Protection, and the Theory of the Corporation." *Journal of Legal Studies* 6:251–92.

Wiseman, Jacqueline P. 1979. *Stations of the Lost: The Treatment of Skid Row Alcoholics*. Chicago: University of Chicago Press.

Withers, John Lovelle. 1956. "The Administrative Theories and Practices of William Howard Taft." PhD diss., University of Chicago.

Wittenauer, Cheryl. 2003. "New Court Aimed at Eradicating Pesky Behaviors Downtown." *Association Press State & Local Wire*, January 31.

Wittes, Benjamin. 1996a. "Inside America's Most Secretive Court." *Legal Times*, February 19, 1996, 1.

———. 1996b. "Will 'Removal Court' Remove Due Process?" *Legal Times*, April 23, 1, 16–17.

———. 1997. "Anti-Terrorism Act: Rhetoric vs. Reality." *Legal Times*, June 2, 1, 18, 20.

Wold, John T. 1978. "Going Through the Motions: The Monotony of Appellate Court Decisionmaking." *Judicature* 62:58–65.

Wolf, Robert Victor. 2001. "New Strategies for an Old Profession: A Court and a Community Combat a Streetwalking Epidemic." *Justice System Journal* 22:347–59.

Wolf, Robert V. 2005. *California's Collaborative Justice Courts: Building a Problem-Solving Judiciary*. San Francisco: Judicial Council of California.

Wood, Diane P. 1997. "Generalist Judges in a Specialized World." *SMU Law Review* 50:1755–68.

Woods, Jim. 2006. "Mayor of Brice Reopens Court with Ticketing Twist." *Columbus Dispatch*, July 27, D4.
Worthington, George E., and Ruth Topping. 1925. *Specialized Courts Dealing with Sex Delinquency: A Study of the Procedure in Chicago, Boston, Philadelphia and New York*. New York: Frederick H. Hitchcock.
Worthy, K. Martin. 1971. "The Tax Litigation Structure." *Georgia Law Review* 5:248–68.
Wright, George Cable. 1956. "Novel Court Sits in Boating Cases." *New York Times*, February 12, 80.
Yan, Holly. 2009. "Picking Up the Pieces." *Dallas Morning News*, April 8, 1B, 7B.
Yngvesson, Barbara, and Patricia Hennessey. 1975. "Small Claims, Complex Disputes: A Review of the Small Claims Literature." *Law & Society Review* 9:219–74.
Zappia, Andrew P. 1998. "Court of Federal Claims: A Case Against Reform." *National Law Journal*, March 2, A25.
Zegart, Amy B. 1999. *Flawed by Design: The Evolution of the CIA, JCS, and NSC*. Stanford: Stanford University Press.

LEGISLATIVE, STATUTORY, AND REGULATORY MATERIALS

America's Law Enforcement and Mental Health Project. 2000. Public Law 106-515, 106th Congress, 2nd Session.
Antiterrorism and Effective Death Penalty Act of 1996. Public Law 104-132, 104th Congress, 2nd Session.
Bankruptcy Act. 1896. 30 Stat. 544, 54th Congress, 2nd Session.
Bankruptcy Act of 1978. Public Law 95-598, 95th Congress, 2nd Session.
Bankruptcy Amendments and Federal Judgeship Act of 1984. Public Law 98-353, 98th Congress, 2nd Session.
Bankruptcy Reform Act of 1994, Public Law 103-394, 103rd Congress, 2nd Session.
Chandler Act. 1938. Public Law 75-696, 75th Congress, 2nd Session.
Customs Administrative Act of 1890. 26 Stat. 131, 51st Congress, 1st Session.
Customs Courts Act of 1980. Public Law 96-417, 96th Congress, 2nd Session.
Detainee Treatment Act of 2005. (Part of the Department of Defense Appropriations Act of 2006.) Public Law 109-148, 109th Congress, 1st Session.
Emergency Price Control Act of 1942. Public Law 77-421, 77th Congress, 2nd Session.
Ethics in Government Act. 1978. Public Law 95-521, 95th Congress, 2nd Session.
Federal Courts Improvement Act of 1982. Public Law 97-164, 97th Congress, 2nd Session.
Federal Register. 2001. "Detention, Treatment, and Trial of Certain Non-Citizens in the War Against Terrorism." 66:57833–36.
———. 2009. "Executive Order 13492: Review and Disposition of Individuals Detained at the Guantánamo Bay Naval Base and Closure of Detention Facilities." 74:4897–900.
Foreign Intelligence Surveillance Act of 1978. Public Law 95-511, 95th Congress, 2nd Session.
Foreign Intelligence Surveillance Act of 1978 Amendments Act. 2008. Public Law 110-261, 110th Congress, 2nd Session.
Intelligence Authorization Act for Fiscal Year 2002. 2001. Public Law 107-108, 107th Congress, 1st Session.
Mann-Elkins Act of 1910. Public Law 61-218, 61st Congress, 2nd Session.
Military Commissions Act of 2006. Public Law 109-366, 109th Congress, 2nd Session.
National Childhood Vaccine Act of 1986. Public Law 99-660, 99th Congress, 2nd Session.
Patent Act of 1952. Public Law 82-593, 82nd Congress, 2nd Session.
Payne-Aldrich Tariff Act. 1909. Public Law 61-5, 61st Congress, 1st Session.

Referees' Salary Act of 1946. Public Law 79-464, 79th Congress, 2nd Session.
Stabilization Extension Act of 1944. Public Law 78-383, 78th Congress, 2nd Session.
Tariff Act of 1922. Public Law 67-318. 67th Congress, 2nd Session.
U.S. Congress. 1824. *Annals of the Congress of the United States*, Vol. 41, 18th Congress, 1st Session.
———. 1861-62. *Congressional Globe*, Vol. 32, Appendix. 37th Congress, 2nd Session.
———. 1890a. *Congressional Record*, Vol. 21, pt. 1. 55th Congress, 1st Session.
———. 1890b. *Congressional Record*, Vol. 21, pt. 4. 55th Congress, 1st Session.
———. 1909. *Congressional Record*, Vol. 44, pt. 4. 61st Congress, 1st Session.
———. 1910a. *Congressional Record*, Vol. 45, pt. 3. 61st Congress, 2nd Session.
———. 1910b. *Congressional Record*, Vol. 45, pt. 5. 61st Congress, 2nd Session.
———. 1913. *Congressional Record*, Vol. 50, pt. 5. 63rd Congress, 1st Session.
———. 1926a. *Congressional Record*, Vol. 67, pt. 4. 69th Congress, 1st Session.
———. 1926b. *Congressional Record*, Vol. 67, pt. 5. 69th Congress, 1st Session.
———. 1973a. *Congressional Record*, Vol. 119, pt. 28. 93rd Congress, 1st Session.
———. 1973b. *Congressional Record*, Vol. 119, pt. 33. 93rd Congress, 1st Session.
———. 1978a. *Congressional Record*, Vol. 124, pt. 7. 95th Congress, 2nd Session.
———. 1978b. *Congressional Record*, Vol. 124, pt. 21. 95th Congress, 2nd Session.
———. 1981. *Congressional Record*, Vol. 127, pt. 21, 97th Congress, 1st Session.
———. 1988. *Congressional Record*, Vol. 134, pt. 19, 100th Congress, 2nd Session.
———. 2002. *Congressional Record*, Vol. 148, pt. 17. 107th Congress, 2nd Session.
———. 2007. *Congressional Record* (Daily Edition), Vol. 153, no. 26. 110th Congress, 1st Session.
U.S. House of Representatives. 1860. *Court of Claims*. House Report No. 513, 36th Congress, 1st Session.
———. 1862. *To Establish a Court for the Investigation of Claims*. House Report No. 34, 37th Congress, 2nd Session.
———. 1877. *Commissions to Examine Certain Custom-Houses of the United States*. Ex. Doc. No. 8, 45th Congress, 1st Session.
———. 1886. *Bringing Suits Against the Government of the United States*. House Report No. 1077, 49th Congress, 1st Session.
———. 1890. *Uniform System of Bankruptcy*. House Report No. 1380, 51st Congress, 1st Session.
———. 1892. *A Uniform System of Bankruptcy*. House Report No. 1674, 52nd Congress, 1st Session.
———. 1893. *A Uniform System of Bankruptcy*. House Report No. 67, 53rd Congress, 1st Session.
———. 1894. *A Uniform System of Bankruptcy: Views of the Minority*. House Report No. 206, Part 3, 53rd Congress, 2nd Session.
———. 1896. *Uniform Law on the Subject of Bankruptcies*. House Report No. 1228, 54th Congress, 1st Session.
———. 1906. *United States District Court for China*. House Report No. 4332, 59th Congress, 1st Session.
———. 1908. *To Establish a United States Court of Patent Appeals, and for Other Purposes*. House Report No. 1415, 60th Congress, 1st Session.
———. 1909. *Court of Patent Appeals*. House Report No. 2145, 60th Congress, 2nd Session.
———. 1913. *Tariff Schedules*. Hearings before the Committee on Ways and Means, 62nd Congress, 3rd Session.

———. 1924a. *Revenue Revision.* Hearings before the Committee on Ways and Means, 68th Congress, 1st Session.
———. 1924b. *The Revenue Bill of 1924.* House Report No. 179, 68th Congress, 1st Session.
———. 1925a. *The Revenue Bill of 1926.* House Report No. 1, 69th Congress. 1st Session.
———. 1925b. *Revenue Revision, 1925.* Hearings before the Committee on Ways and Means, 67th Congress, 1st Session.
———. 1925c. *To Amend Tariff Act of 1922 to Change Title of Board of General Appraisers to United States Customs Court.* House Report No. 1201, 68th Congress, 2nd Session.
———. 1926. *To Amend Section 52 of Judicial Code and Other Statutes Affecting Procedure in Patent Office.* Hearings before the Committee on Patents, 69th Congress, 1st Session.
———. 1927. *Change in Title of the United States Court of Customs Appeals.* House Report No. 1803, 69th Congress, 2nd Session.
———. 1928a. *Change in Title of the United States Court of Customs Appeals.* Hearings before the Committee on the Judiciary, 70th Congress, 1st Session.
———. 1928b. *Change the Title of the United States Court of Customs Appeals.* House Report No. 874, 70th Congress, 1st Session.
———. 1941. *Price-Control Bill.* Hearings before the Committee on Banks and Currency, 77th Congress, 1st Session.
———. 1949. *Uniform Code of Military Justice.* Hearings before a Subcommittee of the Committee on Armed Services, 81st Congress, 1st Session.
———. 1962. *Judicial Review of Veterans' Claims.* Hearings before a Subcommittee of the Committee on Veterans' Affairs, 87th Congress, 2nd Session.
———. 1967. *U.S. Tax Court.* Hearings before a Subcommittee of the Committee on the Judiciary, 90th Congress, 1st Session.
———. 1971. *Economic Stabilization.* Hearings before the House Committee on Banking and Currency, 92nd Congress, 1st Session.
———. 1973. *Report of the Commission on the Bankruptcy Laws of the United States.* House Document 93-137, 93rd Congress, 1st Session.
———. 1977a. *Bankruptcy Court Revision.* Hearings before a Subcommittee of the House Judiciary Committee, 95th Congress, 1st Session.
———. 1977b. *Bankruptcy Law Revision.* House Report 95-595, 95th Congress, 1st Session.
———. 1977c. *Constitutional Bankruptcy Courts.* Report by the Staff of the Subcommittee on Civil and Constitutional Rights, Committee on the Judiciary. Committee Print No. 3, 95th Congress, 1st Session.
———. 1978. *Foreign Intelligence Electronic Surveillance.* Hearings before a Subcommittee of the Permanent Select Committee on Intelligence, 95th Congress, 2nd Session.
———. 1980a. *Customs Courts Act of 1980.* Hearings before a Subcommittee of the Committee on the Judiciary, 96th Congress, 2nd Session.
———. 1980b. *Customs Courts Act of 1980.* House Report 96-1235, 96th Congress, 2nd Session.
———. 1980c. *Industrial Innovation and Patent and Copyright Law Amendments.* Hearings before a Subcommittee of the Committee on the Judiciary, 96th Congress, 2nd Session.
———. 1980d. *Judicial Review of Veterans' Claims.* Hearings before a Subcommittee of the Committee on Veterans' Affairs, 96th Congress, 2nd Session.
———. 1981a. *Court of Appeals for the Federal Circuit—1981.* Hearings before a Subcommittee of the Committee on the Judiciary, 97th Congress, 1st Session.
———. 1981b. *Court of Appeals for the Federal Circuit Act of 1981.* House Report 97-312, 97th Congress, 1st Session.

———. 1983a. *Bankruptcy Court Act of 1983*. Hearings before a Subcommittee of the Committee on the Judiciary, 98th Congress, 1st Session.

———. 1983b. *Bankruptcy Court Act of 1983*. House Report 98-9, 98th Congress, 1st Session.

———. 1986. *H.R. 585 and Other Bills Relating to Judicial Review of Veterans' Claims*. Hearings before the Committee on Veterans' Affairs, 99th Congress, 2nd Session.

———. 1988. *Veterans' Judicial Review Act*. House Report 100-963, 100th Congress, 2nd Session.

———. 1996. *Terrorism Prevention Act*. House Report 104-518, 104th Congress, 2nd Session.

———. 1998. *Tucker Act Shuffle Relief Act of 1997*. House Report 105-424, 105th Congress, 2nd Session.

———. 2007. *Habeas Corpus for Detainees*. Hearings before the Committee on Armed Services, 110th Congress, 1st Session. A copy of the Abraham statement, from which the quotation in the text is taken, is available at http://armedservices.house.gov/pdfs/FC072607/Abraham_Testimony072607.pdf.

U.S. Senate. 1882. *Letter from the Secretary of the Treasury*. Executive Document No. 48, 47th Congress, 1st Session.

———. 1896. *The Torrey Bankrupt Bill*. Senate Document No. 237, 54th Congress, 1st Session.

———. 1905. *District Court of the United States for China and Korea*. Senate Document No. 95, 58th Congress, 3rd Session.

———. 1910a. *Court of Commerce*. Senate Report No. 355, Part 2, 61st Congress, 2nd Session.

———. 1910b. *Commerce Court, Etc*. Senate Document No. 623, Part 2, 61st Congress, 2nd Session.

———. 1926. *Procedure in the Patent Office*. Hearings before the Committee on Patents, 69th Congress, 2nd Session.

———. 1941. *Emergency Price Control Act*. Hearings before the Committee on Banking and Currency, 77th Congress, 1st Session.

———. 1949. *Uniform Code of Military Justice*. Hearings before a Subcommittee of the Committee on Armed Services, 81st Congress, 1st Session.

———. 1959. *Single Court of Patent Appeals—A Legislative History*. Study No. 20, Subcommittee on Patents, Trademarks, and Copyrights of the Committee on the Judiciary, 85th Congress, 2nd Session.

———. 1967. *Establishing the Court of Military Appeals as the U.S. Court of Military Appeals*. Senate Report 90-806, 90th Congress, 1st Session.

———, 1968. *United States Tax Court*. Hearings before a Subcommittee of the Committee on the Judiciary, 90th Congress, 2nd Session.

———. 1971a. *Economic Stabilization Legislation*. Hearings before the Committee on Banking, Housing and Urban Affairs. 92nd Congress, 1st Session.

———. 1971b. *Economic Stabilization Act of 1971*. Senate Report 92-507, 92nd Congress, 1st Session.

———. 1976. *Electronic Surveillance Within the United States for Foreign Intelligence Purposes*. Hearings before a Subcommittee of the Committee on the Judiciary, 94th Congress, 2nd Session.

———. 1977. *Foreign Intelligence Surveillance Act of 1977*. Hearings before a Subcommittee of the Committee on the Judiciary, 95th Congress, 1st Session.

———. 1978. *Customs Courts Act*. Hearings before a Subcommittee of the Committee on the Judiciary, 95th Congress, 2nd Session.

———. 1979a. *Customs Courts Act of 1979, S. 1654*. Hearings before a Subcommittee of the Committee on the Judiciary, 96th Congress, 1st Session.
———. 1979b. *Customs Courts Act of 1979*. Senate Report 96-466, 96th Congress, 1st Session.
———. 1979c. *Federal Courts Improvement Act of 1979*. Hearings before a Subcommittee of the Committee on the Judiciary, 96th Congress, 1st Session.
———. 1979d. *Federal Courts Improvement Act of 1979*. Senate Report 96-304, 96th Congress, 1st Session.
———. 1979e. *Veterans' Administration Adjudication Procedure and Judicial Review Act*. Senate Report 96-178, 96th Congress, 1st Session.
———. 1995. *Counterterrorism Legislation*. Hearings before a Subcommittee of the Committee on the Judiciary, 104th Congress, 1st Session.
———. 1997. *Nominations of David L. Aaron, Mary Ann Cohen, Margaret Ann Hamburg, M.D., Stanford G. Ross, Ph.D., and David W. Wilcox, Ph.D.* Hearings before the Committee on Finance, 105th Congress, 1st Session.
———. 2006a. *Battling the Backlog, Part II: Challenges Facing the U.S. Court of Appeals for Veterans Claims*. Hearings before the Committee on Veterans' Affairs, 109th Congress, 2nd Session.
———. 2006b. *Immigration Litigation Reduction*. Hearings before the Committee on the Judiciary, 109th Congress, 2nd Session.
USA Patriot Act of 2001. Public Law 107-56, 107th Congress, 1st Session.
Veterans' Judicial Review Act. 1988. Public Law 100-687, 100th Congress, 2nd Session.
Violent Crime Control and Law Enforcement Act of 1994, Public Law 103-322. 103rd Congress, 2nd Session.

COURT DECISIONS AND DOCUMENTS

Citations to court decisions are in the standard formats: volume of reporter, abbreviated name of reporter, first page of decision, and (except for Supreme Court decisions) abbreviated name of court in parentheses.

Al Odah v. United States. 2007. Reply to Opposition to Petition for Rehearing (U.S. Supreme Ct., 06-1196).
Al-Site Corporation v. VSI International, Inc. 1999. 174 F.3d 1308 (Fed. Cir.).
Armstrong v. Board of Education. 1963. 323 F.2d 333 (5th Cir.).
Belton v. Gebhart. 1952. 87 A.2d 862 (Del. Ct. of Chancery).
Bilski v. Kappos. 2010. 2010 U.S. LEXIS 5521.
Bismullah v. Gates. 2007. 510 F.3d 178 (D.C. Cir.).
———. 2008. 514 F.3d 1291 (D.C. Cir.).
———. 2009. 551 F.3d 1068 (D.C. Cir.).
Boumediene v. Bush. 2007. 476 F.3d 981 (D.C. Cir.).
———. 2008. 553 U.S. 723.
Canon v. Robertson. 1929. 32 F.2d 295 (D. Md.).
Cedillo v. Secretary of Health and Human Services. 2009. 2009 U.S. Claims LEXIS 146 (Ct. of Fed. Claims).
Control Resources, Inc. v. Delta Electronics, Inc. 2001. 133 F. Supp. 2d 121 (D. Mass.).
Cookie's Dinner, Inc. v. Columbus Board of Health. 1994. 640 N.E.2d 1231 (Franklin County Municipal Ct., Ohio).
Depiero v. City of Macedonia. 1999. 180 F.3d 770 (6th Cir.).
Duncan v. Kahanamoku. 1946. 327 U.S. 304.

Dynes v. Hoover. 1858. 61 U.S. 65.
Ex parte Bakelite Corporation. 1929. 279 U.S. 438.
Ex parte Milligan. 1866. 71 U.S. 2.
Ex parte Quirin. 1942. 317 U.S. 1.
Ex parte Quirin. 1942. Brief for Respondent (Under the Title *In the Matters of the Applications of Burger et al.*).
Festo Corp. v. Shoketsu Kinzoku Kogyo Kabushiki Co. 2000. 234 F.3d 558 (Fed. Cir.).
———. 2002. 535 U.S. 722.
Floroiu v. Gonzales. 2007 481 F.3d 970 (7th Cir.).
Glendale Federal Bank v. United States. 1999. 43 Fed. Cl. 390 (Ct. of Federal Claims).
Golsen v. Commissioner. 1970. 54 T.C. 742 (Tax Ct.).
Graham v. John Deere Co. 1966. 383 U.S. 1.
Hall v. Federal Energy Regulatory Commission. 1983. 700 F.2d 218 (5th Cir.).
Hamdi v. Rumsfeld. 2004. 542 U.S. 507.
Hamdan v. Rumsfeld. 2006. 548 U.S. 557.
Hazlehurst v. Secretary of the Department of Health and Human Services. 2009. 2009 U.S. Claims LEXIS 183 (Ct. of Fed. Claims).
Holmes Group v. Vornado Air Circulation Systems. 2002. 535 U.S. 826.
In re All Matters Submitted to the Foreign Intelligence Surveillance Court. 2002. 218 F. Supp. 2d 611 (Foreign Intelligence Surveillance Ct.).
In re: Atamian. 2007. 247 Fed. Appx. 373 (3d Cir.).
In re: Babbitt. 2002. 290 F.3d 386 (D.C. Cir.).
In re Bilski. 2008. 545 F.3d 943 (Fed. Cir.).
In re: Directives [Redacted Text] Pursuant to Section 105B of the Foreign Intelligence Surveillance Act. 2008 (Foreign Intelligence Surveillance Ct. of Review). Available at http://www.fas.org/irp/agency/doj/fisa/fiscr082208.pdf.
In re Gault. 1967. 387 U.S. 1.
In re Guantánamo Detainee Cases. 2005. 355 F. Supp. 2d 443 (D.D.C.).
In re Motion for Release of Court Records. 2007. 526 F. Supp. 2d 484 (Foreign Intelligence Surveillance Ct.).
In re: North. 1993. 10 F.3d 831 (D.C. Cir.).
In re: Sealed Case No. 02-001. 2002. 310 F.3d 717 (Foreign Intelligence Surveillance Ct. of Review).
In re United States. 2006. 463 F.3d 1328 (Fed. Cir.).
In the Matter of a Charge of Judicial Misconduct or Disability. 1994. 39 F.3d 374 (D.C. Cir.).
In the Matter of Delaware & Hudson Railway Company. 1988. 96 B.R. 467 (Bankruptcy Ct., D. Del.).
In the Matter of Ocean Properties of Delaware. 1988. 95 B.R. 304 (Bankruptcy Ct., D. Del.).
In the Matter of: Wildman, Debtor. 1983. 30 B.R. 133 (Bankruptcy Ct., N.D. Ill.).
Jones v. Derwinski. 1991. 1 Vet. App. 596 (Ct. of Veterans Appeals).
Katz v. United States. 1967. 389 U.S. 347.
Kent v. United States. 1966. 383 U.S. 541.
Kinsella v. Singleton. 1960. 361 U.S. 234.
KSR International Co. v. Teleflex Inc. 2007. 550 U.S. 398.
Laboratory Corporation of America v. Metabolite Laboratories. 2006. 548 U.S. 124.
Lawrence v. Commissioner. 1957. 27 T.C. 713 (Tax Ct.).
Louis K. Liggett Co. v. Lee. 1933. 288 U.S. 517.
Loveladies Harbor, Inc. v. United States. 1990. 21 Cl. Ct. 153 (Claims Ct.).
Markman v. Westview Instruments, Inc. 1995. 52 F.3d 967 (Fed. Cir.).

———. 1996. 517 U.S. 370.
Massachusetts v. Laird. 1970. 400 U.S. 886.
Miller v. Silbermann. 1997. 951 F. Supp. 485 (S.D.N.Y.).
Northern Pipeline Construction Co. v. Marathon Pipe Line Co. 1982. 458 U.S. 50.
Parhat v. Gates. 2008. 532 F.3d 834 (D.C. Cir.).
Phillips v. AWH Corporation. 2005. 415 F.3d 1303 (Fed. Cir.).
Rasul v. Bush. 2004. 542 U.S. 466.
Reid v. Covert. 1957. 354 U.S. 1.
Ribaudo v. Nicholson. 2007. 20 Vet. App. 552 (Ct. of Appeals for Veterans Claims).
Rose Acre Farms v. United States. 2007. 75 Fed. Cl. 527 (Ct. of Fed. Claims).
———. 2009. 559 F.3d 1260 (Fed. Cir.).
Sarnoff v. Shultz. 1972. 409 U.S. 929.
Schenck v. United States. 1919. 247 U.S. 47.
Shahinaj v. Gonzales. 2007. 481 F.3d 1027 (8th Cir.).
Snyder v. Secretary of Health and Human Services. 2009. 88 Fed. Cl. 706 (Ct. of Fed. Claims.)
South Corp. v. United States. 1982. 690 F.2d 1368 (Fed. Cir.).
State v. Bonner. 2004. Cause No. 044-250 (unpublished) (Mo. Circuit Ct., 22nd Circuit).
State v. Osborn. 1960. 160 A.2d 42 (N.J.).
State Street Bank & Trust Co. v. Signature Financial Group. 1998. 149 F.3d 1368 (Fed. Cir.).
Third Annual Judicial Conference of the United States Court of Veterans Appeals. 1994. 8 Vet. App. xxxv.
Transcript of Proceedings of the Final Session of the Court. 1961. 299 F.2d 1 (Emergency Ct. of Appeals).
Tumey v. Ohio. 1927. 273 U.S. 510.
United States v. Exxon Corporation. 1985. 773 F.2d 1240 (Temporary Emergency Ct. of Appeals).
United States v. Hamdan. 2007. 1 Mil. Comm'n Rptr. 6 (U.S. Military Comm'n).
United States v. Jawad. 2008a. 1 Mil. Comm'n Rptr. 322 (U.S. Military Comm'n).
———. 2008b. 1 Mil. Comm'n Rptr. 329 (U.S. Military Comm'n).
———. 2008c. 1 Mil. Comm'n Rptr. 345 (U.S. Military Comm'n).
———. 2008d. 1 Mil. Comm'n Rptr. 349 (U.S. Military Comm'n).
United States v. Khadr. 2007a. 1 Mil. Comm'n Rptr. 152 (U.S. Military Comm'n).
———. 2007b. 1 Mil. Comm'n Rptr. 443 (U.S. Ct. of Military Comm'n Review).
United States v. Pearson. 2000. 203 F.3d 1243 (10th Cir.)
United States v. Ponds. 1952. 3 C.M.R. 119 (Ct. of Military Appeals).
United States v. Tiede, 1979. 86 F.R.D. 227 (U.S. Ct. for Berlin).
United States v. United States District Court. 1972. 407 U.S. 297.
United States v. Winstar Corp. 1996. 518 U.S. 839.
United States ex rel. Toth v. Quarles. 1955. 350 U.S. 11.
Ward v. Village of Monroeville. 1972. 409 U.S. 57.
Washington v. Nicholson. 2005. 19 Vet. App. 362 (Ct. of Appeals for Veterans Claims).
Weinar v. Rollform Inc. 1984. 744 F.2d 797 (Fed. Cir.).
Wensch v. Principi. 2001. 15 Vet. App. 362 (Ct. of Veterans Appeals).
Whitney Benefits, Inc. v. United States. 1989. 18 Cl. Ct. 394 (Claims Ct.).
Winstar v. United States. 1992. 25 Cl. Ct. 541 (Claims Ct.).
Yakus v. United States. 1944. 321 U.S. 414.
Youngstown Sheet & Tube Co. v. Sawyer. 1952. 343 U.S. 579.
Yates v. United States. 1957. 354 U.S. 298.
Zweibon v. Mitchell. 1975. 516 F.2d 594 (D.C. Cir.).

索 引*

Courts that have changed names over time are listed under their current or most recent names. Specific state courts are listed under the name of their state or city.

Abraham, Stephen, 76
Addington, David, 87
administrative agencies: adjudication in, 9–10, 138; compared with courts, 1, 31–32, 35, 39, 217, 220–21, 227; review by courts, 35, 40. *See also specific courts*
Administrative Office of the U.S. Courts, 84, 201
AFL-CIO, 145n6
Alabama courts, 18, 98
Alien Terrorist Removal Court. *See* Removal Court
Allred, Keith, 79–81
American Bar Association, 117–18, 124, 177, 180
American Civil Liberties Union, 86
American Importers Association, 147n9
American Judicature Society, 105
American Legion, 70, 160
Arizona courts, 18, 192
Article I and Article III courts, 13, 69, 138, 145, 154, 156, 172, 198, 200, 209
Arthur, Chester Alan, 141n
Ashcroft, John, 86
Austin courts, 127
Australia, courts, 22–23
Auto Theft Court, 95

Baltimore courts, 20, 103
Bamford, James, 82
Bankruptcy Appellate Panels, 199, 219

Bankruptcy Courts: behavior, performance, and policies, 197–98, 201–5, 223–25; creation and structural change, 57, 195–201, 204–5, 209–10; generally, 7, 9, 15–17, 26, 194, 218, 225; selection and backgrounds of judges, 197–201, 203
Bederman, David J., 64
Bell, Griffin, 83n, 180
Berger, Carolyn, 190
Berman, Greg, 26
Blackmun, Harry, 13
Board of Immigration Appeals, 89
Board of Tax Appeals. *See* Tax Court
Board of Veterans' Appeals, 160n27, 162–63
Borah, William, 142
"borrowed-judge" courts, 7, 13, 15, 20, 226
Board of General Appraisers. *See* Court of International Trade
Board of Tax Appeals. *See* Tax Court
Boston courts, 110
Bourcier, John, 103n6
Boys' Court, 106n8
Brandeis, Louis, 188
Brookings Institution, 197–98
Brownback, Peter, 79, 81
Buffalo courts, 110, 125
Burger, Warren, 30, 83n, 85, 171n, 199–200
Bush, George W., 17, 74, 77, 82n, 86–87, 92, 119
business community, role in creation of specialized courts, 126–28, 133, 148, 165, 175, 179, 181, 192, 204–5, 207

---

* 索引中所标页的页码为原书页码，即本书边码。

Business Courts: behavior, performance, and policies, 194; creation, 192–94, 204, 209, 212n1, 217, 228; generally, 20, 22, 27, 191–92

California courts, 101, 117, 124, 192
Canada, courts, 22–23
Carter, Jimmy, 180–81
Cary, William, 188–89
Center for Court Innovation, 117–18
Chancery Courts, 18, 19. *See also* Delaware Court of Chancery
Cheney, Richard, 87
Chicago courts: specialization in general, 3, 21, 95–96, 105; specific courts, 29, 95, 100–2, 103n5, 106, 110–14, 130n33, 212, 221–22
Claims Court. *See* Court of Federal Claims
Claims Courts, state, 19
Cleveland courts, 130
Clinton, Bill, 30, 116, 119
Colares, Juscelino, 145
Columbus courts, 131
Combat Status Review Tribunals (Guantánamo): behavior, performance, and policies, 75–77, 93; creation, 74–75; selection and backgrounds of judges, 76
Commerce Court: behavior, performance, and policies, 167; creation and abolition, 164–67, 171, 173, 213, 229; generally, 16, 17; selection and backgrounds of judges, 165, 168
Community Courts, 27, 97, 126; behavior and policies, 116, 127–29; creation, 118, 126–28, 133
Congress: degree of specialization, 1, 42–43; legislation affecting specialized courts, 51, 61–62, 171–73. *See also* specific courts
Conkling, Roscoe, 141n
Connecticut courts, 192
Consular Courts, 63–64
Continental Airlines, 203
Coolidge, Calvin, 148
Copyright Court, proposed, 228
Court for Berlin, U.S.: behavior, performance, and policies, 67, 92, 224; creation and structural change, 66–67, 208; selection and backgrounds of judges, 67, 92
Court for China, U.S.: behavior, performance, and policies, 65–66; creation, 64–65, 92, 208; generally, 17

Court of Appeals for the Armed Forces: behavior, performance, and policies, 56, 69–71, 93, 212n2, 225; creation, 33, 68–69, 92, 210; generally, 3, 15–16, 26; selection and backgrounds of judges, 71n11
Court of Appeals for the Federal Circuit: behavior, performance, and policies, 56, 145, 159–60, 163, 183–86, 219–20, 222–23; creation, 179–83, 204, 207, 216, 227–29; generally, 7, 10, 14, 16, 18, 26, 139–40, 144–45, 154, 170, 176–77, 225; selection and backgrounds of judges, 37, 146, 184n8, 205, 222
Court of Appeals for Veterans Claims: behavior and policies, 56, 162–64; generally, 7, 8, 14, 16, 40, 182–83, 218; creation, 57, 161–62, 172, 212n2; selection and backgrounds of judges, 163
Court of Claims. *See* Court of Federal Claims
Court of Customs Appeals (CCA). *See* Court of Customs and Patent Appeals
Court of Customs and Patent Appeals (CCPA): behavior, performance, and policies, 146–47, 178–79, 181, 219, 222, 225; creation and structural change, 142–45, 166, 172, 177, 204, 207–9, 213; selection and backgrounds of judges, 146, 173, 178–79, 205
Court of Federal Claims: behavior, performance, and policies, 151–52, 155, 157–60, 172, 181, 222; creation and structural change, 50, 154–57, 207–8; generally, 14, 16, 147, 154–55; selection and backgrounds of judges, 158–59, 222
Court of International Trade: behavior and policies, 145–47; creation and structural change, 139–45, 147, 149, 172–73, 207–9; generally, 14, 16, 26, 225; selection and backgrounds of judges, 146
Court of Military Appeals. *See* Court of Appeals for the Armed Forces
Court of Military Commission Review, 79
Court of Private Land Claims, 17
Court of Tax Appeals, proposed, 228
Court of Veterans Appeals. *See* Court of Appeals for Veterans Claims
court unification, 21–22
Courts of Appeals, federal: degree of specialization, 3, 10–13, 164; participation of judges on specialized courts, 30, 82, 168–70

criminal courts, 19–20, 36, 95, 98–99, 131–32. *See also specific courts and types of courts*
Customs Court. *See* Court of International Trade

death penalty cases, 101, 209
Defense Department, U.S., 68–70, 74, 78, 79, 93, 224
Delaware Court of Chancery, 27, 187–88: behavior, performance, and policies, 189–91, 194, 205–6, 219, 224–25; creation and continued existence, 187, 205
Delaware state government, 186–94
Delaware Supreme Court: behavior and policies, 189–91, 194, 205–6, 219; creation, 188, 205; selection and backgrounds of judges, 190
Denver courts, 107, 212
diffusion of specialized courts, 42, 47–48, 117, 209, 211–12
Disabled American Veterans, 160
District Courts, federal: comparison with specialized courts, 85–86, 151–53, 159, 169, 178, 199, 219–20; degree of specialization, 3, 7, 10–13, 215; involvement in bankruptcy field, 194–200, 204, 209–10; participation of judges on specialized courts, 82, 90
Domestic Relations Courts: behavior, performance, and policies, 111–12; creation, 104, 110–11, 132–33, 211; generally, 20, 95, 97, 106, 109–10; selection and backgrounds of judges, 111
Domestic Violence Courts: behavior and policies, 116, 130; creation, 118, 129–30, 132; generally, 27, 97, 117
Dorgan, Byron, 157
Downs, Anthony, 35
Downtown St. Louis Partnership, 128
Dreyfuss, Rochelle, 194
Drug Courts: behavior, performance, and policies, 100–1, 121–23; creation, 99–100, 118–20, 122–23, 132–33, 209, 211, 212n1, 214; generally, 20, 95, 97, 115, 117, 119, 122; selection and backgrounds of judges, 40, 54, 100, 122, 221–22
Drunk-driving Courts, 117, 122
Dubroff, Harold, 26, 148n12
Durkheim, Emile, 1
DWI courts, 117, 122

"Eagles Court," 97, 102
Eastern Airlines, 201
Eisenhower, Dwight, 178
election court, proposed, 228
Emergency Court of Appeals (ECA): behavior, performance, and policies, 169, 173, 224–25; creation, 167–69, 173, 208, 210; generally, 16–17, 172, 211; selection and backgrounds of judges, 169
Engler, John, 193
Environmental Courts: behavior, performance, and policies, 116, 131; creation, 118, 130–31; generally, 19, 97
executive privilege court, proposed, 228

Fagan, Jeffrey, 126
Family Courts, 18, 19. *See also* Domestic Relations Courts
Federal Circuit. *See* Court of Appeals for the Federal Circuit
Feinblatt, John, 26
Fisher, Louis, 26
Florida courts, 20
folk theories, in judicial specialization, 5, 50, 134, 210, 227
Foreign Intelligence Surveillance Court (FISA court):behavior, performance, and policies, 56, 84–89, 92, 93, 225; creation, 82–84, 208; generally, 7, 8, 15–17, 212; selection and backgrounds of judges, 84, 92
Foreign Intelligence Surveillance Court of Review, 15–16, 82, 84, 86–87, 88n33
Fort Lauderdale courts, 123
Friendly, Henry, 212n2
Fund for the City of New York, 127

Galanter, Marc, 38
Gambling Court, 95
Garfield, James, 141
Gemmill, William N., 111
Germany, courts, 23–24
Geyh, Charles, 167
Gillman, Howard, 38n
Guiliani, Rudolph, 127
Gonzales, Alberto, 77, 88
Goodnow, Charles N., 111
government interests, as basis for judicial specialization, 38–39, 52, 61–62, 91–92, 96, 137–38, 172–73, 207–8
Great Britain, courts, 22–23
Green, Joyce Hens, 76

Gun Courts: behavior, performance, and policies, 30–31, 103–4, 221–22; creation, 29–30, 103–4, 132, 208; generally, 95, 97, 118; selection and backgrounds of judges, 30, 103, 221. *See also* Providence courts

Hamdan, Salim, 78–81
Hamza al Bahlul, Ali, 80
Harley, Herbert, 105
Hawaii Provost Courts, 71–73
Health Courts, proposed, 228–29
Hendrickson, Scott, 145
Henley, Stephen, 81
Hentoff, Nat, 75
Hicks, David, 79
Homeland Security Department, U.S., 89
Homeless Courts: behavior, performance, and policies, 125–26; creation, 118, 124–25; generally, 97
Hoover, J. Edgar, 73
Housing Courts, 19, 130n33
Howard, Robert, 26, 153n
Hurst, Willard, 105

Igra, Anna R., 111
Illinois courts, 3, 192
Immigration and Naturalization Service, U.S., 89, 91n
immigration courts, proposed, 228
In re All Matters Submitted to the Foreign Intelligence Surveillance Court, 86
In re: Sealed Case No. 02-001, 86–87
institutionalist theories, 43–50, 214–16
interest groups: potential and actual influence over specialized courts, 34–35, 37–39; roles in creation of specialized courts, 133, 171–72. *See also* Business Courts, *specific courts*
Internal Revenue Service, 165–67
Interstate Commerce Commissions, 16

Jackson, Andrew, 71, 73n
Jaffe, Adam B., 182
Judicial Conference, U.S., 161, 298
Judicial Panel on Multidistrict Litigation, 12
Justice Department, U.S.: in backgrounds of Tax Court judges, 150; in creation of, and changes in, specialized courts, 117, 124, 147, 149n13, 177, 180–81, 228; home for Foreign Intelligence Surveillance Court, 83; as litigant, 74n, 85n28, 89–91
judges: attitudes toward judicial specialization, 2, 52, 54; roles in creation of and change in specialized courts, 53–55, 133–35, 138, 209–10; selection for specialized courts, 35–38, 40, 92–93, 221–23. *See also specific courts*
judicial specialization, defined, 6–7
Juvenile Courts: behavior, performance, and policies, 29, 31, 56, 107–9, 134, 222, 227; creation and structural change, 29, 42, 48, 50, 106–7, 109, 132–33, 166, 212, 214, 229; generally, 18–20, 27, 95, 97, 119, 121, 211; selection and backgrounds of judges, 40, 108–9, 221–22

Kansas City courts, 110
Khadr, Omar, 79
Kingdon, John, 45–46, 179, 214–15, 229
Koch, Edward, 102n
Kollar-Kotelly, Colleen, 87, 88n32

Lamberth, Royce, 85, 87, 89
Land Court, 19
Legomsky, Stephen, 26
Lepawsky, Albert, 101
Lerner, Josh, 182
Light, Paul, 57
Lincoln, Abraham, 71–72, 156
Lindsey, Ben, 107
Lipsky, Michael, 31, 217n
Lipton, Martin, 189–90
"Liquor Court," 104–5
Lobingier, Charles, 65
Lombardi, Joseph E., 146
LoPucki, Lynn, 26, 202–3, 223
Los Angeles courts, 112
Lurie, Jonathan, 26, 56, 70

Malkin, Victoria, 126
Marine Navigation Court, 97, 103
Matza, David, 105
Mayors' Courts, 104
McCaffery, Seamus, 102
McCoy, Candace, 115, 134n
McReynolds, James, 167n
Meador, Daniel, 179–80
Meason, James E., 86
Mellon, Andrew, 148

Mennel, Robert M., 108
Memphis courts, 131
Mental Health Courts: behavior, performance, and policies, 123–24; creation, 118, 122–23, 209, 212n1; generally, 20, 27, 97, 117; selection and backgrounds of judges, 40, 221–22
Merit Systems Protection Board, 182
Miami courts, 119, 123
Michigan courts, 191, 193
Miles' Law, 36
military commissions at Guantánamo: behavior, performance, and policies, 78–81, 93, 211, 224; creation and structural change, 74, 77–78, 80, 92; selection and backgrounds of judges, 81, 92–93
military tribunals, 26; behavior and policies, 72–74, 211, 224; creation, 71–73, 91–92, 210–11, 229; selection and backgrounds of judges, 72, 74. *See also* Combat Status Review Tribunals; military commissions at Guantánamo
Milwaukee courts, 101, 103, 108
Montgomery, Sonny, 161
Moore, Andrew, 190
Morals Court, 95
Morgenthau, Robert, 127
Mothers Against Drunk Driving, 122
Mukasey, Michael, 85n28
Mullin, Megan, 40

Nader, Ralph, 170
National Association of Criminal Defense Lawyers, 86
National Center for State Courts, 53, 117
National Conference of Bankruptcy Judges, 200n
National Security Agency (NSA), 85, 87
National Security Court, proposed, 61n, 228
"neutral virtues" of specialization: defined, 4; impact, potential and actual, 32–34, 218–20; role in creation of specialized courts, 51–53, 208–9
Nevada courts, 192
New Jersey courts, 103, 193
New York City courts, 96n, 100, 103–4, 110–14, 127–30
New York Customs House, 141n
New York State courts, 99, 117, 127, 130, 192

Nixon, Richard, 169–70, 208
Nocera, Joseph, 190
Nolan, James, 115
North Carolina courts, 191

Obama, Barack, 77, 80, 119–20
Office of Price Administration, U.S., 168–69
Ohio courts, 19–21, 104–5, 117, 193
"Oil and Gas Panel," federal Fifth Circuit, 12
Oklahoma courts, 18, 98–99, 191

Page, Scott, 44, 215
"parajudges," 20
Patent and Trademark Office, 176–78, 220
Pennsylvania Commonwealth Court, 7, 18–19, 27
Perjury and Vagrancy Court, 95
Petersen, William, 105
Philadelphia courts, 101–2, 110, 127
Polsky, Andrew J., 108
Portland, Oregon, courts, 116n, 128
Powell, Lewis, 82
Probate Courts, 19, 20
problem-solving courts: behavior, performance, and policies, 115, 118, 121, 134, 219–20, 223n, 224; creation, 42, 97, 104, 115–18, 132–34, 208–9, 211, 217, 227–29; generally, 22, 26–27, 114–15, 129, 226; selection and backgrounds of judges, 40, 221–23. *See also specific types of courts*
process stream perspective, 43, 45–49, 214–15
Progressive era, 95, 97, 114, 117, 119, 132, 134, 208–9, 211, 213, 227, 229
Progressive movement, 22, 105–6, 110, 112, 133, 166
Providence courts, 29–30, 37, 50, 103, 208, 221
Provost Courts, 71–73

Racket Court, 95
Rail Reorganization Court, 164n35
"Rate Court," Southern District of New York, 12n11
Reagan, Ronald, 85n26, 89, 146, 181, 222
Rehnquist, William, 30, 85, 91, 199, 222
Reno, Janet, 119
Removal Court: creation, 89–90, 92, 208, 212; generally, 15–16; nonfunctioning, 91
Resnik, Judith, 157

Rhode Island courts, 118n
Rich, Giles, 178
Roberts, Owen, 169
Robertson, James, 87
Rodham, Hugh, 119
Roosevelt, Franklin D., 73, 77, 167–69
Roosevelt, Theodore, 64
Ryerson, Ellen, 109

Salt Lake City courts, 130
San Diego courts, 124–25
San Francisco courts, 124
Scheiber, Harry N., 72
Scheiber, Jane L., 72
Schooner, Steven, 158
Seabury, Samuel, 114
Seattle courts, 123
Seitz, Collins, 187
Seron, Carroll, 26
Shapiro, Martin, 1, 31
Sheen, Martin, 66n
shoplifters court, 95
Silberman, Laurence, 87
small claims courts, 19, 41
Smith, Adam, 1, 32
Smith, Loren, 159–60
Smith, Robert, 90–91
Smokers Court, 95
Social Security Administration, 9
social security court, proposed, 228
socialized courts, 97, 105–14, 122n, 132, 166, 208–9, 211, 219, 229
Special Court, Regional Rail Reorganization Act of 1973, 17
Special Division, U.S. Court of Appeals for the D.C. Circuit, 16–17; behavior, performance, and policies, 30–31; creation and structural change, 30–31, 48; selection and backgrounds of judges, 30, 222
Specter, Arlen, 87
Speeders' Court, 102
Spence, David B., 50
"Spring Break Courts," 20
Springsteen, Bruce, 193
St. Louis courts, 128
Stanton, Edwin, 72
Starr, Kenneth, 30
State Department, U.S., 64, 66–67, 92, 224
Stern, Herbert, 66n, 67, 92, 224
Stone, Harlan Fiske, 169

Supreme Court, U.S.: decisions relating to specialized courts, 71n12, 73–74, 76–79, 99, 104–5, 109, 143, 160n25, 167, 169, 184–85, 196, 199–201; degree of specialization, 3, 7, 10, 13, 37n
Supreme courts, state, degree of specialization, 3, 18, 37n

Tacha, Deanell, 2, 3
Taft, William Howard, 165–67, 171, 177, 213
Tax Court, federal: behavior, performance, and policies, 56, 151–54, 212n2, 219–20; creation and structural change, 147–50, 172; generally, 3, 7, 14, 16, 17, 26, 40, 147, 176, 228n6; selection and backgrounds of judges, 150–51, 158n22, 223
tax courts, state, 18, 19
Teen Courts, 118n
Temporary Emergency Court of Appeals (TECA): behavior, performance, and policies, 171, 173; creation, 57, 169–70, 173, 208, 211; generally, 16, 17, 172, 183; selection and backgrounds of judges, 169–70, 171n
Tennessee courts, 131
Texas Court of Criminal Appeals, 99
Texas courts, 18, 98
Thayer, Rufus, 65
Tobacco Courts, 120n
Traffic Courts, 18–19, 104
Treasury Department, U.S., 146–51, 172
Truancy Courts, 118n
Tuttle, Elbert, 12
Tumey v. Ohio, 104–5

Unah, Isaac, 26, 146
Uniform Code of Military Justice, 68–69, 78
United States v. United States District Court, 82

"Vaccine Court," Court of Federal Claims, 155
Vermont courts, 130n33
Veterans Administration, U.S., 160–61, 163
Veterans Affairs Department, U.S., 125, 162, 164
Veterans' Treatment Courts: behavior, performance, and policies, 125–26; creation, 118, 125, 228; generally, 97
Vietnam Veterans of America, 162n28

Water Courts, 18–19
Weed Court, 95, 97, 101, 221–22
Weinstein, Jack, 12
Weyland, Kurt, 48n
Wilfley, Lebbius, 65
Williams, Frank, 79n18
Williams, Victor, 23
Willrich, Michael, 27, 95
Wilson, Woodrow, 167

Women's Courts: behavior, performance, and policies, 113–14; creation, 112–13, 132–33, 211; generally, 27, 97, 106; selection and backgrounds of judges, 113
Wood, Diane, 2–3
Workers' Compensation Courts, 18–19

Yakus v. United States, 169
Youth Courts, 118n

著作权合同登记号　图字:01-2014-6226
图书在版编目(CIP)数据

从专业化审判到专门法院:专门法院发展史 /(美)劳伦斯·鲍姆(Lawrence Baum)著;何帆,方斯远译. —北京:北京大学出版社,2019.12
ISBN 978-7-301-31140-0

Ⅰ.①从… Ⅱ.①劳… ②何… ③方… Ⅲ.①法院—法制史—研究—美国 Ⅳ.①D971.262

中国版本图书馆 CIP 数据核字(2020)第 035853 号

书　　　名	从专业化审判到专门法院:专门法院发展史 CONG ZHUANYEHUA SHENPAN DAO ZHUANMEN FAYUAN: ZHUANMEN FAYUAN FAZHANSHI
著作责任者	〔美〕劳伦斯·鲍姆　著　何　帆　方斯远　译
责任编辑	柯　恒　陈晓洁
标准书号	ISBN 978-7-301-31140-0
出版发行	北京大学出版社
地　　　址	北京市海淀区成府路 205 号　100871
网　　　址	http://www.pup.cn　http://www.yandayuanzhao.com
电子信箱	yandayuanzhao@163.com
新浪微博	@北京大学出版社　@北大出版社燕大元照法律图书
电　　　话	邮购部 010-62752015　发行部 010-62750672 编辑部 010-62117788
印　刷　者	涿州市星河印刷有限公司
经　销　者	新华书店
	880 毫米×1230 毫米　A5　10.375 印张　247 千字 2019 年 12 月第 1 版　2019 年 12 月第 1 次印刷
定　　　价	69.00 元

未经许可,不得以任何方式复制或抄袭本书之部分或全部内容。
版权所有,侵权必究
举报电话: 010-62752024　电子信箱: fd@pup.pku.edu.cn
图书如有印装质量问题,请与出版部联系,电话: 010-62756370